高等院校人文素质教育
—— 创新通识教材 ——

应用文写作

第二版

主　编◎张雅莉
副主编◎关　莹　李　淼　赵丽丽　李农

清华大学出版社
北京

内 容 简 介

本书介绍了大学生或企事业单位人员在日常的学习和生活中经常使用的应用文，既为校园的学习和生活提供了切实的帮助，又为走向社会的写作实践打下了基础。

本书以提高使用者的日常应用文写作能力和写作修养为目标，坚持以"学以致用、教以致用"为宗旨。在编写过程中，注重理论联系实际，力求深入浅出、通俗易懂。

本次再版对理论知识、教学案例、章节练习等内容进行了修订。各文种写作要点简明，例文规范，方便学习；例文融入劳动教育、创新教育的内容，贴近学生的校园生活和工作需要；各章增加了"在线测试题"板块，内容全面、靶向精准、讲解透彻。

本书适合作为应用型本科院校"应用文写作"相关课程的教材，也可作为社会各类人员的自学参考书。

本书封面贴有清华大学出版社防伪标签，无标签者不得销售。

版权所有，侵权必究。举报：010-62782989，beiqinquan@tup.tsinghua.edu.cn。

图书在版编目(CIP)数据

应用文写作 / 张雅莉主编. ──2版. ──北京：清华大学出版社，2025.5. (高等院校人文素质教育创新通识教材). ── ISBN 978-7-302-69065-8

Ⅰ. H152.3

中国国家版本馆 CIP 数据核字第 2025FK5262 号

责任编辑：吴　雷
封面设计：汉风唐韵
责任校对：王荣静
责任印制：杨　艳

出版发行：清华大学出版社
网　　址：https://www.tup.com.cn, https://www.wqxuetang.com
地　　址：北京清华大学学研大厦A座　　　　邮　编：100084
社 总 机：010-83470000　　　　　　　　　邮　购：010-62786544
投稿与读者服务：010-62776969, c-service@tup.tsinghua.edu.cn
质 量 反 馈：010-62772015, zhiliang@tup.tsinghua.edu.cn

印 装 者：天津安泰印刷有限公司
经　　销：全国新华书店
开　　本：185mm×260mm　　印　张：15.5　　字　数：377千字
版　　次：2018年1月第1版　2025年5月第2版　　印　次：2025年5月第1次印刷
定　　价：49.80元

产品编号：109007-01

前　言

教育的进步推动教材的革新。本书自2018年1月出版，因其简明、易学、实用，受到广大师生的喜爱和好评。经过市场和教学的洗礼，此次迎来了再版的契机。为了更好地满足新时代学习者对于应用文写作学习的需求，我们精心打造了这本新形态教材。

此次再版，充分贯彻教育部《高等学校课程思政建设指导纲要》中提到的"落实立德树人根本任务，必须将价值塑造、知识传授和能力培养三者融为一体、不可割裂。全面推进课程思政建设，就是要寓价值观引导于知识传授和能力培养之中，帮助学生塑造正确的世界观、人生观、价值观"的总体要求，坚持"充分贯彻新大纲、针对学生专业特点、提升学生写作能力、满足社会实际需求"的理念，在教材体例、例文选择等方面做了较多修订。全书主要表现为以下几个特点：

一、反映时代需求，纳入思政元素

按照2012年7月1日中共中央办公厅颁布实施的《党政机关公文处理条例》的要求，全书编排实用文体和内容，力求反映时代的新需求。同时，选取较为新颖、富含时代感的典型案例，融入课程思政元素，以求更贴近时代、贴近生活、贴近教学实践。

二、阐释精当理论，引入信息技术

理论的阐释简明扼要，以"必要、够用"为度。引入新的信息技术，在重要的知识点设置二维码，便于学生获取专业教师的视频讲解。各章设置"在线测试题"板块，利于学生及时通过针对性练习巩固所学知识。

三、优化科学体例，突出教学实用

本书第一章阐述应用文写作的基本理论，其他章节共讲解了五类30多个文种，每个文种的讲解分成必备知识、写作指南、例文赏读、思考题四个部分，力求做到理论与实践紧密结合。文体的选用突出广泛性、实用性和灵活性的原则，留给学生自选、自学的空间，力求达到"立足学生，服务专业，求真务实，提高能力"的目的。

本书由沈阳大学文法学院张雅莉、关莹、李淼、赵丽丽、李农合作完成，编写分工如下：张雅莉编写第二章第五节，第三章第四节、第五节和第六节，第四章第三节和第八节，第五章和第九章；关莹编写第一章，第二章第三节，第三章第一节、第二节，第六章第一节、第二节和第三节；赵丽丽编写第二章第四节、第六节，第四章第一节、第二节、第四节和第五节；李淼编写第二章第一节、第二节，第三章第三节，第四章第六节、第七节，第八章；李农编写第四章第九节、第十节，第六章第四节，第七章；张雅莉负责统稿。

本书编者多为教学一线教师，此次再版编撰期间，多位教师凝聚多年的教学心得、科研成果和全部心血，力求使本书内容更具现实意义与创新价值。本书在编写过程中参考了相关的文献，吸收了一些相关成果，篇幅所限，不能一一注明，借此机会向其编著者表示诚挚的谢意！

鉴于编者水平有限，本书可能存在诸多问题与不足，希望得到同行专家的批评、指正。衷心希望这本体例新颖、资源丰富、互动性强的新形态教材，能够引领各位读者踏上一段高效、有趣的学习旅程。

编　者

2025 年 2 月

目 录

第一章	应用文写作漫谈	1
第一节	应用文概述	1
第二节	应用文写作的构思	8
第三节	应用文写作的表达方式	12
第四节	应用文写作的修改	17
第二章	事务文书	20
第一节	计划	20
第二节	总结	24
第三节	调查报告	28
第四节	简报	34
第五节	述职报告和竞聘报告	39
第六节	会议记录	48
第三章	日用文书	54
第一节	求职文书	54
第二节	申请书	61
第三节	开幕词和闭幕词	64
第四节	感谢信	70
第五节	祝词	74
第六节	演讲稿	80
第四章	党政机关公文	89
第一节	党政机关公文概述	89
第二节	通知	97
第三节	通报	104
第四节	决定	111

第五节　通告 …………………………………………………………… 116
　　第六节　请示 …………………………………………………………… 121
　　第七节　报告 …………………………………………………………… 127
　　第八节　函 ……………………………………………………………… 133
　　第九节　纪要 …………………………………………………………… 141
　　第十节　电子公文 ……………………………………………………… 147

第五章　新闻传播文体 ……………………………………………………… 150
　　第一节　消息 …………………………………………………………… 150
　　第二节　新闻专稿 ……………………………………………………… 164

第六章　经济文书 …………………………………………………………… 170
　　第一节　经济合同 ……………………………………………………… 170
　　第二节　商务信函 ……………………………………………………… 175
　　第三节　商品广告 ……………………………………………………… 178
　　第四节　商品说明书 …………………………………………………… 183

第七章　诉讼文书 …………………………………………………………… 188
　　第一节　民事起诉状 …………………………………………………… 188
　　第二节　民事答辩状 …………………………………………………… 193
　　第三节　行政起诉状 …………………………………………………… 198

第八章　科技文书 …………………………………………………………… 203
　　第一节　学术论文 ……………………………………………………… 203
　　第二节　毕业论文 ……………………………………………………… 207

第九章　申论 ………………………………………………………………… 212
　　第一节　申论与申论考试概述 ………………………………………… 212
　　第二节　申论写作与例文赏析 ………………………………………… 217

参考文献 ……………………………………………………………………… 240

附　录 ………………………………………………………………………… 241
　　附录一　中共中央办公厅、国务院办公厅《党政机关公文处理工作条例》…… 241
　　附录二　《党政机关公文处理工作条例》权威解读 ………………………… 241

第一章　应用文写作漫谈

第一节　应用文概述

必备知识

　　写作学又称写作论，是研究写文章的科学，其理论体系包括基础理论和应用理论两大层面。基础理论通常称为文体论，主要论述文章写作的基本特点和一般规律，讲的是写作的基础知识。文体论又称文体写作，是在文章分类的基础上具体论述各种体裁的文章性质、特点和写作方法。

　　文体写作的研究，首先要明确分类。目前，写作界比较认同的分类方法是依据写作目的的不同，将文体粗略分为文学作品和实用文体两大类。实用文体又称应用文，是党政机关、社会团体、企事业单位以及广大人民群众在日常工作、生产、科研、学习和生活中办理公务和处理个人事务时，为交流情况、沟通信息、处理事务、解决问题经常使用的具有直接实用价值和惯常格式的文章的总称。

　　应用文是现代社会使用频率非常高的实用文体，与日常生活和工作有着密切联系。随着我国市场机制的逐步确立和不断完善，应用文在社会生活中发挥着越来越重要的作用，小到个人、企业，大到国家机关都离不开应用文写作。具有良好的应用文写作能力已经成为社会衡量高素质人才的重要指标之一，也是国家机关和企业招聘过程中重点考核的内容。

一、应用文的起源和发展

　　应用文是国家机关、企事业单位、社会团体或个人在处理公私事务时所使用的具有直接实用价值、形式较为固定的文体。

　　应用文的产生源于实际的需要。人类进行社会活动时，伴随生产力的提高和人类思维的发展，口耳相传已经不能满足日常生活需要，人们要通过文字进行交流、组织、协调，应用文就此产生。我国最早的应用文可以追溯到殷墟甲骨刻辞，因其主要用于占卜，所以也称殷墟卜辞，其内容涉及气候、征伐、世系等方面，真实地记录了殷商奴隶社会的生活面貌。

　　《尚书》是一部以应用文为主的历史文献汇编，它是我国现存最早、保存最完整的文章总集，被列为儒家经典之一。《尚书》主要记录了春秋战国前历代帝王和部族首领的言论，例如，上古的典章制度、君臣议政的治国之策、帝王赐给臣子的诏书等，可以视为古代应用文形成的标志。

秦统一中国后，提倡"书同文"，并建立了各种公文制度，标志着公务应用文的成熟。到了汉代，公务应用文有了长足的发展，产生了书、论、策、议等体式，并且明确其用途，固定其格式，为公务应用文走向程式化奠定基础。同时，汉代将应用文列入选拔人才的考试内容，更是推动了应用文的快速发展。之后，中国文坛陆续出现了很多应用文的名篇佳作。贾谊的《论积贮疏》、曹植的《求自试表》、陶渊明的《自祭文》、魏征的《谏太宗十思疏》、王安石的《答司马谏议书》、林觉民的《与妻书》等都是文情并茂的应用文，对后世产生了很大影响。

1912年，南京临时政府颁布了第一个公文程式条例，废除了几千年封建王朝沿用的公文体式，并且要求使用白话文写作。1942年，中国共产党颁布了《陕甘宁边区新公文程式》。毛泽东同志的报告《反对党八股》对现代公文写作起到了积极的推动作用。1981年，国务院为规范公文写作和使用，发布了《国家行政机关公文处理暂行办法》；几经修订和完善，国务院于2000年8月24日发布《国家行政机关公文处理办法》；2012年4月16日中共中央办公厅、国务院办公厅发布《党政机关公文处理工作条例》，并于同年7月1日施行。与此同时，其他各类应用文也在迅猛发展，广泛地运用到社会生活的各个领域，并呈现出现代化、专业化、国际化的特点。经过人们长久的探索和实践，新文种不断出现，应用文写作的理论研究也日渐深入。

随着应用文使用范围的不断扩大，社会各界普遍意识到应用文写作的重要性，应用文写作成为衡量一个人综合能力的重要指标，许多大学将"应用文写作"课程列为必修课，国家录取公务员考试更是把应用文写作作为重要的测试项目。由此可见，应用文写作是当代大学生顺利走上工作岗位的必备技能。

二、应用文的特点

（一）目的上的实用性

实用性是应用文的基本特点。它从工作和生活的实际需要出发，以解决工作和生活中出现的问题为目的。一般一文一事，就事论事，明确提出行之有效的解决办法和具有可操作性的规定。实用性是应用文写作的出发点和归宿，也是它的价值所在，其他特点都是由这个特点决定的。空洞的条文、言之无物的文章，不仅毫无作用，反而会成为工作的负担。

（二）内容上的真实性

内容真实是指应用文要实事求是、真实确凿，不能凭空捏造、随意雕饰。这就要求文中的材料真实，即使是细枝末节也要与实际情况保持一致。使用的数据要有切实可查的数据来源，不能估计或变更。写作过程不能掺杂个人情感，要以客观的态度，冷静地对事物的现象进行分析，从而得出毫无偏倚的结论。

（三）思维上的逻辑性

写作活动首先是一种思维活动，应用文体的写作主要是为了解决工作和生活中的实际问题，在思维方法上更侧重逻辑思维。应用文的逻辑性主要体现在：文章的结构要条理清楚，段落之间具有明显的逻辑关系；陈述的事项界限清晰，不交叉；内容前后讲究因果，材料能够证明观点。例如，请示要详细阐述请示的理由，要明确表达请求事项；总结则应在梳理具体成绩和存在问题的基础上，客观地分析其原因。

(四)表达上的简明性

应用文写作的篇章一般比较短小,要求用简练的文字准确地说明情况、表达观点。应用文不追求辞藻的华丽婉约,不需要结构的波澜起伏,叙述不用铺陈修饰,议论不必旁征博引,力求简约、平直、朴实、明晰。但简明不等于简单,明晰不等于枯燥。应用文大多采用记叙、说明、议论的表达方式,避免滥用比喻、夸张等修辞手法。

(五)体式上的规范性

体式规范主要体现在应用文大多有固定的文体格式和办文流程,其规范性是在长时间的使用过程中约定俗成的。特别是行政机关公文,国家以法规的形式予以规定。同时,合同、信函等文种也都有其特定的体例,不能标新立异、任意调整。

(六)写作上的时效性

应用文写作的时效性很强。一般来说,应用文涉及的问题都是亟待解决的,这就要求应用文的写作和下发要迅速、及时。例如,会议通知必须在会议开始前的一段时间就下发完毕,一旦会议召开就毫无意义;广告文案的写作是为了推广新产品,唤起消费者的购买欲望,如果产品已经家喻户晓了,广告的效力就会缩小。

三、应用文的种类

应用文写作内容十分广泛,文种很多。目前,学术界普遍以应用文的使用范围作为划分标准,将应用文分为通用文书和专用文书两大类。

(一)通用文书

通用文书是指各个领域中普遍使用的文书。通用文书又分为三类。

▶ 1. 党政公文

党政公文是指党政机关处理党政、行政事务中使用的文书,包括命令(令)、决定、公告、通告、通知、通报、议案、报告、请示、批复、意见、函和纪要等。

▶ 2. 事务文书

事务文书是指单位或个人用来传递信息、交流情况、制订计划、总结经验、调查情况、规范行为等使用的文书,包括计划、总结、述职报告、调查报告、简报、会议记录、章程、规则、制度等。

▶ 3. 日用文书

日用文书是指单位或个人在日常生活、工作中处理事务、解决问题时使用的文书,包括条据、告示、书信等。

(二)专用文书

专用文书是指在某一领域专门使用的文书,具有较强的专业特色。常见的专业文书分为以下几类。

▶ 1. 财经文书

财经文书是指经济生活、经济活动中使用的文书,包括经济社会中常用的合同、市场预测报告、经济活动分析报告、审计报告、商业广告、产品说明书、招标书、投标书等。

2. 司法文书

司法文书是指司法机关、依法授权的法律组织，以及单位、个人为解决法律事务而制作的文书，包括仲裁文书、诉讼文书、公证书等。本书只介绍民事诉讼文书。

3. 科技文书

科技文书是指科技活动、科技成果中形成的文书，包括科研项目申请书、科技实验报告、学术论文、毕业论文、毕业设计说明等。

4. 新闻传播文书

新闻传播文书是指能够反映最新发生的且有社会价值的文书，如消息、新闻专稿、解说词和广播稿等。

5. 外交文书

外交文书是指进行国际联络和外事活动时使用的专用文书，包括国书、照会、备忘录、外交声明等。

四、应用文的作用

（一）宣传教育、指导工作

我国在构建社会主义和谐社会的过程中，国家的大政方针、法律法规都要通过应用文的形式向广大干部群众发布，因此，应用文具有很强的指挥和管理的作用。

例如，决定、指示、批复等文种用来发布命令、法规和规章制度，传达党和国家的方针政策，传达领导的意图和决策，任何集体和个人都必须严格遵守，不能违反。此外，领袖人物、权威机关的启发引导具有很大的导向作用和示范作用，这种作用主要通过文字的形式来实现。又如，通报是将工作中的经验教训传递给有关人员，促使他们发扬优点，改正不足，并给其他人以启发或警示。再如，简报、演讲稿等文体，也承担着宣传形势、宣讲政策的任务。

（二）传递信息、沟通协调

现代社会专业化水平不断提高、社会分工不断细化，群体和群体、群体和个人、个人和个人之间被紧密地联系在一起，需要互通信息、协调沟通、相互配合，推动各项工作的顺利开展。商品说明书、广告等文种就详细地提供了商品的信息，帮助人们更好地了解产品的性能和使用方法。总结、市场调查、经济预测报告等文种在收集大量信息的基础上，将其中的规律性内容直接展现给读者，以推动工作的顺利开展。

（三）提供依据和凭证

应用文在传递信息的同时还可以记录信息，为工作和生活提供凭据，为历史提供存档资料。合同和协议记录着交易双方约定的权利和义务；参加会议要以通知为依据；会议纪要、总结等都是宝贵的原始资料，对实际工作具有借鉴作用。

写作指南

应用文写作是一种特殊的写作过程，它与文学创作在很多方面都存在不同之处。

（一）写作目的和阅读对象不同

应用文写作是为了解决现实社会中的一个问题、实现一个特定目的而进行的写作，具有一定功利性，要求读者通过阅读知道、了解或遵从。应用文有特定的阅读群体，这个群体或大或小，但都是在写作前就已经设定好的。文学创作是作者通过塑造人物形象、构建故事情节来表达对生活的感悟和看法，从而引起读者的共鸣，使读者得到启示。文学创作的阅读对象比较广泛，作者创作之前也很少预设。

（二）行文规范不同

大部分应用文对行文规范有严格的要求。例如，在格式上，行政机关公文必须包括眉首、主题、版记三部分，眉首必须包括公文份数序号、发文机关标识、发文字号等部分；在内容上，合同必须包括标的、数量质量、价格、履行期限和地点、违约责任等部分。文学作品则与之恰恰相反，应避免千篇一律，追求人物性格个性化、表现形式多样化，强调创新和与众不同。

（三）思维方式不同

应用文写作注重思维的逻辑性，通过对事实的阐述、分析、判断，运用概念、判断、推理的逻辑思考方式，表达确定的目的，说服或要求读者按照作者的意图去做，任何人读后只能得出一个结论。而文学创作主观性较强，作者往往从主观角度出发，运用形象思维描写生活、塑造形象。读者会将作品与个人经历、个人情感相结合，从而生发出不同的情感共鸣。因此，不同的人对同一部作品有不同的理解，正所谓"一千个读者心中有一千个哈姆雷特"。

（四）反映现实不同

应用文写作讲求生活真实，文中涉及的事情发生、过程、结果必须以事实为依据，不能任意夸张、修改，更不能虚构。例如，工作总结的撰写必须秉承实事求是的原则，原原本本地对工作情况进行总结汇报，没做到的不能说，做过的必须说，取得哪些成绩，还存在什么不足，既不能夸大其词也不能刻意隐瞒。文学创作讲究艺术性，以现实生活为蓝本，通过想象、夸张的方式塑造艺术典型，间接反映现实生活，可以对现实生活进行改变、夸大、移植，甚至是虚构。例如，我国古代四大名著之一《西游记》中，唐僧师徒四人降妖除魔、结伴取经的故事就是依据玄奘西游的历史事实演绎而来，与真实情况相差甚远。

（五）表现手法不同

应用文主要采用记叙、说明、议论的表达方式，语言要求严谨、平实、得体，基本不用或很少运用比喻、夸张、拟人等修辞手法。文学创作可以运用多种表达方式，除了记叙、议论、说明以外，抒情也是经常使用的写作手法。

例文赏读

教育部办公厅关于举办第五届中华经典诵写讲大赛的通知

教语用厅函〔2023〕2号

各省、自治区、直辖市教育厅（教委）、语委，新疆生产建设兵团教育局、语委，部属各高等学校、部省合建各高等学校：

为贯彻落实党的二十大精神，加大国家通用语言文字推广力度，深化全民阅读活动，传承弘扬中华优秀语言文化，推进文化自信自强，依据《教育部评审和竞赛项目清单》和

《中华经典诵写讲大赛管理办法(试行)》，教育部、国家语委决定举办第五届中华经典诵写讲大赛(以下简称大赛)。现将有关事项通知如下。

一、活动宗旨

雅言传承文明，经典浸润人生。大赛以诠释中华优秀文化内涵、彰显中华语言文化魅力、弘扬中国精神为目标，旨在提升社会大众特别是广大青少年的语言文字应用能力和语言文化素养，激发其对中华经典的热爱，营造爱读书、读好书、善读书的浓厚氛围，助力建设全民终身学习的学习型社会、学习型大国。

二、大赛主题

本届大赛主题：书香新时代，"典"亮新征程。

通过诵读、讲解、书写、篆刻等语言文化活动，弘扬中华优秀语言文化，从中华经典中汲取智慧力量、坚定理想信念、彰显时代精神，展现社会大众尤其是青少年对中华经典的传承与创新，助力推进文化自信自强，为实现中华民族伟大复兴凝聚磅礴力量。

三、赛事平台

大赛官网：www.jingdiansxj.cn。参赛者可通过官网报名参赛、上传作品、查看赛事通知和名单公示、下载证书等。各赛项赛段具体要求等事宜均通过大赛官网发布。同时，可通过中华经典诵读工程的微信公众号(zhjdsdgc)、抖音号、视频号、微信小程序和中国语言文字学习强国号等获取大赛相关信息。

四、大赛赛项

本届大赛分四个赛项："诵读中国"经典诵读大赛(简称诵读大赛)、"诗教中国"诗词讲解大赛(简称讲解大赛)、"笔墨中国"汉字书写大赛(简称书写大赛)、"印记中国"师生篆刻大赛(简称篆刻大赛)。各赛项实施方案见附件。

五、赛项组织

(一)诵读大赛

诵读大赛由各省(区、市)和新疆生产建设兵团教育(语言文字工作)部门组织赛区初赛。各省级教育(语言文字工作)部门根据实际情况自行确定组织方式，选拔推荐入围复赛作品、上传官网，赛区管理员在官网确认被推荐作品。

(二)讲解大赛、书写大赛、篆刻大赛

北京、山西、上海、江苏、浙江、湖南、广东、广西、四川、贵州、新疆等11个赛区组织讲解大赛初复赛。北京、河北、山西、上海、浙江、安徽、福建、湖南、广西、重庆、四川、贵州、陕西、甘肃等14个赛区组织书写大赛初复赛。北京、山西、上海、浙江、广西、贵州、甘肃等7个赛区组织篆刻大赛初复赛。上述赛区根据实际情况确定组织方式，选拔推荐入围决赛作品、上传官网，并在官网中确认入围决赛作品信息。

其他赛区的参赛者可登录大赛官网，个人自主报名参加相关赛项比赛。

六、时间安排

(一)初赛：2023年4月至7月

组织初赛(初复赛)的赛区，参赛者按所在赛区要求报名参赛；其他赛区的参赛者自行登录大赛官网报名，参加初赛知识测试，合格后上传参赛作品。

(二)复赛及决赛：2023年7月至9月

参赛者根据赛事要求提交作品或参与现场评比。各分赛项执委会组织专家评审，完成相关赛段工作，确定获奖名单。

(三)展示：2023年10月至12月

通过电视节目、展演、展览等形式，充分利用全媒体平台进行成果展示。

七、奖项设置

各赛项面向参赛作品设立一、二、三等奖和优秀奖，面向指导教师设立指导教师奖，面向各地教育(语言文字工作)部门、工作人员、学校及相关赛事组织单位和个人设立优秀组织奖(团体、个人)，由大赛组委会统一颁发证书(优秀组织奖颁发纸质证书，其他奖项在大赛官网自行下载电子证书)。各奖项奖励对象、选拔方式和数量按大赛相关制度执行。

八、其他事项

(一)大赛组委会秘书处(教育部语言文字应用管理司)负责大赛全面统筹工作，大赛执委会(语文出版社)负责大赛组织协调工作、各分赛项执委会(各赛项承办单位)负责大赛具体实施。各省级教育(语言文字工作)部门应积极配合大赛执委会和各分赛项执委会，结合本地区全民阅读活动安排和青少年读书行动等工作部署，广泛发动、大力宣传、周密组织、精心安排，保障赛事工作高质量开展。

(二)大赛坚持公益性原则，任何单位不得以大赛名义向参赛者及参赛单位收取任何参赛费用。

(三)大赛鼓励民族地区、农村地区教师和学生参加。

(四)参赛信息须依据大赛官网提示准确、规范填写。作品标题、所在学校/单位等信息须用全称。作品及作品信息不得出现错别字、错误名称、不规范表述等。

(五)大赛组委会享有对参赛作品进行公益性展示、汇编及信息网络传播等权益，参赛者拥有署名权。寄送的作品实物，赛项方案中明确不予退还的，视为参赛者向大赛组委会转让作品实物的所有权。

(六)联系方式

联系人：大赛执委会尹老师

电　　话：010-655×××(工作日8：30—11：30，13：30—16：30接听咨询)

邮　　箱：×××。

附件：1. 第五届中华经典诵写讲大赛"诵读中国"经典诵读大赛方案
　　　2. 第五届中华经典诵写讲大赛"诗教中国"诗词讲解大赛方案
　　　3. 第五届中华经典诵写讲大赛"笔墨中国"汉字书写大赛方案
　　　4. 第五届中华经典诵写讲大赛"印记中国"师生篆刻大赛方案

教育部办公厅

2023年3月21日

(资料来源：教育部办公厅. 教育部办公厅关于举办第五届中华经典诵写讲大赛的通知[EB/OL]. (2023-03-22) [2024-12-03]. http://www.moe.gov.cn/srcsite/A18/s3137/202303/t20230329_1053443.html.)

思考题

1. 什么是应用文？
2. 简述应用文的特点。
3. 简述应用文写作和文学创作的不同之处。
4. 我国第一部应用文总集是什么？

第二节　应用文写作的构思

必备知识

一、主题的确定

主题又称为主旨，是作者在文章中所表达的中心思想或基本观点，是作品内在的思想核心。

应用文的主题就是作者通过文章的内容所表达的写作意图、观点、目的等。它是一篇文章的灵魂，是统率文章其他要素的中心，确定文种、选取材料、形成结构都要紧紧围绕主题来进行。

（一）主题的要求

▶ 1. 客观

作者撰写应用文的意图是因客观的现实需要而形成的，主要为了表明生活中的某种态度。因此，应用文的主题要从客观的材料中提取，反映客观事物的本质与规律，力求尊重事实，尽量剔除作者主观感情因素的影响，避免剑走偏锋、以偏概全。

▶ 2. 集中

所谓集中，就是指一篇应用文集中表达一个主题，一文一事，突出重点。全篇内容紧紧围绕主题展开，不要试图在一篇文章中表达多个意思，集中笔力于一个方面，防止行文混乱。对于篇幅较长、内容涉及较多的应用文，可以围绕一个主题的几个侧面进行叙述。

▶ 3. 鲜明

鲜明是指文章的观点要明确，赞成什么、反对什么、说明什么，都应清清楚楚、明明白白地表达出来，不能模棱两可、似是而非。应用文写作的根本目的是解决问题，主旨清晰鲜明，以引起读者注意，节省读者时间，也可以提高工作效率，便于人们操作。

▶ 4. 深刻

反映客观社会的人、事、物的本质和规律时，要抓住本质，挖掘具有实质性的问题，提出有借鉴意义的观点和行之有效的措施，防止表面化、一般化，切忌人云亦云。应"见人所未见，发人所未发"，写出"人人心中有，人人笔下无"的内容来。

（二）体现主题的方式

▶ 1. 在标题中点明主题

标题，顾名思义，就是标示主题。应用文的标题往往直接揭示主旨，起到概括文章事实的作用，使阅读更具有直接性，也便于存档和索引。同时，为了醒目，演讲稿、广告词等文种的标题还要尽量新颖活泼。

▶ 2. 在文章的开篇或结尾点明主题

应用文经常用一段文字概括主题，放在显要位置，如文章的开篇或结尾。通篇围绕主题段展开，统领全文。

二、材料的选择

材料是体现文章主题而积累的各种理论和事实依据，是撰写文章的基础。如果说主题是文章的灵魂，那么材料就是文章的血肉。主题要靠材料阐明事实及观点，并且不能超出材料的范围。选择材料时主要应抓好以下三个环节。

（一）收集

收集材料的方法有两种：直接获取和间接获取。

直接获取，是指作者在现实生活中，通过自身的观察、体验、感受直接占有的方法。想要获得此类材料必须结合实际、深入生活，不仅要注重工作和生活的积累，还要学会调查研究。可以通过实地调查、问卷调查、访问、开座谈会的方式，将调查研究的结果形成文字，在文章中采用。

间接获取，是指作者通过某种传播媒介而获取材料的方法，包括翻阅档案、查阅文件和资料、读书看报从而获得历史和现实的素材。作者可以从中获取有效信息，总结他人工作的得失，从而促进对问题的深入探讨和研究。

（二）分析与整理

现代社会中的信息浩如烟海，并不是所有收集到的材料都要在文章中使用，收集到的信息也不一定完全正确，这就要求收集者要对材料进行细致、耐心的分析与整理，建立材料储备库，为选择恰当的材料做好前期准备工作。

（三）选择

▶ 1. 围绕主题

材料是为主题服务的，选材时一定选择最能说明主题的材料；反之，一定要坚决舍弃。很多人在得到大量材料之后，不忍割爱，将所有材料堆砌起来，反倒令主题模糊不清，冲击了主题的中心地位。

▶ 2. 真实准确

应用文写作与文学写作不同，真实、准确是它的基本要求。可以对材料进行形式上的整理、语言上的修改，但绝不能进行艺术加工，不允许主观想象和猜测。只有经得起推敲、符合客观事实的材料才能被使用。特别是涉及时间、地点、人物、事件、数据、引文等方面的材料，尽量使用直接材料或具有一定权威性和可信度的间接材料。

▶ 3. 详略得当

材料是为主题服务的，因此应依据主题进行材料的选择和使用。材料虽多，但在文章中的地位和作用不尽相同，并不需要各个展开、面面俱到。能直接而深刻表现主题的材料，要详细阐述；只对主题起辅助作用的材料，就可以写得概略简单一些。

▶ 4. 典型新颖

典型的材料是指能够深刻揭示事物本质、具有广泛代表性和强大说服力的材料。材料不在多而贵于精，应挖掘最能把握问题关键、深刻且表现写作意图的材料。

新颖的材料是指能反映当下事物发展，符合时代特点，现实生活中人们关心、关注的材料。新事物、新情况、新思想、新经验更能引起人们的阅读兴趣和情感共鸣。

写作指南

应用文的主要结构要素如下。

一、标题

应用文的标题要切题、醒目、简练，应直接揭示主旨或表明文章内容。常见的标题类型有以下三类。

（一）公文式标题

公文式标题由发文机关、事由、文种三部分构成，事由的前面一般加入介词"关于"，如《国务院关于建立统一的城乡居民基本养老保险制度的意见》《教育部办公厅关于组织开展中小学校园足球工作专项调研的通知》。除此以外，还有些文章采用类似公文式标题的写法，可以不用"关于"的引出事由，但必须有文种名称，如《2017年度工作总结》。

（二）文章式标题

文章式标题可以直接点明文章的内容和范围，如《大学生电子阅读现状分析》《用友神话是如何创造的》。

（三）简洁式标题

简洁式标题可以直接采用文种作为标题，如《求职信》《请柬》《合同》。

二、开头

与文学作品的委婉、含蓄不同，应用文的开头要求开门见山、直奔主题。常见的开头方式有以下几种。

（一）交代写作目的、起因和依据

此类开头方式经常使用在公文和法规文书中，一般以"为了……""由于……""鉴于……""依据……""根据……""遵照……"等开头，其依据的内容多为法律法规、文件精神、领导指示。还可以将目的、起因、依据三个方面结合使用。

（二）介绍背景和情况

介绍背景和情况即概括介绍时间、地点、范围、事件等基本要素，多用于会议纪要、调查报告、简报等文种。

（三）表明态度

文章开篇对转发、颁布的文件或来函表明态度或进行评价，然后再说明有关事项。转发性的通知、对请示来函的批复常用这种开头方式。

（四）揭示主题

揭示主题即开篇就亮明观点、揭示主题，引起读者对文章观点的注意。

（五）问候致意

一般贺信、感谢信、演讲稿多用此方法，目的是给人以亲切感，拉近双方感情距离。

三、主体

主体是应用文的核心部分,应安排好主体的表述次序。条理清晰地展开述说,以便使读者更好地把握文章脉络,理解文章主旨。常见的主体结构方式有以下几种。

(一) 时序式

时序式是以时间的推移、事物产生发展的过程为顺序的结构方式,体现为各层次在时间上的先后顺序,多采用夹叙夹议、叙议结合的方法。调查报告、情况通报、工作总结、述职报告多采用这种结构。

(二) 总分式

总分式是围绕某一中心点,先做总述,后做分述,分述内容并列分布的结构方式。可以采用"总—分""总—分—总"或"分—总"的结构框架,适用于总结、简报、调查报告等文种。

(三) 递进式

递进式是指内容之间层层推进、逐层深入,由浅入深、由表及里地阐述剖析。经济活动分析报告、意见、演讲稿常采用这种方式。

(四) 并列式

并列式是文章各层意思无主从关系,并排排列,共同表达主旨。可以按照空间分布安排层次,例如,简报、调查报告、情况通报常常把不同地区、不同部门的动态情况并列报告。可以按照材料的性质归类安排层次,例如,总结、经济活动分析报告可以按照材料的性质分出几个层次;还可以按中心论点的各个侧面提炼分论点,例如,学术论文要求从不同的角度共同论证论点。

(五) 逻辑式

逻辑式是指采用"提出问题—分析问题—解决问题"的逻辑层次安排结构,适用于调查报告、市场调研类应用文。

微课视频1-1
应用文主体
写作小技巧

在搭建结构、安排表述层次时,为了更加清晰地展现阐述顺序、便于读者阅读,可以采用以下三个小技巧。

▶ 1. 用小标题突出层次

对于篇幅较长、内容复杂的应用文,可以使用小标题将文章划分出几个相对独立又紧密相关的部分。小标题可以是分论点,也可以是论述内容。小标题的设置应在同一层面且互不交叉。小标题的语言应简明精练,句式、字数、词性尽量整齐和谐。

▶ 2. 用序数词或数字标注顺序

对在内容上有包含关系或需要分条目说明的文章可以标注数字帮助厘清上下层次关系。使用数字时常用的方式有两种:一是采用"第一""第二""第三"或"首先""其次""最后"的方式;二是使用数字。使用数字时应注意层次关系。一级标题使用"一""二""三",二级标题使用"(一)""(二)""(三)",三级标题使用"1""2""3",四级标题使用"(1)""(2)""(3)"。

▶ 3. 注意过渡和呼应

相邻的层次和段落之间需要衔接和转换,以便使文章结构成为紧密联系的有机整体,使读者思路顺势转变。常见的过渡方式如下。

（1）关联词过渡。例如，在层次间存在转折关系时可以采用"但是"等词语过渡，存在因果关系可以用"为此"等词语过渡，存在分总关系可以用"综上所述""由此可见"等词语过渡。

（2）句子过渡。例如，使用总括句或直接使用"……总结（通知、建议）如下"等固定句式都是很好的过渡方式。

（3）段落过渡。对于篇幅较长的各个层次之间，可以采用过渡段来保持全文的通顺。为使文章主题突出、结构完整，还需要注意不相邻层次和段落之间的关照、呼应。常见的呼应方式有首尾呼应、题文呼应、前后呼应。

四、结尾

（一）以专用词语结束全文

部分文种有相对固定的结尾用语，如"特此通知""当否，请批示""现予以公告""请尽快函复为盼"。

（二）以点题形式结束全文

在结尾点明主题或深化观点，可以加深读者对文章的理解，多用于工作总结、演讲稿、学术论文。

（三）以号召、希望结束全文

结尾采用号召读者、展望未来、鼓舞士气、寄托希望的方式，适用于行政机关公文中的下行文、会议讲话。

（四）以强调文本要求结束全文

结尾再次强调具体要求，提醒读者注意，指出此举的现实意义和历史意义。

（五）自然结尾

主体部分已经言尽意明，无须结尾，一些公务文书、经济类文书可以采用这一方式。

思考题

1. 简述应用文的几种常见开头方式。
2. 简述应用文主体部分的几种常见结构。
3. 简述应用文的几种常见结尾方式。

第三节　应用文写作的表达方式

必备知识

表达方式就是在撰写文章的过程中，对有关内容进行表达时所采用的表述角度与方法。一般文章的表述方式有五种：叙述、描写、议论、说明和抒情，其中描写和抒情除了在广告、演讲稿、书信类文章中使用外，大部分应用文中很少使用，本节主要介绍其他三种。

一、叙述

(一) 叙述的含义

叙述是对人物的经历和事物产生、发展过程所做的记叙和交代。叙述的内容包括时间、地点、人物、事件、原因、结果六个要素。在应用文中，叙述主要用来介绍人物的经历和事迹、介绍事件的基本情况、交代事件发生发展的过程、说明问题的来龙去脉。

(二) 叙述的类别

▶ 1. 顺叙

顺叙是按照事件发生、发展、结束的顺序进行叙述，是最基本的叙述方式。应用文中大部分的叙述都是顺叙，此种方法可以把事物发展的过程叙述得脉络清晰、层次分明，符合人们的阅读习惯。

▶ 2. 倒叙

倒叙是根据写作需要，先交代事情的结果或某个精彩的片段，再按照事件发展的顺序进行叙述。倒叙能够造成悬念，激起读者的阅读兴趣，也可以使文章变得跌宕起伏、波澜曲折。通讯、调查报告常用这种叙述方法，但应注意文章内部结构的转换和过渡，转换要明显，过渡要自然，不能出现意思混淆、结构脱节的现象。

▶ 3. 插叙和分叙

插叙是按照主线叙述的同时，插进去一段，或是对过去的追忆，或是对上下文的补充。分叙是指分别叙述两件或两件以上同时发生的事情。这两种叙述方式多用于文学性作品，应用文中很少出现，只在消息、通讯中才有所使用。

(三) 叙述的要求

▶ 1. 人称明确

记叙人称就是指作者叙述时的角度和立足点，可以分为第一人称和第三人称。

第一人称是指作者从自我出发，直接叙述"我"或"我们"的亲身经历和亲眼观察的事物，是作者在讲述自己的所见所闻、所想所做。第一人称叙述偏重主观性的叙述，其优点是自然、亲切、可信，缺点是受时间、空间制约，对"我"视线以外的人物、景物、事件无法顾及。

第三人称是指作者站在第三者的立场和角度，客观叙述他人的经历和事迹。第三人称能突破时空限制，自由灵活反映客观事物，所以更加理智、冷静。

▶ 2. 简明扼要

应用文写作的叙述多属于概括性叙述，不要求把人和事叙述得细腻逼真、活灵活现，也不要求叙述得详尽、具体、完整，而是要求使用简洁的语言，扼要地叙述事实本身，给人以整体的认识。

▶ 3. 详略得当

应用文写作的叙述不求面面俱到，无须近乎描写的大肆铺陈，只应抓住重点，分清主次。对表现主旨起重要作用的内容就详写，对表现主旨作用不大的内容就略写，做到详略得当、重点突出。

二、议论

(一) 议论的含义

议论就是运用概念、判断、推理等方法，通过事实材料，分析事物间的内在联系、揭示事物本质和规律、阐明作者观点的表达方式。议论由论点、论据、论证三个要素构成。论点就是作者对某个问题的看法和主张，是议论的主旨，提出"证明什么"的问题；论据是作者为了证明论点的正确或反驳某种观点而使用的事实或理论依据，它是议论的基础，回答"用什么证明"的问题；论证是作者用论据证明论点的过程和方法，解决"如何证明"的问题。

在应用文写作中，议论使用得相当普遍，可以夹叙夹议、先叙后议。议论的使用可以更加鲜明地表明观点、阐释道理、深化主旨。

（二）议论的方法

▶ 1. 事实论证

事实论证，即用典型的事例作为论据证明观点的论证方法，也称举例论证。事实论证要注意选用的事实必须具有真实性和典型性，注意论据和论点关系的一致性。

▶ 2. 对比论证

对比论证，即将论据中截然相反的两种情况进行比较，从而得出正确结论的论证方法。对比论证应注意所选用的事实应具有明显的可比性，或"横比"或"纵比"，两者对比鲜明、互为衬托。

▶ 3. 因果论证

因果论证，即通过对事理的剖析，揭示论据和论点之间的因果关系，从而证明论点正确性的论证方法，注意论点和论据之间具有确实存在且合理的因果关系。

▶ 4. 引用论证

引用论证，即引用权威性的论述、法规条例、公理定理等作为论据证明论点的论证方法。注意引用材料应紧紧围绕论点，能对论点形成有力支撑。

三、说明

（一）说明的含义

说明就是简明扼要地把事物的性质、特征、功能、分属类别等基本情况解说明白，将人物的特点、经历介绍清楚。说明在应用文写作中运用广泛，产品说明书、解说词、总结、报告、司法文书等文体，经常运用说明这种表达方式交代背景和情况。

（二）说明的方法

▶ 1. 定义说明

定义说明，就是用最简短的语言，把事物的本质特征揭示出来，使读者具有明确的概念。

▶ 2. 举例说明

举例说明，就是举出典型例子说明事物或事理的方法。这种方法可以将抽象的事物说得具体、形象，便于读者接受、理解。

▶ 3. 比较说明

比较说明，就是将两种或两种以上的事物进行对比，从而说明事物的特点和规律的方法，使读者对事物的本质有更加清晰的认识。

▶ 4. 引用说明

引用说明，就是引用资料说明客观事物或被说明对象的情况。

▶ 5. 比喻说明

比喻说明，就是借助于打比方的方法把抽象的事理或复杂的事物说明得浅显易懂、确切具体、简洁生动。

▶ 6. 数字说明

数字说明，就是列举具体、准确的数字对事物进行说明。

▶ 7. 图表说明

图表说明，就是用图画和表格来说明事物的基本特征。这种方法比较简约，便于比较，使读者一目了然。

写作指南

一、应用文的语言要求

（一）准确

准确是应用文用语的最基本要求，是指用恰当的词语表现文章的思想内容，用语切合语体，造句合乎语法，连贯性和逻辑性强。

（1）用词要恰当、贴切，使用规范的书面语，一般不使用口语或不规范的缩略语。

（2）要注意区分词义和感情色彩的细微差别。例如，"事件"和"事故"，"违反"和"违犯"等；又如，"严格遵照执行""认真贯彻执行""请参照执行""仅供执行时参考"。

（3）应使用含义明确、具有确定性的语言，摒弃模棱两可、似是而非和容易产生歧义的语言。"可能""据说""差不多"这样的词语不符合应用文语言准确的要求。

（二）简练

简练是指应用文语言的简洁和精练。应用文重在实用，用最少的语言清楚表达文义，不追求辞藻的华丽和堆砌，不说套话、空话。多用短句，少用长句，减少句子多余的修饰成分。可以使用惯用词语、文言词语和专业术语，使文章简洁明了、庄重严肃。

（三）平实

平实是指应用文语言自然朴实。应用文实用性的特点决定了它的文风要朴实无华，平易直白，通俗易懂。无须使用夸饰性语言，不能含蓄晦涩、艰深难懂。它重在说明问题、讲清道理，所以力求直来直去，以获得简洁明快的阅读效果。

（四）得体

得体是指应用文的语言适度、有分寸，适合文体特征和要求。应用文文种不同，写作对象不同，文体要求不同，语言使用必然不同。例如，行政机关公文的语言要求庄重、客观，不能使用口语；而演讲稿、感谢信则需要使用感情浓烈、具有描绘性的词语。

二、常用句式和用语

开头用语：为了、由于、遵照、根据、依据、随着、当前、近来、兹有、据查、欣闻、奉。

称谓用语：第一人称"我""本……"；第二人称"你""贵……"；第三人称"该……"。

引述用语：近接、现接、收悉。

转承用语：为此、据此、鉴于、总之、综上所述、总而言之。
经办用语：经、业经、兹经、现将、查照。
征询用语：当否、可否、妥否、是否可行、如无不妥、意见如何。
表态用语：同意、不同意、可行、不可、拟同意、原则同意、原则批准、准予备案。
祈请用语：请、敬请、恳请、烦请、提请、望、希望、盼、期。
告诫用语：责成、特命、不得、应。
呈递用语：呈上、转呈、奉上、递交。
结尾用语：特此通知；现予公布；此布；当否，请批示；以上报告，请审核；特此函达；此致敬礼；为要；为盼；为荷。
其他常用语：颁布、查处、大力、一度、基于、拟于、如期、切勿、事宜、就绪、已悉、函告、见复、商酌、特予。

三、特定用语释义及用法

当否：是否恰当，如"当否，请批示"。
鉴戒：教训，如"引为鉴戒"。
台鉴：请您审阅，如"某先生台鉴"。
台安：您安好，如"敬祝台安"。
径与：直接与，如"请径与某先生联系"。
以期：以此希望，如"以期在京举办"。
切切：千万注意，如"安全为要，切切"。
倾奉：刚才接到，如"倾奉上级指示"。
莅临：到来，如"恭请莅临指导"。
为要：是重要的，如"速办为要"。
为盼：是所盼望的，如"请速回函为盼"。
为荷：感谢您的帮助，如"请大力协助为荷"。
务期：一定要，如"年底务期完工"。
收悉：收到并知道了，如"来函收悉"。
函复：通过信件答复，如"请速函复"。
悉力：尽一切能力，如"望予悉力支持"。
兹将：现在把，如"兹将票据一并送上"。

思考题

1. 应用文写作可不可以采用抒情的表达方法？
2. 应用文所使用的语言具有哪些特点？
3. 你还知道哪些应用文的特定用语？

第一章　应用文写作漫谈

第四节　应用文写作的修改

必备知识

一、应用文写作修改的对象

（一）主题是否正确、鲜明

应用文的目的明确、政策性强。完成初稿后，要核查是否能够准确地体现文章主题，如果主题模糊不清，结构再规范，语言再通顺，也是一篇毫无价值的文章。核查文章主题是否准确体现可以从五方面入手：第一，看是否符合国家的方针政策；第二，看文章的观点和论证方法是否正确；第三，看是否符合公务活动实际；第四，看是否有片面化、绝对化倾向；第五，看每段的内容是否围绕主题展开。

（二）材料是否真实、典型

应用文主要靠事实、数据来支撑观点，如同大楼的基石，如果基石出现裂痕或缺失，大楼终将面临倒塌的危险。因此，材料必须真实可靠，不可添枝加叶、随意篡改。核查文章时应对每一个事实和数据进行逐一核对，检查数据是否真实准确、材料是否具有代表性、材料组合得是否合理、材料能否有效说明论点。

（三）结构是否合理、规范

▶ 1. 文章结构是否符合文种要求

应用文各个文种都有相对固定的结构模式，完成初稿后要检查其是否符合文体的结构规范。

▶ 2. 文章层次是否清晰、符合逻辑

要从整体结构上查看文章谋篇布局是否合理，详略安排是否得当。如果是并排式结构，各层次不能重复，如果是递进式结构，应该由浅入深、由表及里，层层递进、步步深入。

▶ 3. 衔接是否紧密、过渡是否自然

各层次、各段落的衔接应该紧密，开头结尾、过渡照应应该自然得体，整篇文章应为统一的整体。

（四）语言是否准确、得体

检查语言是否准确、得体可以从以下四个方面入手。

▶ 1. 修改错别字

"差之一字，谬之千里。"无论是手写，还是用电脑打字，都有可能出现错别字。修改文章时，语言方面的第一任务就是清除错别字，特别是电脑写作，使用拼音输入法很容易产生同音字的错误，所以应注意查找并修改错别字。

▶ 2. 辨析词义

对词义模糊、概念含混的词一定要修改，避免产生歧义。另外，还要注意区分一些词义相近、词形相近的词语，例如，"截止"和"截至"，"权利"和"权力"，"制定"和"制订"。

3. 是否符合文体要求

部分文体对语言有较为严格的要求，应注意写作主体的身份，还应该注意所用词语的感情色彩。例如，行政机关公文中的请示属于上行文，不能使用"现决定如下"；又如，请柬、聘书、感谢信不能使用命令的口气。

4. 修改标点符号

标点符号表示语气的停顿，标点虽小，但作用很大。标点符号使用不正确会影响意思的表达，因此，完成初稿后应细致地检查标点符号是否存在错用、漏用、多用的情况。

二、应用文写作修改的主体

（一）自审自改

文章的作者最熟悉文章，可以有针对性地对自己的文章进行修改。自审自改一般适用于两种情况：一种是篇幅短、发文急的文章，如通知、通讯、简报、请柬等；另一种是篇幅较长和时限较长的文章，如学术论文等。

（二）专家评审

一个人的思路总是有限的，而且受思维方式的局限，考虑问题不可能面面俱到，所以，请专家帮忙改稿，特别是请权威的专业人士改稿可以扬长避短，快速提高文章质量。

（三）集体讨论

有些文章代表群体观点，作者只是执笔者。作者在完成初稿后需要进行集体讨论，最终形成定稿，如单位的工作总结、法规办法等。

写作指南

应用文的修改方法有以下几种。

1. 增

增是指对叙述、论证不够深刻的地方进一步补充，以使材料更加充实、观点更为明晰。应用文的写作中，特别是总结、调查、报告之类的文章，应力求所使用的材料充分而具有典型意义，以达到说明主题的目的。

2. 删

删是指将文中多余、烦琐、重复的部分删减掉。文章并不是越长越好，应用文应简洁有力，能用一句话说清楚的，绝不赘述；能用一个材料切中主题的，绝不堆砌。凡是与主题无关的部分，即使语言再流畅、材料再新颖，也应毫不留情地全部删去。

3. 调

调是指调整结构和顺序。应用文具有较强的逻辑性，必须条理清楚，结构严谨。如果内部层次安排不合理，会给读者带来理解上的障碍。

4. 换

换是指将文中不正确、不合适的部分替换掉，主要包括换材料、换表达方式、换语句、换标点等。在修改文章时，不能敝帚自珍，要敢于改头换面。

例文赏读

辽宁省人民政府办公厅关于印发
《辽宁省进一步推动经济以进促稳稳中提质若干措施》的通知

各市人民政府，省政府各厅委、各直属机构：

为全面贯彻党的二十大和二十届二中、三中全会精神，深入贯彻落实习近平总书记关于东北、辽宁全面振兴的重要讲话和指示批示精神，落实党中央、国务院关于做好经济工作的决策部署，稳定市场预期，增强社会信心，推动我省经济持续回升向好，打好打赢全面振兴新突破三年行动攻坚之年攻坚之战，经省政府同意，现将《辽宁省进一步推动经济以进促稳稳中提质若干措施》印发给你们，请认真贯彻执行。

各市政府、各部门要加强组织领导，结合本地区、本部门实际，对照职责分工，细化落实举措，跟踪推动政策措施落地见效；加大政策解读宣传力度，做好舆论引导，确保政策应享尽享、直达快享。

各项政策措施自印发之日起执行，由相关责任单位负责解释。

辽宁省人民政府办公厅（印章）

2024 年 9 月 10 日

（资料来源：辽宁省人民政府办公厅. 辽宁省人民政府办公厅关于印发《辽宁省进一步推动经济以进促稳稳中提质若干措施》的通知[EB/OL].（2024-09-30）[2024-12-03]. https：//www. ln. gov. cn/web/zwgkx/index. shtml.）

思考题

1. 应用文的修改应该主要关注哪些方面？
2. 应用文的修改方法有哪些？

在线测试题

扫描二维码，在线答题。

第二章 事务文书

事务文书是机关团体、企事业单位在处理日常事务时用来沟通信息、安排工作、总结得失、研究问题的实用文体，是应用写作的重要组成部分。由于这类管理类文体处理的日常事务亦为公务，所以事务文书属于广义的公文范畴。它与15种党政机关公文的区别在于：一是无统一规定的文本格式；二是不能单独作为文件发文，需要时只能作为公文的附件行文；三是必要时它可公开面向社会，或提供新闻线索（如简报），或通过传媒宣传（如经验性总结、调查报告等）。

第一节 计 划

必备知识

一、计划的含义和特点

（一）计划的含义

计划是指国家机关、企事业单位、社会团体或个人为完成某项任务、实现某项目标、开展某项工作而事先做出筹划和安排的一种事务性文书。

计划是计划性文体的统称，它的范畴十分广泛，包括规划、纲要、安排、设想、方案、要点、打算等。一般来说，规划、纲要是长远计划，而纲要比规划更具概括性，如《××市城市建设总体规划》《××省循环经济2021—2025年发展纲要》；安排是短期计划，适用于内容单一、布置具体的工作，如《××大学教务处第×周工作安排》；设想、打算是非正式的计划，而设想的适用时限较长，如《××市拓展就业安置门路的设想》《××学院争创文明学院的打算》；方案一般适合专项性工作，可操作性强，如《××大学教学名师评选实施方案》；要点是对计划的主要内容进行的摘要，如《××省财政厅2023年工作要点》。

（二）计划的特点

▶ 1. 目的性

计划具有明确的目的性。计划是为了达到某种目标、完成某项任务而制订的，有预期的目的，有明确的努力方向。

▶ 2. 预见性

计划是对未来工作的设想与筹划。它要求计划的制订者必须用科学的态度与方法对可能出现的各方面情况进行合理预测，对可能出现的问题和可能遇到的困难进行提前安排，以使计划更适合将来的发展情况。

▶ 3. 可行性

计划是要付诸实践的，它不仅要求目标明确，还要保证目标适中，既发挥计划的激励与指导作用，又要调动执行者的积极性。一个可行的计划不仅要措施具体，还要便于监督检查。

▶ 4. 指导性

计划有一种控制与约束的作用。一方面，制订者通过计划掌控工作的发展方向，实施对计划执行者的监督；另一方面，对于执行者来说，计划为其勾勒了发展蓝图、指明了工作目标，使工作有序展开，避免了盲目性。

▶ 5. 时限性

计划只在一个特定的时间期限内有效，无论是制订还是执行，如果没有时间限制，也就失去制订计划的意义。

二、计划的种类

根据划分角度的不同，计划可分为以下几类。

（1）按性质分，有专项计划、综合性计划等。
（2）按内容分，有教学计划、科研计划、生产计划、学习计划、销售计划等。
（3）按范围分，有国家计划、省（市）计划、地区计划、单位计划等。
（4）按时间分，有年度计划、季度计划、月份计划或长期计划、中期计划、短期计划。
（5）按要求分，有指令性计划、指导性计划等。
（6）按格式分，有条文式计划、表格式计划、条文与表格相结合的计划。

以上分类，各有侧重，相互交叉，以《2024年中小学教师国家级培训计划》为例，按时间分，属于年度计划；按范围分，属于国家计划；按格式分，属于条文式计划；按性质分，属于专项计划；按要求分，属于指令性计划。

写作指南

一、计划的内容与写法

下文以条文式和表格式计划为例，介绍其内容与写法。

(一) 条文式计划的内容与写法

条文式计划包括标题、正文和落款三个部分。

▶ 1. 标题

计划的标题一般由四部分组成：计划的制订单位名称、计划时限、事由和文种，如《××公司2024年人才培训计划》。

有些计划主要在本系统内部实施，标题可以省略计划的单位名称，如《2024年教学工作计划》。

有些专项计划也可以省略计划的时限，如《××大学青年教师培训计划》。

有些计划尚处于讨论阶段，还没有最后定稿，一般在标题右侧或标题正下方写上"草案""征求意见稿""试行稿"等字样，如《××省2024年重点建设项目计划(草案)》。

▶ 2. 正文

计划的正文包括开头、主体和结尾三个部分。

(1)开头。开头部分要简明扼要地说明制订计划的背景、依据和目的，写清楚为什么制订计划。行文时，多以"为了……""根据……""鉴于……"引出下文，讲清制订本计划的必要性。

(2)主体。主体一般要写清计划的目标、完成计划的具体步骤、保障措施这三个方面，就是要明了该计划"做什么""何时做""怎么做"等问题。

①计划的目标，就是要根据实际需要，科学地制订具体的量化指标，这对避免计划的盲目性有重要作用。

微课视频2-1
计划主体之目标
的写作要求

②完成计划的具体步骤，就是为实现目标所作的时间安排，包括完成任务的先后顺序、阶段的划分、各项任务的完成时限等。这部分在写作中必须详细、具体、准确地进行表述，以便计划的日后实施。

③计划的保障措施，就是为实现计划目标而采取的办法，包括采取的手段、创造的条件、运用的方法、明确的分工等。

▶ 3. 落款

在正文右下方写明制订计划的单位(标题中已有计划单位的这部分可省略)和制订计划的日期。上报或下达的计划，则需在日期上加盖单位的印章。个人的计划在正文的右下方署名，署名的下行写上制订日期。

(二)表格式计划的内容与写法

表格式计划也包括标题、正文和落款三个部分。

表格式计划的标题和落款部分与条文式计划的写法相同，不同的是主体部分。表格式计划的主体部分将任务、工作步骤、方式方法、完成时间、执行人员、完成情况，按照时间顺序制成表格，一目了然，直观性强。表格式计划适用于工作任务具体、时间性和程序性强的计划，如学校的教学工作计划、工厂的生产计划等。

二、计划写作的注意事项

(一)着眼全局，科学预见

计划的制订应立足全局，不仅要对当前的人力、物力、财力等现实情况有清晰而全面的把握，还应当充分认识当前计划在全局工作中的位置，处理好整体与局部、长远与近期、集体与个人的关系。在此基础上，放眼长远，以发展的眼光科学地预见工作的前景。

(二)实事求是，留有余地

制订计划要立足实际，所提的目标和任务应从本单位的实际情况出发，既不能过高，也不能过低；既要有进取性，又要留有余地，以便在执行过程中可进行适当的调整。计划是经过相当的努力之后才能达到的行动纲领或行为目标，再好的计划，如果脱离了实际，也只能是纸上谈兵。

（三）内容具体，简明扼要

计划的目标、任务要具体明确，措施、步骤要切实可行，具有可操作性；切忌目标笼统、步骤含糊、分工不清。计划的行文语言以叙述和说明为主，要简洁明了、条理清晰，切忌拖沓冗长。

例文赏读

2023—2024 学年上学期读书计划

走进大学校门，展现在面前的是一片广阔的知识海洋。学习本专业知识的同时，我也发现自己知识储备的匮乏。为了开拓视野，养成良好阅读习惯，提高自己的阅读能力和写作水平，增强自身的文化底蕴，特制订读书计划如下。

一、阅读目标

本学期计划完成 150 万字的阅读任务，主要涉及三方面内容。

文学类：《平凡的世界》 路遥 110 万字 1 251 页

经管类：《策略思维》 阿维纳什·K.迪克西特 35.6 万字 350 页

新闻阅读：每天阅读人民日报、××论坛公众号

二、实施步骤

1. 资料搜集阶段（9 月 10 日至 9 月 16 日）

购买纸质书籍，搜索相关书评，了解作品写作背景及业界评价。咨询专业老师建议，关注权威专业网站和论坛。

2. 阅读阶段

《平凡的世界》（9 月 17 日至 11 月 11 日）共计 8 周，每周读完 157 页

《策略思维》（11 月 12 日至 12 月 2 日）共计 3 周，每周读完 117 页

每天进行公众号和论坛阅读，与纸质书籍同步进行。

3. 总结阶段（12 月 17 日至 12 月 30 日）

对本学年课外阅读情况进行总结，制订寒假阅读计划。

三、保障措施

1. 每天定量，周末调整

每天自习课和睡前坚持一小时的阅读。如遇特殊情况，在周末的时间进行调整，确保一周总阅读量不变。课间、午休等零碎的时间通过手机浏览网站及论坛。

2. 多读多记，深度思考

准备阅读笔记，随时记录心得和困惑。"学而不思则罔，思而不学则殆。"阅读不应停留在表面，应对精彩之处加以精读，同时不能盲目追求速度，要深入思考。边阅读边查阅书评，搜集不同观点，多角度吸取和借鉴优秀的观点。

3. 小组阅读，互相监督

与李想、王欣逸结成阅读小组，每天在微信群里打卡，互相督促、互相提醒。每周进行一次阅读心得交流与讨论。

阅读贵在坚持，重在思考。本学期的阅读重点是学会思考，改掉高中时浅层次的

阅读习惯。争取通过这半年的阅读丰富专业知识、提高文学素养，养成良好的阅读习惯。

应晓文

2023 年 9 月 5 日

（资料来源：李伟权. 应用文写作（第 3 版）[M]. 北京：清华大学出版社，2023.）

思考题

1. 计划有哪些称谓？它有什么特点？
2. 计划的写法有哪些注意事项？

第二节 总　　结

必备知识

一、总结的含义和特点

（一）总结的含义

总结是国家机关、企事业单位、社会团体及个人，对过去一段时期内的工作进行回顾、检查、分析研究，从中找出经验与教训、成绩与问题，用来指导今后工作的一种应用文体。

总结是使用广泛的一种应用文，常见的"小结""回顾""体会"等都属于总结。通过总结，可以全面、系统地回顾过去一段时间的工作，并从中获得经验，吸取教训，以便指导下一阶段的工作。总结虽然不具有公文的约束力，但对于工作开展却至关重要，有助于提高人们对工作的理性认识，增强工作的信心，调动工作的积极性。

（二）总结的特点

▶ 1. 回顾性

总结是对以往工作或活动的反思与回顾。写作总结的过程，就是对自身实践活动再思考与再认识的过程，思考在过去一段时间内做过什么、做得如何，并在回顾中发现问题，得出经验与教训。

▶ 2. 客观性

总结可以提高人们对以往工作与实践活动的认识，更有助于下一步计划的制订与执行。能否在总结中如实呈现以往工作的实际情况，直接影响着日后工作的开展。因此，总结在回顾过去工作时，要坚持实事求是，用事实说话，切忌弄虚作假、文过饰非。更不可避重就轻，只谈优点成绩，不谈缺点、问题。

▶ 3. 理论性

总结是对以往实践活动的理性认识，是在对前一段工作进行回顾检查的基础上，所做的分析、研究、评价、鉴定，并上升到理性高度，得出规律性的结论。因此，总结既要有材料，又要有观点；既要有事实，又要有理论。

二、总结的分类

总结可以按照不同的标准分类。

(1) 按内容分，有工作总结、生产总结、教学总结、学习总结、科研总结等。
(2) 按时间分，有年度总结、季度总结、月份总结等。
(3) 按范围分，有单位总结、部门总结、班级总结、个人总结等。
(4) 按功能分，有汇报性总结、交流性总结等。
(5) 按性质分，有专项总结、综合性总结等。

以上分类，相互交叉，同一总结按不同标准、从不同角度，可以被划分为不同类别。例如《2024年××局外事工作总结》，按内容分，属于工作总结；按时限分，属于年度总结；按范围分，属于单位总结；按性质分，属于专项总结；按功能分，属于汇报性总结。

写作指南

一、总结的内容与写法

总结包括标题、正文和落款三个部分。

(一) 标题

总结的标题有三种写法。

▶ 1. 公文式标题

公文式标题与计划的标题写法基本相同，由单位名称、总结时限、总结内容和文种四部分构成，其中单位名称与总结时限可以适当省略，如《共青团××市委2024年工作总结》《2010年销售工作总结》。

▶ 2. 文章式标题

文章式标题与一般文章标题写法相同，主要是用凝练的语言对全文内容高度概括，如《企业围绕市场转 产品随着效益变》《科技立厂 人才兴业》。

▶ 3. 双行式标题

双行式标题多由正副标题构成。正标题为文章式标题，副标题为公文式标题，如《助力国资并购 推动产业升级——××产权交易所2024年并购贷款业务总结》《抓改革促管理——××水泥厂2024年工作总结》。

公文式标题多用于汇报性总结，文章式标题与双行式标题多用于交流性总结。

(二) 正文

总结的正文包括开头、主体和结尾三个部分。

▶ 1. 开头

开头部分一般概述工作的基本情况，介绍总结所涉及的背景、时间、主要内容及成果。在写作时应注意有所侧重，或重点概述工作内容，或着重突出工作成果。

微课视频2-2
总结开头部分
点评题解析

2. 主体

主体部分是总结的核心部分，一般要写明以下两个方面的内容。

（1）做法、成绩与经验。主要写明做了哪些工作，采取了怎样的措施、方法和步骤，有什么效果，取得了哪些成绩，取得成绩的主观原因是什么；哪些做法是成功的、行之有效的，有什么经验和体会。这些内容中，做法、成绩是基础材料，经验、体会是总结的重点，在全文中占主导地位。

（2）问题与教训。总结不仅要汇报成绩，更要对工作中存在的不足和出现的问题有清醒的认识，并能剖析问题产生的原因。问题与教训对于下一步计划的制订有很大的参考价值，可以帮助人们在以后的工作中避免类似问题的出现。

（3）设想与安排。通常写明今后的工作设想和努力方向。通过总结，在肯定成绩、发现问题、总结经验教训的基础上，提出今后工作的目标和打算，从而增强信心，鼓舞斗志，把未来的生产、工作、学习等做得更好。

3. 结尾

结尾是正文的收束，应表明决心，展望未来。这段内容要与开头相照应，篇幅不应过长。有些总结在主体部分已将这些内容表达过了，就不必再写结尾。

这样的内容安排主要适用于综合总结。如果是专题总结，则不必这样面面俱到，可侧重于成绩与经验，或侧重于工作进程和体会，或卓有成效的工作方法和特点，抑或问题和教训等，应视总结的具体内容和写作意图而定。

（三）落款

在正文右下方写明总结的单位（标题中已有总结单位的这部分可省略）和完成总结的日期。个人的总结在正文的右下方署名，署名的下行写上完成总结的日期。

二、总结写作的注意事项

（一）实事求是，切忌虚假

总结要如实反映工作中的成绩和问题、经验和教训，不能只报喜不报忧，也不能脱离实际随心所欲地拔高观点；反映情况不能片面，更不能前后矛盾。

（二）突出重点，切忌平淡

总结要根据工作实际、写作目的和总结的不同性质，在内容上有所侧重，不能不分主次、不分详略地平均用笔，也不能堆砌材料、平铺直叙，记流水账。

（三）写出特色，切忌平庸

总结要抓住事物的主要特点，反映出本单位工作的特点，要有自己的观点，不要千篇一律。

（四）注重分析，切忌肤浅

总结要善于从取得的成绩和出现的问题中寻根问底，不能只是罗列现象、堆砌材料，而应当对实践中的成功与失败、成绩与缺点进行分析研究，把感性印象上升为理性认识，从而归纳出带有规律性的观点。

例文赏读

东盛大学学生会2024年工作总结

2024年是学校深化教育改革、推进高质量发展的关键之年。校学生会始终依据《高校学生会组织深化改革实施方案》和《2024年学校学生工作要点》，在思想引领、权益维护、校园文化建设和组织改革四大方面取得了一定的成绩。为了系统梳理年度工作成效与不足，明确改进方向，为2025年工作提供经验支撑和行动指南，现将2024年学生会工作总结如下：

一、做法、成绩与经验

(1) 强化思想引领，筑牢理想信念根基。

以"青年大学习"为主线，开展"青春心向党，奋进新征程"主题教育，组织党史学习沙龙、红色基地实践等12场活动。学生会成员100%参与理论学习，带动全校学生提交入党申请书比例同比增长15%。学生会始终坚持"党建带团建"，以生动实践增强思想引领的感染力。

(2) 深化服务效能，落实权益维护机制。

设立"线上＋线下"权益反馈平台，全年收集意见380条，推动解决宿舍热水供应、食堂菜品优化等实际问题28项；举办"校长面对面"，搭建校领导与学生的直接对话桥梁。学生满意度达85%，较上年提升10%；"食堂改革提案"获校级优秀提案奖。学生会建立"调研—反馈—督办—回访"闭环机制，确保权益服务落地见效。

(3) 创新校园文化，打造品牌活动矩阵。

举办"学术文化节""校园歌手大赛"等品牌活动，推出"AI赋能未来"系列讲座；联合社团打造"非遗进校园""环保公益周"等特色项目。活动参与人次突破5 000，原创歌曲《追光》获省级校园文化成果奖；环保项目吸引社会媒体报道3次。学生会始终以"学生需求＋时代热点"为导向，实现文化育人多元化。

(4) 推进组织改革，提升内部治理水平。

优化部门架构，精减人员20%；制定《学生会干部考核办法》，开展作风警示教育4次；推行项目制管理，跨部门协作完成大型活动5项。组织运行效率提升30%，投诉率下降至2%；"迎新志愿服务"项目获校级表彰。学生会始终以制度约束和流程优化为抓手，推动学生会"去官僚化""强服务性"。

二、问题与教训

(1) 调研深度不足。

部分权益提案未能精准匹配学生需求，如自习室开放时间调整因调研样本量小导致执行效果不佳。

(2) 活动覆盖面不均。

高年级学生参与度低于30%，传统活动形式对研究生群体吸引力较弱。

(3) 跨部门协同滞后。

大型活动筹备中因分工不明确导致物资调配延误，暴露应急预案缺失问题。

(4) 资源整合能力有限。

校企合作项目仅完成年度目标的60%，未能充分链接社会资源支持学生创新创业。

三、设想与安排

(1) 深化思想引领。

2025年推出"红色基因传承计划"，联合马院打造"微党课大赛"，开展"我与时代同行"主题社会实践。

（2）精准服务需求。

推行"院—班—寝"三级权益联络员制度，每学期发布《学生需求白皮书》；试点"研究生学术互助平台"。

（3）创新文化载体。

策划"科技文化节"，引入VR党史体验、AI创意设计赛；探索"社团＋学生会"联办模式，扩大活动辐射面。

（4）强化自身建设。

实施"骨干能力提升工程"，开展公文写作、项目管理等培训；完善《学生会章程》，建立退出机制和透明化财务公示制度。

回首2024，我们以实干诠释担当；展望2025，我们将以更高标准践行使命。校学生会将始终牢记"从同学中来，到同学中去"的初心，在服务中凝聚力量，在创新中突破局限，努力建设让学校放心、让同学满意的先进学生组织，为谱写学校高质量发展新篇章贡献青春力量！

东盛大学学生会
2024年12月26日

（资料来源：本案例由笔者根据相关资料整理所得。）

思考题

1. 计划与总结在写作目的和内容上有哪些不同之处？
2. 总结主体的内容有哪些？

第三节　调查报告

必备知识

一、调查报告的含义

调查报告是运用科学的方法，有目的、有计划地对某一典型现象、问题或经验等进行深入、系统的调查与分析后，写成的书面报告，也称"调查记""调查汇报""情况反映""情况介绍"等。

调查报告既可用来揭露问题、反映社会情况，也可用来推广经验，介绍新生事物，是实际工作中使用频率非常高的文书。调查报告的写作能力常常被看作是从事各项工作的基本能力，同时由于调查报告能真实、详细地说明情况，深入、客观地反映问题，因此它也是上级部门制定决策的重要依据。

二、调查报告的分类

根据调查对象和写作目的的不同，调查报告可分为以下几类。

(一) 典型经验调查报告

典型经验调查报告主要反映社会生产、生活中取得的突出成绩，着重介绍先进经验及优秀典型，通过调查从中找出规律性的内容，以便日后推广普及。这类调查报告对日常工作有很强的参考价值和指导作用，使用频率较高，如《靠名牌赢得市场——关于深圳市××（集团）股份有限公司的调查报告》《关于国营大中型企业推行承包制的调查报告》。

(二) 揭露问题调查报告

揭露问题调查报告主要以社会弊端、不良现象或问题人物为调查对象，把揭露这些现象和问题产生的深层原因作为主要目的，希望通过调查报告引起相关部门甚至全社会对此问题的重视，如《天津市未成年人上网问题调查报告》。

(三) 社会情况调查报告

社会情况调查报告主要针对社会生活中衣食住行、社会风气等方面的基本情况展开调查，对其发展变化、产生原因等进行深入分析与研究，以此为上级机关或有关部门的决策制定提供参考和依据，如《2024年全国研究生招生数据调查报告》《第××次全国国民阅读调查报告》。

(四) 学术调查报告

学术调查报告主要是指就某科学领域中的课题展开调查而撰写的具有学术价值的报告。

三、调查报告的特点

(一) 真实性

真实性是调查报告的生命。无论是调查对象的选取、调查方式的设定、调查活动的开展、调查数据的分析等都应是实际发生且真实可信的。作者应以公正的态度对调查结果进行评析，并保证调查结果是以真实的材料、数据为依据得出的，切忌使用虚假、浮夸的材料，更不可以偏概全、移花接木。

(二) 典型性

调查报告应从众多的调查材料中选取具有典型意义和代表性的材料，在报告中加以呈现。通过这些典型事例、典型材料、典型数据，说明被调查对象的本质、规律和发展趋势。

(三) 针对性

调查报告是对某一典型现象、问题或经验进行调查与研究，并以此为基础进行写作的。一篇优秀的调查报告所反映的内容往往是当前人民群众普遍关心或亟待解决的问题，即使调查的是历史问题，也与现实生活有着某种关联。一般来说，越是针对当前社会生活、反映社会需要的调查报告，其调查的价值就越突出。

写作指南

一、调查报告的写作过程与写法

(一) 调查报告的写作过程

调查报告的写作要经历"准备—调查—研究—写作"四个阶段。其中，准备是前提，调查是依据，研究是基础，写作是对前期三个阶段工作成果的最终呈现。

▶ 1. 充分准备，制订计划

准备阶段要明确调查主旨，设计调查方案，选取调查方法。

在这个阶段，调查方法的选取将直接影响日后调查材料的收集与获取，是准备的重点内容。调查方法分为确定调查对象的方法和收集资料的方法。

(1) 确定调查对象的方法。确定调查对象的方法有全面调查、抽样调查、典型调查等，主要根据调查范围的大小进行区分。

① 全面调查是对调查范围内的全部对象进行调查，以获得有关调查对象完整的资料。这种方法收集的资料全面、具体，误差小，但消耗的人力、物力、财力也较多，其调查所需的时间也较长。

② 抽样调查是选取范围内的一部分对象加以调查，用这部分调查结果推论或说明总体的状况。这种方法以部分推知总体，在抽样方法正确的前提下同样能保证调查的精确度，而且缩短了调查的时间，减少了调查的费用，提高了调查的效率。但这种方法有时也会产生误差，如样本数量不合理，抽样过程未遵循随机原则等，都会影响未来调查结果的准确性。

③ 典型调查是在调查范围内选取具有代表性的组织或个人，对其进行全面、深入的调查，并借助少数典型反映同类事物所具有的一般特征，便于对调查对象进行定性分析。典型调查的关键是正确选择典型。典型选取得准确，结果则真实、可靠；否则，很可能得出错误的结论。

(2) 收集资料的方法。收集资料的方法有问卷法、访谈法、观察法、试点法等，下面重点介绍问卷法。

问卷法是调查者根据调查主旨，运用统一设计的问卷，向调查对象了解情况或征求意见的方法。问卷包括导言、问题与回答方式、附文三个部分。

① 导言是对本次调查的总体介绍，主要让调查对象明确调查者的身份，问卷设计的背景、依据、目的，填写问卷的方式方法，保密原则以及奖励措施，以消除调查对象的疑虑，激发他们的参与意识。

② 问题与回答方式一般包括调查的问题、回答问题的方式以及对回答方式的指导和说明。这是问卷的主体部分，在设计时必须紧密结合调查主旨，做到设计周密、问题合理、内容具体、表达清晰。

③ 附文包括调查对象的姓名、年龄、性别、受教育程度、经济情况、从事行业、单位性质等个人信息。调查对象往往对这部分问题比较敏感，但这些问题与研究目的密切相关，必不可少。具体内容可以根据设计者的前期分析预判进行设定。

此外，问卷还可以包括调查时间、地点、完成情况等相关信息，用于日后对问卷内容进行审核，并为数据分析提供依据。

▶ 2. 深入调查，收集材料

"没有调查，就没有发言权"，调查是调查报告写作的依据。材料的收集要从多方面入手，充分占有现实的和历史的、正面的和负面的、典型的和一般的、直接的和间接的材料，并确保材料的真实、可靠，防止以偏概全、一叶障目。

▶ 3. 分析研究，提炼观点

这一阶段主要对调查所得材料进行筛选与整理，做到去粗取精、去伪存真、由表及里、由此及彼。找出材料之间的内在联系，发现带有规律性的东西，并由此提炼出观点。

▶ 4. 布局谋篇，撰写报告

这一阶段主要是对调查过程与调查结论的呈现，要按具体的内容要求完成写作任务。

(二) 调查报告的写法

调查报告包括标题、正文和落款三部分。

▶ 1. 标题

调查报告的标题的常见写法有以下三种。

(1) 公文式标题。公文式标题由调查机关、调查内容及文种三部分组成,其中调查机关可省略,如《2024年第一季度中国公民出国旅游满意度调查报告》《关于创建省级文明县城的调研报告》。

(2) 文章式标题。文章式标题可以针对调查内容提出问题,以问题作为标题,如《儿童究竟需要什么读物》《当代大学生为什么就业难》。还可以在标题中明确提出调查结论,如《莫把温饱当小康》《市民赞成恢复"黄金周"》。前一种写法利于吸引读者的注意力;后一种写法便于明确文章的中心。

(3) 双行式标题。双行式标题多由正副标题构成。正标题为文章式标题,副标题为公文式标题,如《被"网"住的大学生——关于大学生网络行为研究的调查报告》《情系水世界——对我市水位站、水文站的调查》。

▶ 2. 正文

调查报告的正文包括前言、主体、结尾三个部分。

(1) 前言。前言主要围绕主题,介绍调查的情况,让读者对本次调查有大致把握,为主体内容的展开做铺垫。一般情况下,前言主要明确以下三方面内容:其一,调查活动的基本情况,如调查的起因、时间、地点、对象、方式、方法;其二,调查对象的基本情况,如调查对象的历史、现状、成绩或问题;其三,对调查结论的简要概述,如肯定意义、指出价值,表明作者的观点或态度,以引起读者的共鸣。

(2) 主体。主体是调查报告的核心,一般包括三项内容:一是详细介绍调查对象的具体情况,如被调查事情的前因后果、发展经过,以及被调查者的观点、态度、做法等;二是对调查材料展开分析,总结经验或教训,得出规律性的认识;三是根据调查结果提出相应的意见、建议或改进措施。

在行文时,常见的主体结构有以下三种。

① 纵向式,以时间为主线,介绍被调查事件或调查活动本身的起因、发展、结果。这种结构可以让读者跟随调查者的视线来了解事情的始末,现场感强,特别适合揭露问题类调查报告的写作。

② 横向式,以观点为主线,从调查材料中提炼出几种不同的观点、不同的经验或做法,并以此并列行文。这种结构观点突出、条理清楚,适合典型经验类与反映情况类调查报告的写作。

③ 纵横结合式,即将上述两种结构综合起来。从全文看,按事物发展顺序逐步展开。在叙述中,又对一个事物的几方面特征、一个问题的几方面观点或一个典型的几方面经验,分别加以阐述。这种结构适合新生事物类调查报告的写作。

(3) 结尾。结尾对全文内容进行总结,可以对事物未来发展方向提出展望或预测,也可以针对调查结论提出改进措施。

▶ 3. 落款

在正文右下方署上调查者名称,名称下署时间,也可将调查者名称写在标题下。

二、调查报告写作的注意事项

(一) 避免先入为主,保证客观公正

调查报告以发掘典型、揭露问题、反映情况为主要任务。在写作过程中,必须以客观、公正的眼光审视调查对象。不能以自己固有的意识,以先入为主的想法对调查对象做出有失公正的描述与评价。

(二) 避免材料单一,实现角度多样

在材料的收集过程中,必须以开放的思维、发展的眼光,多角度地收集材料,特别是收集第一手材料。无论是正面的、负面的,上级的、下级的,具体的、概括的,只有获得了丰富的材料,才能全方位了解调查对象。

(三) 避免空洞讲解,注重叙议结合

调查报告是事实与研究的结合,它将对调查过程、调查事件的叙述与对调查对象的分析、评价这两个主要部分结合起来。如果只是说理,就少了调查的必要;如果只是叙述,就缺了报告的深度。

例文赏读

大学生"躺平"与"内卷"现象的调查报告

一、前言

在社会竞争日益激烈的大背景下,大学生群体中出现的躺平与内卷现象引发广泛关注。躺平指个体主动退出竞争,追求低欲望生活;内卷则表现为过度竞争导致边际效益递减的现象。这两种态度反映了当代青年在压力下的不同应对策略。

本次调查由××大学高等教育研究所主导,从2024年3月展开,通过线上线下相结合的方式,发放问卷1 000份,回收有效问卷996份,同时对50位不同背景的大学生进行深度访谈。调查对象覆盖全国34所高校,涵盖文科、理科、工科、医科、艺术等多个学科门类,以及大一至大四各年级,性别分布均衡,以此确保调查结果具有全面性与代表性。

初步调查显示,大学生对躺平与内卷态度复杂。30%的受访者表示了解躺平现象,其中20%曾有过躺平心态;70%的受访者觉得身边内卷严重,50%曾被动卷入内卷,且学科、年级、家庭背景等因素对大学生的选择倾向影响显著。

本报告基于多源数据,结合大学生群体调研与社会观察,分析现象成因及影响,并提出建议。

二、调查结果分析

1. 躺平现象调查结果(略)

2. 内卷现象调查结果(略)

三、影响因素分析

1. 社会因素(略)

2. 学校因素(略)

3. 家庭因素(略)

4. 个人因素（略）

四、影响探讨

1. 对大学生个人的影响（略）

2. 对教育和社会的影响（略）

五、结论与建议

1. 研究结论

本次调查全面揭示了大学生躺平与内卷现象。这两种现象在大学生群体中广泛存在，受社会、学校、家庭和个人多方面因素共同作用。其影响涉及大学生个人成长、教育发展以及社会进步。这些因素相互交织，使得问题较为复杂，需要各方共同关注并解决。

2. 建议

(1) 社会层面（略）

(2) 学校层面（略）

(3) 家庭层面（略）

(4) 个人层面（略）

六、结尾

综上所述，大学生躺平与内卷现象是一个复杂的社会议题，涉及多方因素。解决这一问题对于大学生的健康成长、教育事业的科学发展以及社会的持续进步都具有重要意义。社会、学校、家庭和大学生自身需协同合作，从观念引导、制度改革、氛围营造等多方面入手，逐步引导大学生树立正确的价值观和生活态度，为大学生创造一个积极健康、充满活力的成长环境，助力他们实现个人价值与社会价值的统一，为社会发展注入源源不断的动力。

××大学高等教育研究所
2024年8月31日

（资料来源：本案例由笔者根据相关资料整理所得）

拓展阅读 2-1 大学生志愿服务活动现状调查报告

拓展阅读 2-2 2023年沈阳市民文化消费调查问卷

思考题

1. 调查问卷应该包括哪些要素？

2. 调查问卷的题目设置从形式上应该注意哪些问题？

3. 调查问卷中关于个人基本情况的部分，可以调查个人收入和婚姻状况吗？

4. 调查报告的开头部分应该包括哪些基本要素？

5. 如何理解"没有调查，就没有发言权"？

第四节 简 报

必备知识

一、简报的含义及特点

（一）简报的含义

简报是党政机关、社会团体、企事业单位用于汇报工作、反映问题、沟通情况、指导工作、交流经验、传递信息的，简短的、有一定新闻性质的内部文件。简报又称"动态""简讯""要情""摘报""工作通讯""情况反映""情况交流""内部参考"等。作为传递某方面信息的简短的内部小报，简报精、快、新、实、活，具有汇报性、交流性、连续性、快捷性和指导性等特点。也可以说，简报就是简要的调查报告、简要的情况报告、简要的工作报告、简要的消息报道等。

从性质上讲，简报不是一种文章的体裁。因为一份简报可能只登一篇文章，也可能登几篇文章。这些文章可能是报告、讲话、专题经验总结、消息等。因此，把简报说成一种独立文体，或只说是报告，是不妥当的。同时，简报也不是一种刊物，因一般的简报只有一两张纸，几个版面，且具有一般报纸的新闻特点，特别是要求有很强的时效性，而刊物的时效性又远不及报纸。故此，简报不是"刊"，而是"报"。

（二）简报的特点

▶ 1. 新闻性

简报有些近似于新闻报道，特点主要体现在真、新、快、简四个方面。

"真"是内容真实可靠。简报所反映的内容、涉及的情况，必须严格遵循真实性原则，时间、地点、人物、事件、原因、结果，所有要素都要真实，所有的数据都要确凿。对事物的分析解释必须坚持实事求是的科学态度，符合实际事件。

"新"指内容的新鲜感。简报如果只报道一些司空见惯的事情，就没有太大价值和意义了。简报要反映新事物、新动向、新情况、新思想、新趋势，且内容要有较大参考价值。

"快"是报道得迅速及时。简报写作要快，制作和发送也要简易迅速，尽量让读者在第一时间了解到最新现实情况，也利于有关人员根据情况及时处理问题、制定政策。

"简"是指内容集中、篇幅短小、提纲挈领、行文平实。简报名目之前冠以"简"字，可以看出简洁对它来说是多么重要。

▶ 2. 集束性

虽然一期简报中可以只有一篇报道，但更多情况下，一期简报要将若干篇报道集结在一起发表，形成集束式形态。这样做的好处是有点有面、相辅相成，加大信息量、避免单薄感。

▶ 3. 专业性

简报一般由有关单位、部门主办，专业性十分明显。如《人口普查简报》《水利工程简报》《招生简报》等，分别由主办单位组织专人撰写，传递该项工作的各种信息，包括情况、经验、问题和对策等。

▶ 4. 保密性

简报一般在编报机关管辖范围内各单位之间交流，不宜甚至不能公开传播，特别是涉外机关和专政机关主办的简报更是如此，有的简报专门注上"内部参考"的字样。这一点与新闻稿有明显的区别。

二、简报的作用

▶ 1. 传播信息

简报本身即是一种信息载体，可以使各级机关及从事行政工作的人互相了解情况、吸收经验、学习先进、改进工作。各单位、部门通过简报可传达有关指示，介绍典型经验，起到上通下联、推动工作的作用。

▶ 2. 反映情况

通过简报，可以将工作进展情况以及工作中出现的新情况、新问题、新经验，及时反映给各级决策机关，使决策机关了解下情，为决策机关制定政策、指导工作提供参考。基层、下级机关可通过简报向上级机关汇报工作、提供信息，使上级机关了解工作情况、存在的问题、吸取的经验、涌现的典型，以便根据实际情况采取措施，有问题的给予帮助解决，有经验、典型的，给予表彰推广。

▶ 3. 交流经验

简报体现了领导机关的一定指导能力，通过组织交流，可以提供情况、借鉴经验、吸取教训，从而对工作有指导和推动作用。简报除了上送下发外，还可送发兄弟单位和相关单位。通过简报，单位之间可以交换情况、互通信息、交流经验、取长补短。

三、简报的分类

简报的形式多样，内容繁多。按时间分，有定期的简报、不定期的简报；按性质分，有工作简报、生产简报、学习简报、会议简报；按内容分，有综合反映情况的简报和反映特定情况的专题简报等。下文主要介绍综合简报、专题简报、会议简报和动态简报。

（一）综合简报

综合简报是反映本部门、本系统各方面工作情况和问题的简报，也称情况简报。综合简报主要报道本部门、本系统管辖范围内发生的重大问题、事件及其处理；工作中的重要情况，新经验、新办法、新气象、新动态等。这种简报既有深度、又有广度，一般是连续不断地编发，或定期或不定期，以便发现典型、经验及时推广，发现问题及时得到解决，以此更好地指导、推动本部门、本系统的工作。

（二）专题简报

专题简报又称中心工作简报，它是一种阶段性的简报。它往往是针对机关工作中某一时期的中心工作、某项中心任务办的简报，中心工作完成，简报也就停办了。专题简报主要将某项专门工作的动态、进展、经验、问题等向上级部门汇报，或向有关部门或下属单位做通报，借以传播信息、推动工作。

（三）会议简报

会议简报是会议期间反映会议情况的简报，它是一种临时性的简报，内容包括会议中的筹备、情况、内容、发言及会议决定等。规模较大、时间较长的会议常要编发多期简报，以起到及时交流情况、推动会议的作用。小型会议一般是一会一期简报，常常在会议结束后，写一期较全面的总结性的情况反映。会议简报是专门报送、交流有关重要会议，反映与会者意见和建议的简报。例如，全国人民代表大会、全国政协会议、中央各种重要会议、地方上的"两会"，以及各种重要的专门会议都要编发会议简报。会议简报分为综合简报和进程简报两种。前者是整个会议编一期简报，在会议后期发送，后者是编发多期简报。一般重大的、时间较长的会议都要编发进程简报，即每个小阶段编发一期，有时天天编发，以供与会者阅读、互通情报、交流思想经验，以便会议的顺利进行。

（四）动态简报

动态简报，包括情况动态和思想动态，就是迅速及时、简明扼要地反映新近发生的事情、情况的一种文体形式。这类简报的时效性、机密性较强，常见于单位编发的"内部参考"，其要求迅速编发，发送范围有一定限制，在某一个时期、某一阶段要保密。

写作指南

一、简报的结构及写法

简报的版面由报头、报核和报尾三部分组成。

（一）报头

报头一般占首页上方三分之一的版面，用间隔红线与正文部分隔开，通常报头内容如下。

(1)简报名称："××简报""××简讯"，一般用大字套红，居中排列，醒目大方。

(2)期号：可写在名称下一行，用括号括上。

(3)编号：排在报头右侧的上方位置。

(4)编发单位：排在横隔线的左上方位置。

(5)印发日期：在横隔线的右上方位置。

(6)密级：如"机密""绝密""内部刊物"等，排在报头左侧上方位置。

（二）报核

报头以下、报尾以上的部分都是报核，即简报所刊的一篇或几篇文章。报核包括以下项目。

▶ 1. 目录

集束式的简报可编排目录。由于简报内容简单，容易查找，目录一般不需要标序码和页码，只将编者按、各篇标题排列出来即可，为避免混淆，可在每项前加一个五星标志。

▶ 2. 编者按

必要时可加编者按，按语是简报的编者针对简报内容所写的说明性文字或评论性文字。主要内容是工作任务来源、本期重点稿件的意义和价值、征稿通知、征求意见等。编者按不可过长，短者三五行，长者半页即可。

▶ 3. 报道

一期简报可以只有一篇报道，也可以有多篇报道，依次排列即可。编排原则是：第一，各篇文章要围绕一个中心，从不同角度反映某一个问题；第二，最突出中心的文章排在前头；第三，每篇文章疏密间隔要恰当，标题字体大小要一样。

简报报道的写法如下。

(1) 标题。标题位置在报头横线下居中排列。简报的标题要求明确，使读者能见题明义。简报的标题可以是单标题，也可以是双标题。双标题有两种情况：一是正题下面加副题，正题概括事实的性质，副题补充说明基本事实；二是正题前面加引题，引题指出作用和意义，正题概括主要报道内容。

(2) 开头。简报的开头要求开门见山，用简洁的语言，提纲挈领地概括全文，点明主题。具体来说，有下面三种方式：一是叙述法，叙述交代简报主体内容；二是结论式，先写出事情的结果或将结论提前交代；三是疑问式，即提出重要问题引起读者兴趣和思考，再在主体部分做出具体回答。

(3) 主体。主体是正文的中心部分，是简报最主要的部分。因此，应写得翔实、充分、有力。主体的结构安排有三种较常用的形式：一是按事件发生、发展、结束的顺序来安排材料，这种形式比较适合报道一个完整事件的简报；二是把所要反映的情况，分成并列的几个方面，每一个方面加上序号或小标题，以使报道结构清晰，这种形式适合内容较多的简报；三是按事件的因果或递进关系安排材料，这种形式比较适合总结内容、评述内容的简报。

(4) 结尾。结尾可灵活处理，如果内容已在主体说完，可不写结尾，全文自然结束；如果意犹未尽，需要结尾的，也要注意简明，用一句或一段话总结，即用最概括的语言，或做出评说，或提出问题，或表明希望。

(三) 报尾

在简报末页的下方，用两条平行线框住，写清发送范围。给上级机关称"报"，给下级机关称"发"，给平行机关或不相隶属的机关称"送"。另外要标明印刷份数。目前，大部分简报可不写报尾这一部分。

二、简报写作的注意事项

(一) 简明扼要，一目了然

主题集中，精选材料，筛选出最能代表一般的典型材料加以使用，做到不堆砌，不罗列，不雷同，少而精。同时，简报既要求简，又要写清内容。

(二) 反应迅速，时效性强

简报的功能，决定了简报的编者必须讲求时效。这就要求简报的作者思想敏锐、行动敏捷，对问题反应得快，对材料分析得快，写作构思快，动笔成文快；同时，还要求简报的编辑、签发、打印、发稿速度快，共同把握发稿时机。

(三) 实事求是，恰如其分

简报的写作既不同于文字作品，也不同于评论文章。文学作品的创作，靠刻画形象来表达主题思想；评论文章的写作，靠理论论证来阐述观点。简报则和新闻报道一样，是用现实生活中活生生的生活事实来宣传党的路线、方针、政策。用事实说话，是简报的主要特征之一，也是编写简报应该注意的一个重要问题。

例文赏读

高校思想政治工作简报
第 5 期

思政司   2023 年×月×日

中国人民大学聚焦"三向"
塑造党建引领"大先生"涵育的良好生态

【高校教师党建和思想政治工作】编者按：为深入推进学习贯彻习近平新时代中国特色社会主义思想主题教育，深入贯彻习近平总书记关于建设教育强国的重要论述，深入落实"时代新人铸魂工程"和"高质量教师队伍建设战略工程"重点任务，研究制定高校教师党建和思想政治工作质量标准，着力提升高校教师思想政治工作质量，思政司在主题教育期间围绕"高校青年教师思想政治工作重点难点问题"开展专题调研，为加强典型宣传，营造狠抓落实的工作氛围，特开设专栏，专题介绍各地各高校的经验做法，共同塑造党建引领"大先生"涵育的良好生态。

中国人民大学坚持以习近平新时代中国特色社会主义思想为指导，深入学习贯彻习近平总书记到校考察时的重要讲话精神和关于建设教育强国的重要论述，聚焦"新路方向""思政导向"和"价值取向"，推动教师党建和思想政治工作守正创新，积极塑造党建引领"大先生"涵育的良好生态，着力培养精于"传道授业解惑"的"经师"和"人师"的统一者。

把牢新路方向，谋划发展蓝图。 突出政治引领，把握新精神新理念。深入学习领会习近平总书记到校考察时的重要讲话精神，建立"统学、领学、研学、联学、践学"联动机制，学校党委领导班子成员全部下沉一线宣讲，机关部处和各学院开展学习阐释，进一步凝聚培养"经师"和"人师"的统一者的共识。落实落细习近平总书记对学校的殷切期望，全面实施党建引领建设工程、高等教育红色基因传承和精神品格弘扬工程、重要人才中心和创新高地打造工程等新路建设"十大工程"，把培育"好老师""大先生"列入子工程，努力造就一支高素质、专业化、创新型教师队伍。优化顶层设计，推出新部署、新举措。学校第十五次党代会提出进一步加强教师思想政治和师德师风工作，党委书记、校长主持制订《关于完善教师思想政治和师德师风建设工作体制机制的实施办法》，成立党委教师工作委员会，进一步健全制度体系，采取系列举措加强学校党委对教师工作的全面领导。聚焦"三热合一"，全面加强学院基层单位党的领导，有效落实"两项议事规则"，研制学院教师思想政治和师德师风建设工作指引，大力推进书记院长"双强工程"，深化教师党支部书记"双带头人"培优工程，将教师党建和思想政治工作情况纳入单位述职、考核、巡视观测点等，系统性压实学院直接责任，增强教师党支部政治功能。

把准思政导向，夯实信念根基。 坚持显性和隐性相结合，加强学习教育。精心部署主题教育工作，落实思想政治理论集中学习要求，坚持不懈用习近平新时代中国特色社会主义思想为广大教师凝心铸魂。围绕党的二十大、习近平总书记到校考察调研、全国两会等重大活动，第一时间召开座谈会、学习会、宣讲会，通过"第一议题""三会一课"等制度机制，组织广大干部教师及时跟进学、全面系统学。开展"红色之路"实践研修，组织青年教师赴陕西延安、湖南新化等地开展实地考察、参观走访、学习研讨，深刻领会和传承好学校的光荣传统和红色基因。持续五年实施"读懂中国"计划，组织青年教师奔赴基层一线开展调查研究，践行扎根中国大地、解决中国问题的实践要求。坚持效度和温度相结合，强化日常引导。完善落实校院领导干部联系教师机制，强化对教师的政治引领和政治吸纳，近一年发展教师党员47人。定期召开意识形态工作例会，开展教师年度思想政治状况滚动调查和新学期思想动态调研，及时掌握研判新情况。创新讲好党创办人民大学的故事，线上线下开展党史校史宣传，组织观看话剧《吴玉章》等文化作品，引导教师群体弘扬"党办的大学让党放心、人民的大学不负人民"的精神品格。推进"接诉即办""智慧校园"建设，常态化抓好为师生办实事工作，推动解决教师急难愁盼问题。在2022年疫情严峻时期，组织动员超过1 500人次教师参加志愿服务，引导广大教师关心关爱学生，宣传讲述教师群体抗疫故事，凝聚强大抗疫合力。

把好价值取向，构建良好生态。全链条落实第一标准。将师德第一标准全面纳入规章，起底式修订教师考核、职评岗聘、人才项目评选等文件，完善教师人才评价指标体系和荣誉表彰体系，坚持做到凡拟选聘必做师德考察，凡涉及职评岗聘、荣誉表彰及重要人才称号和项目申报等事项必进行师德前置把关，凡存在师德失范行为者师德考核必不合格，凡师德考核不合格者年度考核必不合格。坚持师德监督风险早发现、问题早研判、事端早处置，保持舆情响应和问题会商机制有效运转，完善问题线索处置工作台账，开展校院两级师德警示教育和师德违规通报。全周期营造浓厚氛围。学校党委书记讲授"入职第一课"，将师德师风教育纳入教师培训体系，帮助教师扣好从教生涯第一粒扣子，保障教师职业健康发展。制作并展播"人大·人师"系列视频，记录展示"人民教育家"国家荣誉称号获得者、年逾九十的十位荣誉一级教授、受到总书记接见的十二名教师代表等先进典型的育人风采，引导广大教师见贤思齐。举办吴玉章师德师风大讲堂，组织开展"我（我们）的育人故事"讲述和"我的老师"征文活动，发挥教师身边榜样的示范带动作用。举办教师节表彰大会、"从事教育工作满三十周年"慰问、荣退仪式等活动，在教师成长重要节点凸显仪式感荣誉感，树立爱岗敬业、崇德尚美的良好风气。

（资料来源：中华人民共和国教育部. 中国人民大学聚焦"三向"塑造党建引领"大先生"涵育的良好生态[EB/OL].（2024-07-04）[2024-12-23]. http://www.moe.gov.cn/s78/A12/gongzuo/moe_2154/202307/t20230704_1067157.html.）

思考题

1. 简要回答简报的结构和写法。
2. 简要回答简报的编写要求及选稿要求。
3. 简报与新闻有什么不同？
4. 简报写作语言有什么要求？

第五节 述职报告和竞聘报告

必备知识

一、述职报告

（一）述职报告的含义和特点

▶ 1. 述职报告的含义

述职报告是指党政机关、社会团体、企事业单位的领导者或工作人员，向上级机关或所在工作单位的人事部门、主管领导、人民代表陈述自己在一定的任职时间内履行岗位工作的情况、成绩、问题等。这是一种自我评述、汇报并接受审查和监督的实用文。述职报告是随着人事管理制度改革而出现的一种新文体，它是考察干部履行职责情况及是否称职的一种手段。

▶ 2. 述职报告的特点

(1) 述职的自我性。述职的自我性即自我评述，与一般的工作总结、工作报告不同，述职报告的显著特点是：述职报告首要的是"述职"，述职就是述说自己在任职的一定期限内履行职责的情况，既要检查、总结自己的工作情况，又要解剖、评价自己的工作，总是用单数第一人称"我"的口吻。因此，写述职报告要首先把握好述职的自我性特点，不能写成回顾整个单位或他人工作情况的工作总结、工作报告。

(2) 论述的针对性。写述职报告，是对自己在任职一定时期内所做工作的评述。以客观叙述、真实报告为主，兼对自己的工作进行评议。但在叙述和评议的时候要有针对性，要围绕一个客观标准，就是岗位职责和一定时期的目标任务。写述职报告要依据这个标准叙述自己围绕岗位职责、目标任务做了些什么，并且评价自己的工作是否称职。

(3) 内容的规定性。述职报告不像一般总结和报告那样，内容涉及面较广，而是根据当前组织人事部门考核领导干部的有关规定，要求对任职一定时期的德、能、勤、绩四个方面来述职，尤其是绩（政绩），是评价干部好坏的主要标志。述职报告要充分呈现述职人的工作政绩，应实事求是地写出来，不能夸大，也不能因过于谦虚而缩小。

(二) 述职报告的种类

根据不同的分类标准，述职报告主要有以下分类方法。

(1) 按时间分，可分为年度述职报告、任期述职报告和临时述职报告。

(2) 按内容分，可分为综合性述职报告和专题性述职报告。

(3) 按述职者分，可分为个人述职报告和集体述职报告。

(4) 按性质分，可分为晋职述职报告、例行述职报告。晋职述职报告，即有关领导者或工作人员为晋升更高一级职务时，必须向主管部门和领导报告履行岗位工作的情况；例行述职报告，即担任一定岗位职务的人员，定期向有关组织和群众汇报工作情况，接受组织的考核与监督。

(三) 述职报告的作用

▶ 1. 撰写述职报告是完善干部管理制度的一项重要措施

在岗位职责明确的前提下，要求担任一定职务的领导干部定期撰写述职报告，便于干部管理部门对领导干部的理论水平、道德品质、文化修养、业务能力进行全面细致的考察，以便根据干部自身的发展趋势，有计划、有目的地进行选拔、培养、使用，减少或避免使用中的主观性和盲目性。

▶ 2. 述职报告是广大群众评议干部的依据

领导干部在某个岗位上工作一段时间之后，通过述职报告的形式向广大群众汇报履行岗位职责的情况，让群众进行审查和评议。这是领导干部接受群众监督、倾听群众意见的有效方式，有助于密切干部群众的关系，克服官僚主义作风。

▶ 3. 撰写述职报告有利于干部的自我提高

领导干部在某个岗位上工作一段时间之后，需要通过述职的方式对自己前一段的工作实践进行回顾，总结以前的工作经验，吸取以前的失败教训，强化自己的职责观念。这对于更好地探索本职工作的规律，促进领导干部自我认识、自我学习、自我提高有着重要的作用。

二、竞聘报告

(一)竞聘报告的含义

竞聘报告，又称竞聘演讲稿，是竞聘者在竞聘会议上对与会者发表的一种求职文书，用来阐述自己的竞聘条件、竞聘优势，以及对竞聘职务的认识，被聘任后的工作设想、打算等。

(二)竞聘报告的主要内容

(1) 介绍自己的基本条件，包括政治素质、业务能力和工作态度等。针对竞聘的岗位来介绍自己的学历、经历、政治素质、业务能力、已有的政绩等。并非要面面俱到，而是要根据竞聘职务的职能情况，有所取舍。

(2) 对竞聘岗位的认识与理解要有一定的高度：对岗位的认识有高度，今后的工作思路才能抓得更准、更到位；对岗位的理解要有新意，做到思想观点新、思维角度新。竞聘者要多关注和研究新形势、新动态、新情况、新问题，得出新结论，令听者耳目一新。

(3) 竞聘者的优势和今后的工作思路。

(4) 在介绍自己应聘的基本条件时，要尽可能地展示自己的长处，同时对自我评价要一分为二，简要地介绍自身的不足，给评选者留下一个客观、公正的印象。

(5) 表明自己任职后的打算。要用简明扼要的语言亮明自己的观点，紧紧围绕听众关心的热点、难点问题，提出明确的工作目标和切实可行的措施。

写作指南

一、述职报告的内容与写法

述职报告由标题、称谓、正文和落款组成。

(一) 标题

述职报告的标题有两种。

▶ 1. 单标题

(1) 述职报告常用的标题形式是直接用文种名称作为标题，即《述职报告》。

(2) 完整式标题。完整式标题包括单位名称、职务、姓名、任职时间和文种，如《×××大学办公室主任×××2024年度述职报告》。

(3) 省略某要素，如《2024年度述职报告》《××厂×××述职报告》。

▶ 2. 双标题

双标题即正副标题，正标题主要概括重点或主旨，副标题以年度和文种构成，如《全心全意为职工服务——2024年度述职报告》。

(二) 称谓

称谓即听取述职报告的对象，口头述职报告按一般称谓即可，如"各位领导、各位评委"等。

(三) 正文

正文主要由前言、主体和结尾三部分组成。

▶ 1. 前言

述职报告的前言部分一般包括以下内容：一般需要简明扼要地说明任现职位的自然情况，包括任职时间、任何职务、岗位职责的目标任务以及个人认识、对自己工作总的评价等，以确定述职的范围和基调。前言内容要简略地写，一般一个自然段即可。

我叫×××，我担任餐饮部经理一职到现在已迎来了两个新年。在这段时间里，我视宾馆为家，工作尽心尽力，任何事情我都亲力亲为。我认真做好每一件事，不辜负领导对我的信任。××××年，餐饮部成功完成了所有接待任务，这和员工的共同努力、各部门的大力协作是分不开的。

前言中的内容在写作中可以灵活处理，除岗位职责必不可少外，其他内容可以安排在后面的主体部分或者结尾部分中。

▶ 2. 主体

（1）结构模式。主体是述职报告的重点部分，一般围绕职责要求写任职期间的主要工作实绩，包括所做的主要工作、基本经验、体会、缺点、问题、失误和教训，同时还应写明对今后工作的设想、意见、建议等。在对工作实绩进行评述时，可以采取不同的材料组织方式。

① 工作项目归类式。即把自己所做的工作按性质加以分类，如生产方面、销售方面、后勤方面等，每一类作为一个层次依次进行阐述。自己主持做的工作和协助别人做的工作也要分开写。另外，对自己做出突出成绩的工作、有开拓性进展的工作要重点写，一般性的工作、日常事务性工作要简单写。

② 时间发展顺序式。即把任期内的时间按先后顺序分成几个阶段来写。这种形式在任期述职报告中经常采用，因为任期时间较长、涉及面广，所做的工作和存在的问题较多，为了便于归纳总结，以展现工作的全貌，所以将一个时期的主要工作按时间分段，这样也便于在各个阶段中详细叙述所取得的成绩和经验。

③ 内容分类集中式。这是一种常用的形式，一般分为主要工作、成绩效益、经验教训、存在问题和对策等几部分。

（2）主要内容。不同行业、不同层次的领导，其述职报告的内容必然各不相同。但无论哪一行业、哪一级别、哪一层次领导的述职报告，其主体部分都应该包含以下几方面的内容。

① 岗位职责。述职报告首要先简明扼要地介绍自己的基本情况，如所任职务、任职时间等，然后要详细介绍自己的岗位职责范围，即自己分管的工作、任职期间的主要工作目标。之所以要详细介绍，是因为岗位职责是群众评议和干部考核部门衡量述职者是否称职的标准。同一层次甚至同一职位的领导者，因为分工不同，其职责范围各不相同，但岗位职责是任何一个职位都具有的，所以说述职报告的核心在"职"。

② 指导思想。这是每一位领导干部工作中不可缺少的前提条件。领导干部的工作有其目的性和原则性，那就是站在党的立场上，依据党和国家的政策法规去观察事物、分析问题、处理问题并开展工作。没有正确的指导思想，没有对党和国家方针政策的深入领会，就不可能辨明工作中的是非曲直，看清事物的本质，找出存在的问题，采取正确的方法，从而很好地完成自己的本职工作。因此，指导思想是述职报告的"魂"，写好了，常能由形见神，体现报告者的精神境界。

③ 主要工作（尽职情况）。这是述职报告最主要的内容，也是最需要细化、量化的部

分。要向组织、向群众如实汇报自己所做的主要工作,工作过程中所取得的成绩和由此带来的经济效益与社会效益,工作中出现的失误及由此造成的损失等。具体来说,主要包括以下几方面:其一,自己组织开展了哪几项工作?结果如何?其二,协助别人开展了哪几项工作?结果如何?自己所起的作用如何?其三,在任职期间,党和国家有哪些方针政策出台?自己是如何贯彻执行的?效果如何?其四,在任职期间,上级有哪些重要的指示?自己是如何落实的?效果如何?其五,在工作实践中遇到了哪些新的情况和新的问题?自己是如何处理的?以上各点都包括成绩和失误两方面,不能只说成绩,报喜不报忧。

④ 经验和教训。对自身的工作实践,还要能够概括出一些规律性的认识,其中包括成功的经验有哪些,今后应该如何发扬;失败的教训有哪些,今后应该如何防止。这部分内容要有分析研究、集中概括,要提高到理论的高度来认识。对于教训,则应着重分析造成失误的主客观原因,明确自己应负什么样的责任。这一部分是由实(工作成绩)到虚(工作规律),也是对主要工作的升华,写好了常常能显示报告者的理论水平、工作能力和敬业态度,因此也是要着力写好的部分。有些述职报告写到这里就草草收场,从而使整个行文的水平打折扣。虎头蛇尾是写文章的大忌。

▶ 3. 结尾

结尾主要包括自我评价及努力方向,可以对自己做一个基本的评价,也可以简要说明自己的一些体会或今后的打算。这些内容如果前面已经说过,也可以不写结尾部分。

(四)落款

姓名写在标题的右下方或正文之后右下方(如标题中已出现述职人的姓名则不再署名)。日期应完整,包括年、月、日,时间应写在姓名之下。

二、述职报告写作的注意事项

▶ 1. 陈述工作实绩要明确

材料要准确翔实、具体周全,评价要客观公正。不要把述职报告写成经验总结,或者以偏概全,对缺点轻描淡写,要真实、客观地反映工作情况。肯定成绩的同时,也应指出不足。

▶ 2. 要把集体的成绩与个人的贡献区分清楚

在写作时,不要把个人的述职报告写成组织的工作报告。有些人写述职报告,容易把集体领导的成果都归功于个人工作的开展。但应明白,述职人只是领导班子的一员或工作集体的一员,述职时只需讲清个人实际作用,而不应将集体功绩占为己有。

三、竞聘报告的内容与写法

竞聘报告一般由标题、称谓、正文和落款四部分组成。

(一)标题

标题有以文种为题的简单写法,如"竞聘报告";有以竞聘职位和文种为题的,如"财务处处长竞聘报告"。

(二)称谓

称谓一般写"尊敬的各位领导、同志们"。

(三)正文

正文开头是"大家好!首先感谢×××给了我这次竞聘的机会",接下来介绍自己的基本情况,阐述自己的竞聘优势和劣势,对竞聘职务的认识,被聘任后的工作设想、打算等,最后是结束语。

(四) 落款

落款写上姓名和时间。

四、竞聘报告写作的注意事项

▶ 1. 气势要先声夺人

竞聘报告的一个重要特征就是具有竞争性,而竞争的实质,是争取听众的响应和支持。做到这一点的有效方法之一,就是要有气势,这气势不是霸气,不是娇气,不是傲气,而是浩然正气。有了渊博的才识、对事业的执着精神和真挚感情,就不难找到恰当的语言表达形式。

▶ 2. 态度要真诚

竞聘报告其实就是"毛遂自荐"。自荐,应该将自己优势的方面展示出来,让他人了解自己。但要注意的是,在"展示"时,态度要真诚,不能为了竞聘成功而说大话、说谎话。

▶ 3. 语言要简练有力

简练就是话说得少,而意包含得多。竞聘报告虽是宣传自己的好时机,但也绝不可"长篇累牍"。应该用简练、有力的语言把自己的思想表达出来。

▶ 4. 内心要充满自信

当一个人充满自信地站在演讲台上,面对众人,才会从容不迫,才会以最好的心态来展示自己。当然,自信必须建立在丰富的知识和经验的基础上。这样的自信,才会成为竞聘的力量,变成工作的动力。

例文赏读

例文一

个人述职报告(通用稿)

2023年,在××的坚强领导下,在××的支持帮助下,本人紧紧围绕××的各项工作部署,在强化学习中看齐追随,在勤奋工作中恪尽职守,在严于律己中树好形象,圆满地完成了各项任务。现将一年来的工作履职情况汇报如下。

一、在"守初心"中崇德修身,铸牢忠诚

做人做事第一位的是崇德修身。作为一名××(具体职业),我十分注重对自身"德"的修炼培养,明德于心、仁德于身、践德于行。注重加强思想作风锤炼,始终保持昂扬的精神状态和务实的工作作风。对肩负的任务,身子沉到底、工作踩到底,系实情、说实话、出实招、求实效,做人坦坦荡荡、淡淡然然。自觉把职业当事业,服从大局、着眼全局,正确对待组织,热情对待同事,客观看待自己,不为名所累、利所缚、欲所惑,在职务晋升、物质待遇和个人荣誉等问题上,不伸手、不攀比、不计较。

二、在"知不足"中不断学习,坚定信仰

学然后知不足,要想适应新形势,胜任新岗位,由不得半点放松学习。一是紧跟看齐学以铸魂。认真研读相关书籍，在读原著、学原文、悟原理中铸牢信仰、坚定信念、提升自觉。深入学习贯彻，深刻领悟精神实质和核心要义，坚定立场。二是结合岗位学以强能。认真对照岗位职责，认真学习有关论述，积极参加职业教育培训，不断厚实业务知识储备。三是联系实际学以致用。始终把学习的出发点和落脚点放在指导实践、推动工作上，坚持学思相融、学用结合，在潜移默化中提升思维层次、催生工作思路。积极参加业务培训，开展调研活动，确保学习与工作同步、知识与岗位相符、眼界与时代合拍，有效提升工作质量和决策的科学性。

三、在"明定位"中加强实践，恪尽职守

不管在哪个岗位工作，首先要明确自身的定位，有了正确的定位，才能学有目标，干有方向。作为××，我注重工作的严肃性，始终坚持以单位建设为己任，围绕单位建设发展中出现的新情况、新问题进行调查研究，探索单位建设的特点和规律，解剖"麻雀"、研究对策、破解难题、提好建议。一是……二是……三是……（根据实际工作撰写）

四、在"知敬畏"中严以修身，树好形象

严格自我要求，时时提醒自己：做正派人、磊落事，立身为旗、立言为范。思想上，常思贪欲之害，常怀律己之心，自觉加强修养锤炼。工作中，坚持守住底线红线，严格按照原则和程序开展工作，老实做人，本分做事，不越雷池。生活里，自觉管住"三圈"，积极追求健康的生活方式，不拉庸俗关系，不搞团团伙伙，谦诚待人、清心生活。

回顾今年以来的工作，还有许多不尽如人意的地方：一是对加强理论学习的重要性认识不足，存在实用主义思想作祟，日常学习偏重业务知识；二是创新思维还不够开阔，工作方法和业务知识未能很好适应新形势、新任务、新要求，在破解工作难题上的手段和办法不够活、不够新。今后，我将继续求实探索、务实工作、严实做人，当好排头兵，立起好样子，以实际行动践行初心，力争取得更大成绩。

李××
2023年12月25日

（资料来源：老杨笔杆子. 2023年个人述职报告（通用稿）[EB/OL]．（2024-01-05）[2024-12-03]．https://zhuanlan.zhihu.com/p/676138235.）

例文二

教师述职报告

一学年来，本人在教育教学工作中，始终坚持党的教育方针，面向全体学生，教书育人，为人师表，确立"以学生为主体""以培养学生主动发展"为中心的教学思想，重视学生的个性发展，重视激发学生的创造能力，培养学生德、智、体、美、劳全面发展。工作责任心强，服从领导的安排，积极做好本职工作，认真备课、上课、听课、评课，及时批改作业、讲评作业，做好课后辅导工作。广泛获取各种知识，形成比较完整的知识结构，严格要求学生、尊重学生，发扬教学民主，使学生学有所得，不断提高，从而不断提高自己的教学水平，并顺利完成教育教学任务。现将一年的工作汇报如下。

一、完善师德——为师之本（略）

二、虚心学习——智慧之源（略）

三、教研工作——求真务实（略）

四、合作意识——必不可缺（略）

五、服务他人——完善自我（略）

回顾一年来的工作，有成绩也有遗憾，由于年轻，工作经验不足，在开展工作的过程中也出现了一些不尽如人意的地方：

1. 政治、业务学习还有待加强，教学管理水平还有待进一步提高；

2. 深入课堂、深入班级不够，平时与学生的交流不多，主动性不强；

3. 为教学服务的力度还应加大，及时收集教育信息传达给教师达到信息共享。

十几年的教育教学工作给我一个这样的启示：学无止境，没有最好，只有更好。我愿和同人们一道，共同探讨，携手并进，勇于创新，继续努力成为一名优秀教师。

张××
2024年1月5日

（资料来源：孙悦. 应用文写作[M]. 北京：清华大学出版社，2018. 有改动。）

例文三

综合科长竞聘报告

尊敬的各位领导，各位评委，各位同事：

  大家好！

  首先感谢党组给予我展示自我的舞台和施展才华的机会！中层干部实行公平、公正、公开竞争上岗原则，这是深化人事制度改革的重大举措，也是我办加强干部队伍建设的有益尝试。我将珍惜这次提高自己、锻炼自己的机会，勇敢地走上台来，接受大家的评判。

  我叫××，××市人，生于××××年×月，××××年考入电子技术学院电子计算机工程专业，××××年加入党组织，××××年本科毕业，获得工科学士学位。

  我的个性特征，可以说是文武兼备，刚柔并济。

  今天，我竞争的职位是综合科科长，理由有三点。

  第一，我认为这有利于提高自己的综合素质，有利于全面发展自己。（略）

  第二，我认为自己具备担当该职务所必备的政治素养和个人品质。（略）

  第三，我认为自己具备担当此任所必备的知识和能力。（略）

  从综合科的职能来看，综合性较强、职能繁杂。（略）

  从我的自身素质和能力来看，我认为能够履行好上述工作职责。

  第一，我具备一定的政策理论水平。（略）

  第二，我具备一定的文字综合能力。（略）

  相信我能够更快地进入综合科科长角色，开展工作。如果我能够获得综合科科长这个

职位，我将在党组的领导下，坚持"一个原则"，实现"两个转变"，抓好"四项工作"。（略）

各位领导、各位评委、各位同事，古人说："不可以一时之得意，而自夸其能；亦不可以一时之失意，而自堕其志。"竞争上岗，有上有下，无论结果怎样，我都将以这句话自勉，一如既往地勤奋学习、努力工作。最后，我想用一句歌词来结束我的演讲："你选择了我，我选择了你，让我们一起风雨兼程，跨越新世纪。"

谢谢大家！

赵××
2024 年 3 月 4 日

（资料来源：孙悦. 应用文写作[M]. 北京：清华大学出版社，2018. 有改动。）

例文四

××科技开发公司办公室主任竞聘报告

尊敬的各位领导：

你们好！

首先感谢公司为我们提供这样一个公开竞聘的平台，给了我一次挑战和展现自我的机会。我今天竞聘的是办公室主任一职，我有充分的自信和决心做好这项工作。

首先，自我介绍一下：我叫王××，毕业于华夏学院汉语言文学专业，辅修商务管理。自 2013 年 1 月 8 日进入公司以来，已有四年零两个月的时间。伴随着公司一步步的发展壮大，先后担任过办公室文员、秘书、企划部助理等工作，现担任公司经理助理一职。依托公司近乎完美的平台，处理和协调、辅助完成办公室的各项工作，完成了 5 000 余万元的公司全年目标产值。

我竞聘这个岗位，认为自己有以下几方面的优势。

一、理论知识

我在校学习的是汉语言文学专业，同时还选修了管理学、经济学、市场营销学等课程。工作中，时刻从公司的大局出发，团结合作，并活学活用，利用 Excel 软件和数据库建立了办公室的综合考评制度等。并且积极参与公司培训，善于思考，不断在工作中总结经验教训，丰富提高自己。

二、实践经验

1. 业务经验

熟悉办公室各种文件的起草和印发流程，能熟练应用各种办公软件，并能独立完成日常工作。熟悉每一个业务流程和公司内部的工作流程，能够使办公室的各项工作正常运转，便于以后工作的开展。

2. 开拓渠道

在过去开发的"交通部""总参局"和正在开发中的"地质大学"项目中，发挥枢纽桥梁作用，边总结经验，边积极与小区拓展部配合开展工作，努力使其成为"年前""节后"公司的主要业务来源。

3. 管理经验

作为一名基层管理者，我承担了实际的管理工作，如纪律考勤、开例会、布置工作、监督执行各项规定等，在这些方面积累了一定的管理经验。

三、学习能力

善于学习同事和领导的优点，并能够取长补短。在这里，尤其感谢副总经理××、××、××和总经理助理××等很多同事，我在他们身上学习到了先进的管理经验、各项业务的基本知识，也是他们悉心教导我为人处世的道理，才使我能紧紧跟上公司快速发展的步伐。

四、注重团队意识，有强烈的事业心和责任感

在工作中，我以总经理××同志为榜样，团结同事，主动帮助他人，理解人、关心人、包容人，能以饱满的工作热情投身于工作之中，具有强烈的事业心和责任感，善于协调关系，能够增强团队的凝聚力。

王××

2024 年 3 月 18 日

（资料来源：孙悦. 应用文写作[M]. 北京：清华大学出版社，2018. 有改动。）

思考题

1. 述职报告有哪些特点？
2. 述职报告的作用是什么？
3. 述职报告的主体部分应该包含哪几个方面的内容？
4. 述职报告写作的注意事项有哪些？
5. 竞聘报告的主要内容是什么？
6. 竞聘报告的写作要求有哪些？

第六节　会　议　记　录

必备知识

在会议过程中由记录人员对会议基本情况、大会报告、代表发言、会议决议等内容具体如实地记录下来，就形成了会议记录。会议记录有"记"与"录"的区别。"记"又有略记与详记之分。略记是记会议的大要，记会议上重要的或主要的言论。详记则要求记录的项目必须完备，记录的言论必须详细完整。记下详细内容则要靠"录"。"录"有笔录、录音和录像等。对会议记录而言，录音、录像通常只是手段，最终还要将录下的内容还原成文字。笔录也常常要借助录音和录像，以此作为让记录内容最大限度地再现会议情境的保证。

会议记录作为对会议客观进程原始而真实的记录，同时也是重要的档案资料，是编史修志、查证组织沿革、核实历史事实的原始资料。某些法定性会议的会议记录经发言者和会议领导人确认签字后，具有法律效力。

写作指南

一、会议记录的格式

会议记录的格式分为记录头、记录主体和审阅签名三部分。

(一) 记录头

记录头的内容包括会议名称,会议主要议题,会议时间,会议地点,会议主持人、出席、列席和缺席人员情况,以及会议记录人签名。

为了方便记录,提高效率,上述记录头的内容通常事先印制在会议记录簿的首页上。如果用记录簿做记录,开头必须填写好记录头上的全部内容。记录头的格式排列可以参考以下式样:

会议记录

会议名称

会议时间

会议地点

出席人

缺席人

列席人

会议主持人

记录人

(二) 记录主体

记录主体是实际记录部分,通常包括会议发言和议定事项两项内容。具体包括会议提出了哪些事情与动议、表决的结果、研究的决策、下次会议的时间、散会情况等。一般发言是详细记还是简略记,要根据会议的重要程度和主持人的意见来确定。凡属重要发言,如指示性讲话、权威意见和布置任务、总结工作的言论等,无论会议重要程度如何,均应尽可能地依实而记,不必对会议某些环节做总结式说明。对会议议定的事项更须翔实、精确地依次记下。

(三) 审阅签名

记录主体的后面是审阅签名。凡重要的会议,或涉及有关议定事项的会议,会议主席(主持人)均应在会议记录主体之后签名。签名时如果发现有疑问,或者有与会者对某记录内容提出疑问,应朗读或一一传阅有疑问的内容,待疑问消除后,主持人再签名。遇有需要转发的会议讲话,应该在记录稿整理完毕之后送讲话人审阅。因故未能请讲话人审阅的,应注明"根据记录整理,未经讲话人审阅"字样。

二、会议记录的特点

(一) 同步性

从记录的过程看,大多数会议记录是由记录员随开会过程做同步记录。

（二）实录性

会议记录要坚持"怎么讲就怎么记"的原则，不允许在记录中加入记录者个人的观点或倾向，更不能随意删改发言者的言论。为保证记录的实录性，要力求把话听准确、记完整。听不准或有疑问处应及时核准。

（三）规范性

尽管会议记录自身并不成文，但作为事务文书，也具有一定规范性。规范性主要表现在三个方面：一是使用单位统一的记录专用笺；二是要求按统一的格式记录。三是使用规范的记录符号。会议记录要求字迹不潦草，使他人也能够辨认；尽可能使用缩略符号或规范的速记方法记录。

三、会议记录的要求

（1）准确写明会议名称（要写全称），开会时间、地点，会议性质。

（2）详细记下会议主持人、出席会议应到和实到人数、缺席、迟到或早退人数及其姓名、职务，记录者姓名。如果是群众性大会，只要记参加的对象和总人数，以及出席会议的较重要的领导成员即可。如果某些重要的会议，出席对象来自不同单位，应设置签名簿，请出席者签署姓名、单位、职务等。

（3）忠实记录会议上的发言和有关动态。会议发言内容是记录的重点。其他会议动态，如发言中插话、笑声、掌声，临时中断以及别的重要的会场情况等，也应予以记录。

（4）记录会议的结果，如会议的决定、决议或表决等情况。会议记录要求忠于事实，不能夹杂记录者的任何个人情感，更不允许有意增删发言内容。会议记录一般不宜公开发表，如需发表，应征得发言者的审阅同意。

四、会议记录应突出重点

（1）会议中心议题以及围绕中心议题展开的有关活动；
（2）会议讨论的内容和争论的焦点及其各方的主要见解；
（3）权威人士或代表人物的言论；
（4）会议开始时的定调性言论和结束前的总结性言论；
（5）会议议定的和议而未决的事项；
（6）对会议产生较大影响的其他言论或活动。

五、会议记录的写作技巧

一般说来，会议记录的写作技巧有四条：一快、二要、三省、四代。

一快，即记得快。字要写得小一些、轻一点，多写连笔字。要顺着肘、手的自然去势，斜一点写。

二要，即择要而记。就记录一次会议来说，要围绕会议议题、会议主持人和主要领导同志发言的中心思想，与会者的不同意见或有争议的问题，结论性意见、决定或决议等做记录；就记录一个人的发言来说，要记其发言要点、主要论据和结论，论证过程可以不记；就记一句话来说，要记这句话的中心词，修饰语可以不记。要注意上下句子的连贯性，一篇好的记录应当独立成篇。

三省，即在记录中正确使用省略法。如使用简称、简化词语和统称。省略词语和句子中的附加成分，比如"但是"只记"但"，省略较长的成语、俗语、熟悉的词组，句子的后半部分，画一曲线代替，省略引文，记下起止句或起止词即可，会后查补。

四代，即用较为简便的写法代替复杂的写法。一可用姓代替全名；二可用笔画少易写的同音字代替笔画多难写的字；三可用一些数字和国际上通用的符号代替文字；四可用汉语拼音代替生词难字；五可用外语符号代替某些词汇，等等。但在整理和印发会议记录时，均应按规范要求办理。

例文赏读

例文一

××学校班主任工作会议记录

时间：2024年5月17日13：00—15：00
地点：综合楼2楼会议室
与会人员：××校长、××主任、全体班主任
缺席人：李××（外出开会）
主持人：张××
记录人：王××
会议内容：
一、去年工作的回顾总结
1. 班级管理的有效性得到提高。
2. 规范学生言行，促进德育、美育的并行推进。
3. 强化学生安全意识，做好相关宣传和教育管理工作。
二、今年的工作重点部署
（一）加强班主任队伍建设，进一步提高管理工作的综合能力。
修订和完善《××学校班主任工作考核方案》，请大家讨论。
（二）加强班主任工作管理的常态化建设
加强四个方面的管理。
1. 动态管理
（1）学生的学习情况；
（2）教室卫生情况；
（3）学生精神面貌情况；
（4）学生课上、自习课纪律情况；
（5）学生的思想动态；
（6）学校活动的参与和评比情况。
2. 台账管理
（1）班务日志的管理；
（2）建立学生的成长档案，包括学生的学习档案、身体档案和思想档案；
（3）学生在校日常表现记录；

(4) 家校共育、家校交流情况存档。

3. 时间管理

切实抓好关键时间段和常规时间的管理，班主任工作在特定的某一段时间内要有目的、有重点、有结果，定时督促同学们形成良好的时间观念和自律意识。

4. 常规管理的艺术化

(1) 公正对待每个学生；

(2) 正确有效地教育学生，注意时间、地点、环境等；

(3) 良好班级氛围的创建，重视班风和学风的建设；

(4) 良好班级环境的营造；

(5) 高效、高质的班团干部队伍建设。

（三）加强学生的心理健康教育

时刻关注同学们的行为和心理，重视课上教育和综合育人理念的树立。

（四）加强学生的安全意识教育

交通安全、活动安全、行为安全、饮食安全等。

（五）开好高质量的主题班会

提升教育的有效性，充分挖掘学生的个人潜力，给予同学们充分的展示空间。

（六）班主任做好学生的成长记录袋，做好学生的综合素质评定工作。

客观、真诚、公正地对待每一位同学，组织好学生测评工作的有序开展。

（七）加强学生的自我管理

组织"五比"活动：

1. 比学习(学习态度、学习进步、学习自律性)

2. 比文明(礼貌、诚信、卫生)

3. 比安全(交通、上下楼梯等)

4. 比爱心(孝敬父母、热爱集体)

5. 比纪律

（八）加强校园文化建设，促进校园文化的常态化

重视班级文化建设，以更好形成健康、乐学、积极、向上的班级风貌。

（九）班主任的"四个意识"提高

责任意识、高效意识、奉献意识、爱心意识。

散会。

主持人：张××（签名）　　　　　　　　记录人：王××（签名）

（资料来源：本案例由笔者根据相关资料整理所得。）

例文二

××市××培训中心第二次办公会议记录

时间：2024年5月5日15：00－17：00

地点：培训中心综合楼第3会议室

出席人：张××（主任）、杨××（教务长）、王××（办公室主任）、李××（办公室秘

书)及各培训部主要负责人

缺席人：王××、刘××（外出开会）

主持人：张××（主任）

记录人：李××（办公室秘书）

会议内容：

一、报告

1. 杨××报告中心基本建设进展情况。

2. 主持人传达市政府《关于压缩行政经费的通知》（以下简称《通知》）。（略）

二、讨论

我中心如何按照市人民政府《通知》的精神，切实抓好行政经费的合理开支，拟定相关方案，切实做到既勤俭节约，又保证培训教学、科研等活动的有效开展。（建议分组讨论）

三、决议

1. 组织有关人员集中传达学习《通知》精神，提高认识，统一思想。

2. 各培训部负责人在认真学习《通知》精神的基础上，利用下周政治学习时间向群众传达、宣讲、落实具体工作内容。

3. 各培训部责成有关人员根据《通知》的压缩指标，重新审查和修改本年度行政经费开支预算，并于两周内报主任办公室。

4. 各培训部须严格控制派出参加外地会议及外出学习人员的人数，财务科要严格把关。

5. 利用学习和贯彻《通知》精神的机会，对全中心员工开展勤俭节约、艰苦朴素意识的教育。

散会。

主持人：张××（签名）　　　　　　　　记录人：李××（签名）

（资料来源：本案例由笔者根据相关资料整理所得。）

思考题

1. 简要回答会议记录的结构。
2. 简要回答会议记录的特点。
3. 会议记录应突出的重点有哪些？
4. 写好会议记录需要做好哪些工作？

在线测试题

扫描二维码，在线答题。

第三章 日用文书

第一节 求职文书

必备知识

个人求职文书是指求职者根据自己的条件和意向，以个人名义向有可能聘用自己的单位进行自我推荐时提交的文字材料，包括求职信、个人简历、附件材料三部分。

一、求职信

求职信是无业、待业、从业人员为谋求工作，向用人单位介绍自己的基本情况、专业特长，以便得到用人单位接纳和聘用的一种文书。

求职信可以充分反映求职者的优势和特长，增进用人单位对求职者的了解。它既是求职者的"敲门砖"，也是用人单位考核应聘者的"试金石"。

（一）求职信的分类

按照不同的标准，求职信可分为以下类别。

按求职者身份分类，求职信可分为毕业生求职信、待业人员求职信和从业人员求职信；按有无具体求职目标分类，求职信可分为定向求职信和非定向求职信。

（二）求职信的特点

▶ 1. 自荐性

求职信行文的主要目的就是向用人单位推荐自我，以期得到自己想要的工作岗位。要通过一封信，让一个对求职者一无所知的企业或机构提供工作岗位是一件不容易的事，因此，求职信要将自身的优势、特长、成绩等作为主要内容，详细、客观、明确、充分地表达出来，从而给用人单位留下清晰而深刻的印象。

▶ 2. 竞争性

求职信虽名为"信"，但与日常生活中使用的书信不同。它面对的是集体或单位，是个人向单位、向组织"发文"的一种专用书信。随着人才市场的逐渐成熟、就业形势的日趋严峻，要想在激烈的竞争中取胜，在众多求职者中脱颖而出，求职信应明确表达个人优势，既要目标准确又要充满自信。

▶ 3. 求实性

求职信中为了让用人单位全方位地了解自己，其所涉及的内容必须是真实可信的，不可夸大其词、言过其实。切忌夸夸其谈，给人一种华而不实的印象，也不要谦虚过度，给人一种平庸无能的感觉。

二、个人简历

个人简历是对个人生活、学习、工作经历有重点地进行概述的一种文书，常以表格的形式呈现。这种文书是对个人全面而简洁的介绍，是一个人整体形象的缩影。在求职过程中，个人简历是一项必备内容，是用人单位迅速了解、评价一个人的依据。

（一）个人简历的类型

根据形式不同，个人简历可分为不同种类。

▶ 1. 时间型简历

时间型简历主要按个人学习、工作、参加培训的时间顺序列举个人经历。这种简历清晰、简洁，便于阅读，适用于个人经历较为丰富，且有相关工作记录证明个人能力正在不断提升的求职者。

▶ 2. 能力型简历

能力型简历主要是经过对个人优势与特长的分析，将个人的工作技能与专长分为几个部分，并在每部分中相应列举个人的工作经历、取得成绩、学历或培训经历。这种简历重点突出，适用于个人工作经历或学习经历出现中断，以及所应聘工作与所学专业或经历关联较少的求职者。

▶ 3. 表格型简历

表格型简历主要是用表格的方式，列出个人的姓名、性别、年龄、学业情况、工作经历、求职意向等内容。这种简历内容全面，一目了然，适用于个人工作经历较少的应届毕业生。

（二）个人简历的特点

▶ 1. 简洁性

个人简历不是对个人经历的详细介绍，而是要选取个人经历中能展示能力、突出特点、符合应聘单位人才需求的经历加以介绍，不可面面俱到。

▶ 2. 真实性

个人简历中的内容必须是真实可信的，不可编造事实，捏造经历。

▶ 3. 正面性

个人简历是为了让用人单位聘用自己，最终达到就业的目的。因此，个人简历在确保内容真实的同时，还应尽量避免负面信息。

三、附件材料

附件材料是指能够证明学习能力和工作经历的相关材料。由于常常需要投递多份简历，所以在求职材料中提供相关材料的复印件即可，应包括毕业证、学位证、英语水平证明、计算机水平证明、成绩单、获奖证书、公开发表的文章作品或较满意的个人作品、实习证明、推荐信等。

写作指南

一、求职信的内容与写法

求职信包括标题、称呼、正文、结尾和落款五个部分。

（一）标题

标题一般为"求职信"，应写在第一行的中间。

（二）称呼

称呼写在标题下一行，顶格处。求职信的称呼可以是单位，如"××贸易公司""××学校""××公司人事处"，也可以直呼具体负责人的职务，如"尊敬的××公司人力资源部部长"，还可以是单位具体负责人，一般是姓氏加职务，如"王经理""赵部长"。写称呼时，要使用单位的全称或规范简称，以示庄重、严肃。

问候语放置于称呼的下一行，空两格书写，结尾用感叹号，如"您好！""近好！"。问候语表示对收信人的尊敬和礼貌。

（三）正文

正文在称呼下一行空两格处写起，这部分是求职书写作的重点和核心。正文部分要用准确、简要的文字将自荐人的基本情况及自荐的依据和理由充分、具体地表述出来，以便使用人单位信服，进而做出考核录用的决定。正文部分主要包括以下内容。

微课视频 3-1
求职文书特长
优势写作要求

▶ 1. 求职的缘由

首先交代求职的缘起，即说明自己是通过何种途径、何种方式获得该用人单位的招聘信息的，自己为什么向该单位求职，最好能明确指出求职岗位。例如："从《××报》上，获悉贵单位成立网络开发部，急需学历相当、有工作经验的网络开发人员，特来信应聘。"这样既能增强求职的针对性和目的性，又能体现出求职人对用人单位的尊重。

▶ 2. 求职人的基本情况

正文部分还要交代清楚求职人的一些基本信息，如姓名、性别、年龄、籍贯、政治面貌、文化程度、职业等，给用人单位一个初步的、完整的印象。注意不能采用填表式的罗列方式，而应将这些要素有机地融于一段完整的文字中，以免给人以生硬、断层之感。

▶ 3. 求职人的优势和特长

这部分要针对用人单位的招聘信息或者所了解到的用人单位的通常要求，详尽、具体地叙写个人的专业特长、业务技能、取得的突出成绩等。在写作中，要注意对自身所具有的才能和专长的展示，要揭示出才能、专长与所取得的成绩之间的因果关系，使它们水乳交融地结合起来。除了介绍职业技能以外，也可简要介绍个人的性格特点、爱好，与同等条件的应聘者比较，入选的机会可能大得多。

▶ 4. 求职人的愿望和决心

这部分要用简明有力的语言，说明对该工作的喜爱和迫切心情，再写明被录用以后的计划与打算，以及可能给用人单位带来的效益。求职信的常用结束语有"热切盼望贵单位予以肯定答复""期待贵集团的录用通知""希望给予面试机会""如蒙赐复，不胜感激"等。

（四）结尾

出于礼节，求职信的最后往往要写上一两句祝颂的话或敬语。一般正文后另起一行空两格写"祝您鹏程万里，事业发达"。也可在正文后写"此致"，另起一行顶格写"敬礼"。或者正文后另起一行，空两格写"此致"，另起一行顶格写"敬礼"。

（五）落款

在结尾下方右侧，写上求职人的姓名，还要注明通信地址、电子邮箱或电话号码。在署名下面，写上成文的日期。

二、个人简历的内容与写法

个人简历主要包括标题、基本情况、学业情况、工作经历、求职志向五个方面。

（一）标题

可直接写"个人简历"或"简历"，也可直接以姓名作为标题。

（二）基本情况

基本情况主要包括个人姓名、性别、年龄、民族、籍贯、政治面貌、学校、专业、婚姻状况、健康状况、身高、住址、联系方式等内容。

（三）学业情况

写明毕业学校、所学专业、起止时间，并列出所学主要课程及成绩，标明学历、学位。

（四）工作经历

写明工作过的单位、起止时间、职称职位、工作性质，以及个人在工作中的突出才能、典型事迹等。

（五）求职意向

写明个人期望的求职方向，如希望的工种、职位以及个人的奋斗目标等，或说明个人具备哪方面技能，适合从事何种类型的工作。

三、求职文书的写作要求

（一）充分挖掘，客观评价

求职文书是以自己介绍、自己评价的方式来向用人单位推荐自己，因此对求职人基本情况的叙写，必须充分体现个人特点，深入挖掘自身专长，应站在用人单位角度考虑自己能够胜任工作的职场能力、性格特点，能为用人单位创造什么价值，并清晰、明确、有条理地表达出来。

同时，不能一味地为了获得工作而夸大其词，应从实际出发，实事求是。另外，有关求职者才能、专长和成绩等的表述，务必适度得体，不能夸大，也不能缩小。要避免含糊其词，更不允许凭空编造。

（二）突出重点，针对性强

要重点叙写能够反映求职人工作能力、工作水平，以及符合用人单位要求的材料。切忌平均用墨，主次不分。

针对性强主要包括以下两方面。

（1）针对不同岗位、不同单位性质撰写不同简历。很多应届毕业生在求职时目的不清、目标不明，凭借一份简历盲目投递，大大降低了成功率，最好撰写多份不同职业方向的简历，有针对性地投递。例如，可以在应聘编辑岗位的简历中突出文字能力，在应聘语文教师的岗位中突出从业经历，在应聘活动执行岗位的简历中突出沟通能力和团队协作能力。

（2）针对岗位性质，凸显个人特点。投递给国企的简历一定要写得中规中矩、大气庄重；投递给创意产业企业的简历就可以轻松愉快、特色鲜明。

（三）避免空洞，多用实例

用人单位面对如雪片一样的求职材料时，会不可避免地产生审美疲劳。要在众多简历中脱颖而出，就要避免千篇一律、千人一面的空洞评价，将自己的能力和专长与具体的事实、事迹结合，用事实和数据说话，使之更具有说服力。例如，"学习成绩突出"不如"五次获得奖学金"，"领导力强，具有团队凝聚力"不如"任职期间带领团队获得了优秀团队称号"，"富有创新精神"不如"参加创新创业大赛获三等奖"，"吃苦耐劳，持之以恒"不如"三年坚持晨跑，从未间断"。

（四）态度诚恳，谦虚谨慎

求职是希望用人单位能聘用自己，所以要用热切和中肯的态度，引起用人单位对求职者的好感，进而博得对方的信任和认可。

避免使用过于强硬和催促的话语，如"请一定回复""伯乐必将选择我"等。

例 文 赏 读

例文一

求 职 信

尊敬的公司领导：

  展笺愉快！

  我从学校招生就业网获悉，贵公司正在招聘销售代表，我认为自己的条件已符合贵公司的岗位要求，为此不揣冒昧，递上我的求职信。

  我叫赵××，女，2002年5月出生于辽宁沈阳，汉族，中共党员，身高168cm。现就读于新华大学市场营销专业，将于今年7月份本科毕业。已经顺利通过大学英语四级考试，具备基本的翻译能力和简单的口语沟通能力；获得全国计算机等级考试二级合格证；能熟练掌握各种办公软件，擅长使用Word、PPT、Excel软件。

  在宝贵的大学四年中，我系统地学习和掌握了管理学、经济学、统计学、财务管理、市场营销、经济法、消费者行为学、国际市场营销、市场调查、企业销售策划、市场调查与预测等专业理论知识，积极参加实习和实践。课余时间自学了统计学和心理学的知识，努力向复合型人才方向发展。大学期间，我学习刻苦认真，取得了优异成绩，连续三次获综合奖学金。我在认真学习理论课程的同时，还协助老师完成著作《××》、教材《××》、省社科基金课题"××××"的资料收集以及文字校对工作，在此过程中学习了撰写学术论文、完成科研项目的工作方法，开阔了学术视野，提高了专业水平和专业能力。

在进行专业学习的同时,我也非常注重专业实践。其中的三次实践经历对我帮助很大。第一次是大学二年级参加了辽宁省教育厅组织的××××广告大赛(文案类),并获得省级二等奖。这次比赛是我第一次深入地了解广告设计,在老师的指导下,从产品性能、公司文化到市场定位、广告写法,我对市场销售工作有了更深层次的理解,同时进一步提高了自己的职场写作能力。

第二次是大学三年级时,我作为项目负责人和小伙伴一起申报了大学生创新创业训练计划项目"××××",获批为辽宁省级项目。在中期检查时,由于成果丰富、应用广泛,该项目最终入选为国家级项目。这次"大创训练"提供给我一个将专业理论转化为专业能力的机会,使我丰富了实战经验,也感受到团队协作的价值和意义。

第三次是大学四年级时我在××公司市场部顶岗实习,主要负责××品牌××系列化妆品的线上线下宣传、推广和销售工作。在此期间,踏踏实实地跟在师傅身边学习,每天提前半小时到岗,认真做好当天的准备工作。拖后半小时下班,主动向师傅请教工作中遇到的难题。我所在小组负责的产品线在"双11"活动中销售量位居全公司第一。我认真的工作态度、积极上进的工作作风,给实习单位领导和同事留下了深刻印象,在实习结束后,单位领导特意为我写了求职推荐信。

以严谨踏实的态度对待专业学习是我的优点,但我并不是两耳不闻窗外事的书虫。大学四年我积极参加学校和社会各种实践活动,曾担任校文学社秘书长和摄影协会外联部长,参与策划了大型晚会"把自信留给自己"和"奔腾岁月",并组织了摄影协会的野外实践活动,受到院系领导的好评和广大同学的积极响应。

这些实践活动使我具有了较强的组织协调能力和团队合作精神,实习工作培养了我吃苦耐劳、积极进取的工作作风,而知识的积累让我满怀希望和信心。正所谓学以致用,大学四年所学就是为了能在实际的工作中得到运用和发挥。我对贵公司仰慕已久,希望凭借我的扎实的专业知识技能和相关实习经验、积极的进取精神和踏实的工作作风,能成为公司销售团队的一员,为公司的蓬勃发展贡献力量。如蒙慨允一个面试机会,我将非常感谢。

此致

敬礼!

附件:1. 个人简历
   2. 学习成绩单
   3. 大学英语六级证书复印件
   4. 全国计算机等级考试二级合格证复印件
   5. 各项获奖证书复印件(5件)
   6. 实习证明(2件)
   7. 推荐信

赵××
2024年5月15日

通信地址：××市××区××路21号新华大学管理学院19级市场营销专业1班
邮　　编：××××××
手　　机：139-1234-5678
电子邮箱：123456@126.com

（资料来源：本案例由笔者根据相关资料整理所得。）

例文二

赵××

|照片|出生年月：2002年5月　　　　电　　话：139-1234-5678　　　　Email：123456@126.com　　　　地　　址：××市××区××路21号|院校：新华大学　　专业：市场营销专业　　学历：本科/学士|

求职意向　市场营销相关职位

教育背景　新华大学管理学院市场营销专业　　　将于2023年6月获得学士学位

◆ 核心课程

　　管理学、经济学、统计学、财务管理、市场营销、经济法、消费者行为学、市场调查、企业销售策划、市场调查与预测

◆ 学业成绩

2020－2021	院二等奖学金	（奖励全系前10%学生）
2021－2022	院一等奖学金	（奖励全系前5%学生）
2022－2023	市长奖学金	（本学年全校共10人）

专业经历

◆ 参与科学研究工作　　　　　　　2021.1－2023.12

　　协助老师完成著作《×××》、教材《×××》、省社科基金课题"××××"的资料收集和文字校对工作

◆ 辽宁省××××广告大赛（文案类）省二等奖　　2021.11－2021.12

　　为×××品牌撰写广告文案

◆ 国家级大学生创新创业训练计划项目"××××"　　2022.4－2023.4

　　作为项目主持人，确定选题，参与研究，全程把控，撰写材料，最终结题

◆ ××（中国）化妆品有限公司　　市场部　　2023.10－2024.4

　　××品牌××系列化妆品线上线下宣传、推广和销售工作；

　　所在小组负责的产品线在"双11"活动中销售量位居全公司第一

校园活动

◆ 学校文学社秘书长　　　　　　　2021.12－2023.12

　　联系拓展训练志愿者，确定训练项目，统筹前期准备工作，租借场地，布置器械，保障后勤工作；

　　参与策划了大型晚会"把自信留给自己"和"奔腾岁月"

◆ 学院摄影协会外联部长　　　　　　2021.6—2023.6
　　组织学校"我眼看校园"摄影比赛；
　　组织学校"被忽略的世界"摄影比赛；
　　组织学校"我是你的眼"摄影讲座；
　　组织摄影协会野外实践活动
◆ 沈阳故宫讲解志愿者　　　　　　　2020.10—2021.5
　　为沈阳故宫游客免费讲解25次

职业技能
◆ 通过国家CET-4，CET-6，具备较强的英语听说读写能力
◆ 通过国家计算机等级二级考试
◆ 熟练操作OFFICE办公软件：例如使用Word制作方案书，利用PowerPoint进行产品演示，通过Excel建立客户信息数据库并进行数据分析
◆ 能够适应不同条件下的移动办公

获奖情况
◆ 市优秀学生1次、校优秀学生干部2次、校优秀学生3次
◆ "××杯"摄影大赛优秀作品奖
◆ "××杯"大学生篮球赛亚军
◆ 所在社团获得"沈阳市十佳大学生社团"称号

个人爱好
喜欢与人交流，擅长写作、摄影、篮球

（资料来源：本案例由笔者根据相关资料整理所得。）

思考题

1. 求职文书就是指求职信吗？
2. 求职信包括哪些基本要素？
3. 如何理解求职信的"针对性"？
4. 在求职信中如何突出个人优势？
5. 如何避免求职信的千篇一律？

第二节　申　请　书

必备知识

一、申请书的含义

申请书是个人或集体因某种需要，向相关组织、单位、领导表达愿望、提出请求时所使用的一种专用书信。

申请书的主要目的是表达诉求，希望获得对方的认可和同意，它与请示有相似之处，

但也有明显不同。

（1）请示属于行政机关公文，申请书属于专用书信。

（2）请示的写作主体和写作对象都必须是机关或部门，不能是个人。而申请书的适用范围更广，写作主体和写作对象可以是组织、机构，也可以是个人，不局限于本部门本系统。

（3）请示属于"请求示意"，用于下级遇到难题时，提出多套解决方案，希望领导指示应该如何去做。而申请书属于"请求同意"，用于写作者知道如何去做，但不能擅自行动，而向相应机关或个人提出请求，经批准同意方可执行。

二、申请书的分类

申请书种类繁多，使用范围广泛，从内容上大体可以分为以下三类。

（1）要求解决问题的申请书，如住房申请书、休学申请书、进修申请书、转正申请书、助学贷款申请书等。

（2）要求加入社会组织的申请书，如入党申请书、入会申请书等。

（3）要求获取某种权利的申请书，如商标注册申请书、领养子女申请书等。

写作指南

一、申请书的内容与写法

（一）标题

申请书的标题应第一行居中书写，一般有两种写法：一种是直接写"申请书"；另一种是由申请内容、文种构成，如"入学申请书""开业申请书"。

（二）称呼

在标题之下另起一行顶格书写接受申请书的组织、机关、单位、个人，如"建设银行××分行""敬爱的党组织""尊敬的学院领导"。

（三）正文

正文于称呼的下一行空两格开始书写，是申请书的主要部分。一般由申请事项、申请理由、申请人的态度三部分构成。

▶ 1. 申请事项

正文部分应开门见山地直接提出申请事项，明确、清晰地写出自己的具体请求和愿望，这是申请的目的所在，在全文中起着主题的作用。

▶ 2. 申请理由

根据事实充分阐述申请理由，应清楚合理，突出重点，不需刻意渲染，也不需面面俱到。如果申请的理由比较多，可以分条列点阐述。

申请事项和申请理由可根据具体情况安排顺序，既可以先表明申请事项，也可以先阐述申请理由。

▶ 3. 申请人的态度

申请人应表明自己的态度、决心、愿望，如"希望单位能够考虑我的实际情况，与予批准"，"以上申请，请批准"。

（四）结尾

可以使用敬意语、感谢语、祝颂语作为结尾，这是对接受申请部门的一种礼貌，如

"此致　敬礼""敬祝""请接受我衷心的感谢"。

（五）落款

在结尾的右下方偏右的位置，署上申请人的姓名。申请者名称前可以加上"申请人""申请者"。署名下方写上申请的具体日期。

二、申请书的写作要求

（一）申请事项合理、明确

申请事项应是必需而且可能实现的事项，可有可无或根本不具备实现基础的则不能提出申请。

（二）申请理由实事求是、尊重事实

要发自内心、摆事实、讲困难，切忌空话套话，切忌模糊不清、修饰夸张。

（三）语言使用简洁谦和

申请书一般写给组织或领导，措辞应严肃、庄重、朴实、清楚，不能拖泥带水，切忌用命令式口吻。

例文赏读

例文一

助学贷款申请书

中国建设银行沈阳市分行：

我是沈阳××大学的贫困学生洪×（身份证号码××××××××××），男，文法学院汉语言文学专业20××级3班学生。因为家庭经济困难，难以支付本人在校期间的学费，为了能顺利完成学业，特向贵行申请国家助学贷款5 000元/年，三年共计人民币1.5万元。

我来自九江市的一个偏僻农村，现家里有6口人，爷爷、奶奶、爸爸、妈妈、妹妹和我。爷爷、奶奶年事已高，患有严重的风湿性关节炎，已没有劳动能力。妹妹在县城读高中，爸爸妈妈在家务农，且妈妈体弱多病，全家的收入主要靠种植农作物。由于家乡田少人多，全家年人均收入不足2 000元，我进大学时的学费大部分是从亲戚朋友借来的。今年家乡遭遇洪水，农作物歉收，要把学费交齐就更加困难了。为了不因经济困难而影响自己的学业，能及时、足额地把所欠学费交清，特向贵行提出助学贷款。计划毕业后2年内还清本息。我父母也同意我贷款，并同意承担连带保证责任。

我承诺：获得国家助学贷款后，努力学习，积极上进，较好地完成自己的学业；毕业后及时将工作单位或详细的联系方式告知贵行，并信守诺言，在20××年7月1日前还清贷款，做一名守信用的当代大学生。

此致

敬礼！

申请人：洪×
20××年9月5日

（资料来源：孙悦. 应用文写作[M]. 北京：清华大学出版社，2018.）

例文二

休学申请书

尊敬的学院领导：

　　本人李××，女，文法学院汉语国际教育专业20××级硕士研究生（学号2022123456）。本人已被我国中外语言交流合作中心招募为汉语教师海外志愿者，将于20××年2月—20××年2月赴韩国首尔女子商业高中进行为期1年的志愿服务，特此向学院申请休学1年。

　　本人承诺，休学从事志愿者工作期间，遵守我国及韩国当地的各项法律法规，严格遵守工作纪律，定期向导师汇报在韩工作及生活情况，在教师岗位为中华文化传播贡献力量，并于志愿服务期满后1个月内返回学校。望学院批准。

　　此致

敬礼！

申请人：李××
20××年12月20日

思考题

1. 申请书和请示有哪些不同？
2. 申请书应该包括哪些构成要素？
3. 如何将申请理由充分地表达出来？

第三节　开幕词和闭幕词

必备知识

一、开幕词的含义和特点

（一）含义

开幕词是国家各级党政机关、社会团体、企事业单位的领导人在会议开幕时所做的讲话，旨在阐明会议的宗旨、性质、目的、任务、议程、要求等，对会议起着重要的指导作用。

（二）特点

▶ 1. 宣告性

召开会议时，一般都要由有关领导人致开幕词，这是一个必不可少的程序，标志着会议或活动的正式开始。

2. 提示性

开幕词是会议的前奏，提醒与会者对会议引起足够的重视，振奋与会者的精神，调动其参加会议的积极性。

3. 指导性

开幕词通常要阐明会议的性质、宗旨、任务、要求和议程安排等，集中体现了大会的指导思想，起着定调的作用，对引导会议朝着既定的正确方向顺利进行，保证会议的圆满成功，有着重要的意义。

4. 概括性

开幕词是统领会议全过程的讲话，是会议的序曲、动员令，一般篇幅简短，是对会议的性质、目的、任务、议程、要求等方面的概括性说明。

二、闭幕词的含义和特点

(一) 含义

闭幕词是国家各级机关、社会团体、企事业单位在会议结束时，由有关领导人对会议做出的概括性的评价和总结性讲话。它是大会的结束语，主要内容是概述大会的议程、基本精神、主要成果和意义，说明大会提出的号召、要求等。

(二) 特点

1. 总结性

闭幕词是会议即将结束时重要领导人的讲话，要对会议的内容、会议精神和议程进行简要的总结并做出恰当的评价，肯定会议的重要成果，强调会议的主要意义和深远影响。

2. 概括性

闭幕词是大会的结束致辞，一般篇幅短小精悍，高度概括会议的进展情况、完成的议题、取得的成果、会议精神与重大意义。

3. 号召性

闭幕词的行文要充满热情，语言坚定，富有号召性和鼓动性，为激励与会者实现会议提出的各项任务而奋斗，增强与会者贯彻会议精神的决心与信心。

写作指南

一、开幕词的写法与结构

开幕词一般由标题、署名、日期、称呼和正文五部分组成。

(一) 标题

标题一般有三种写法：一是由大会名称加文种构成，如"中华人民共和国第一届全国人民代表大会第一次会议开幕词"；二是由致辞人姓名、大会名称加文种构成，如"习近平在二十国集团领导人杭州峰会上的开幕词"；三是文章式标题，如毛泽东于1945年4月23日在中国共产党第七次全国代表大会上所做的开幕词"两个中国之命运"。

(二) 署名

在标题正下方居中位置署上致开幕词的领导姓名，但在致辞时不用念出来。

（三）日期

开幕词的时间一般写在署名下一行正中位置，要用圆括号括起来。

（四）称呼

称呼是对与会者的统称，在日期下另起一行顶格写。如果是党的会议，称呼比较简单，就是"同志们"三个字，后加冒号；如果是国际会议，要按照国际惯例来排列顺序，较常见的是"各位嘉宾、女士们、先生们"，后加冒号。

（五）正文

正文一般由开头、主体和结尾三部分构成。

▶ 1. 开头

开头一般要宣布大会开幕；交代会议的名称和内容；介绍出席会议的有关单位和领导人员；对大会表示祝贺，对来宾表示欢迎。

▶ 2. 主体

主体即开幕词的核心部分，主要包括：介绍召开会议的背景，阐明会议的重要意义；说明会议的中心任务、主要议题、会议的目的，以及会议的议程安排；向与会者提出希望和要求；说明会议的主要议程。

▶ 3. 结尾

开幕词一般用祝颂语结束全文，如"最后，祝大会圆满成功"。

二、闭幕词的写法与结构

闭幕词一般由标题、署名、日期、称呼和正文五部分组成。

（一）标题

闭幕词标题主要有两种写法：一种是用会议名称加文种类别（闭幕词）构成，如"第××届全运会闭幕词"；另一种是先用概括性的词句作为正标题，再用会议名称加文种类别作为副标题，如"让阅读成为一种习惯——××学校第七届读书节闭幕词"。

（二）署名

在标题正下方居中位置署上致闭幕词的领导的姓名，但在致辞时不用念出来。

（三）日期

闭幕词的时间一般写在署名下一行正中位置，要用圆括号括起来。

（四）称呼

称呼是对与会者的统称，在日期下另起一行顶格写，写法与开幕词相似。

（五）正文

正文一般由开头、主体和结尾三部分构成。

▶ 1. 开头

开头部分要简明说明会议所完成的预定任务的情况。

▶ 2. 主体

主体部分要评述大会的议程，总结会议的重要意义。这部分概述会议的进行情况，恰当地评价会议的收获、意义及影响，不能过于空泛笼统。

3. 结尾

结尾部分提出号召与希望,也可以对会议有关的事项略加说明,最后宣布会议闭幕。

三、注意事项

(一)开幕词写作的注意事项

1. 篇幅要短小精悍,语言要简洁明了

开幕词是大会的序曲,只对会议的性质、目的、任务、议程等方面进行概括性说明,切忌长篇大论,语言也要简洁、明快,与会场气氛和谐融洽。

2. 措辞要礼貌,感情要真挚,态度要诚恳

开幕词要做到辞令优美而不做作,礼数周到而非应付。切忌虚情假意、言不由衷。

(二)闭幕词写作的注意事项

(1)闭幕词是会议的结束致辞,语言要高度概括,精练简明。

(2)闭幕词对会议的评价要符合实际情况,要准确客观。

例文赏读

例文一

乐府学会第四届年会暨第七届乐府歌诗国际学术研讨会开幕词
吴相州

尊敬的魏厅长、张校长,各位朋友,各位同人:

两年前,李昌集会长率领团队在徐州成功举办了第三届年会。两年后的今天,我们在这里举行第四届年会暨第七届乐府歌诗国际学术研讨会。

首先我要对各位莅临会议表示热烈欢迎和致以诚挚的谢意!这不是客套话。乐府学是最年轻的三级学科,有今天这样的局面,全靠新老朋友支持。这次到会的专家,廖美玉教授、沈冬教授、董就雄教授、长谷部刚教授、柳川顺子教授、金昌庆教授、陈珀如教授……或多年一直参加年会,或克服各种困难前来参会。本次会议正式代表90多人,其中有很多新人,说明乐府学研究队伍在不断扩大。论文选题也丰富多样,相信这将会是一次成功的年会和研讨会。

下面报告一下两年来学会的运作情况。学会秘书处按照教育部和民政部有关管理规定,完成例行年检工作。会刊《乐府学》一直正常出刊。自2018年期刊被纳入广州大学期刊研究中心统一运营以来,出版经费有保障,样刊邮寄有专人负责。下届年会将要换届,这次会议期间将要召开理事会,酝酿换届事宜。

这次年会我想讲这样一个主题,即如何打造乐府学学术共同体,扩大乐府学学术影响力。目前乐府学会年会规模不及诗经学会、屈原学会一半。我越来越感到这件事情紧迫而重要。"乐府学"正式提出在2006年,从被质疑到被广泛承认经过了差不多十年时间。目前"乐府学"这一概念已经被学界广泛接受,但乐府学在学界影响力还是远远不够。很多学人对乐府学内容不甚了解,客观上限制了乐府学发展空间。中国古代文化是以礼乐为特色的文化,乐府是礼乐文化核心组成部分,最能体现中国文化特色。我们研究的是真学问,

有真价值,有大量亟待开掘的研究空间。乐府学应该成为更多人所关注的显学。

为了让更多人认可乐府学,我们自己必须首先看重乐府学。打造乐府学学术共同体就显得十分重要。所谓科学都是科学家集团的事情:一群科学家秉持共同的研究理念,遵循共同的研究方法,执行共同的研究标准,互相认可,就可以是一门科学。我们之间互相支持、互相认可就显得十分重要。

我们打造乐府学学术共同体已经有了很好的条件。我们有国家一级学会,会刊被纳入C刊,我们要利用好这些学术平台。各位会员和理事应该更加自觉地出席年会,我在此重点谈谈C刊维护问题。C刊对今天的学者来说已经十分重要。很多博士生没有C刊论文即使毕业也拿不到学位证,讲师没有C刊论文不能评副教授,副教授没有C刊论文不能评教授。南京大学C刊目录能推出集刊系列,对学界来说可以说是功德无量,所以应该把它维护好。

以后要考虑编发大块文章。目前《乐府学》每辑25万字左右,争取把文章数限制到10篇以内。当然这需要一个过程,不可能一蹴而就,但要坚持这个方向。道理很简单,如果一辑只发一篇文章,被一个人引用,引用率就是100%。重头文章需要花长时间,花大力气写,希望各位舍得把这样的文章投给《乐府学》。总之,守住《乐府学》这块阵地,对乐府学发展来说有重要意义。

11月是广州最好的季节,天朗气清,温度稳居18～28℃。祝愿大家在百花山工作期间心情愉快,身体健康!

谢谢各位!

(资料来源:吴相州. 乐府学会第四届年会暨第七届乐府歌诗国际学术研讨会开幕词[J]. 乐府学,2019,第二十一辑:3—4. 有改动。)

例文二

在第三届乐府歌诗国际学术研讨会上的闭幕词
姚小鸥

各位领导、各位专家学者、女士们、先生们:

我们这个会议,经过两天的学术研讨、文化考察以及大会总结,可以画上圆满的句号了。画句号这个工作本来很简单,不过既然要讲几句话,我还是想对会议本身的历史,取得的成就以及学科将来的发展,谈谈个人的一些感想。

赵敏俐教授和吴相州教授在这次会议的讲话中都提到,我们这个研讨会已经开了五届了。第一届的名字叫"诗歌与音乐关系学术研讨会",现在叫"乐府歌诗学术研讨会"。在大会发言和小组讨论中,我都提到这个问题,我认为:我们这个系列会议名称的改变,蕴含了这样一个事实,就是我们对于研究对象的理解深入了。我们不再仅仅是研究文学、研究诗歌的内部规律,也不仅仅是研究歌诗和它的伴生艺术——音乐之间的关系,而是把它放在一个更大的历史文化背景中进行考察。我曾经说过这样一句话:"礼乐文化是中国的主流文化,每一个中国人都自觉不自觉地浸润在这历史的长河中。"我们把乐府歌诗作为研究对象,它的意义是什么呢?不仅仅是研究诗歌,不仅仅是出于职业习惯,对于研究对象进行某种程度的深入或向毗邻艺术拓展这么一个一般性的工作。实际上我们寻求的是中国人的历史的一部分。下面我讲两点。

第一，我很感谢李健正先生、李玫教授、项阳先生这样音乐学的专家。我从他们的论文或发言中学到了很多东西。

第二，从文化背景来说，乐府制度及其所包含的综合艺术是乐府文学丰厚的、广博的社会背景和文化土壤。读张衡的《西京赋》和班固的《汉书·礼乐志》就会发现这个问题。这次会议上刘航博士的论文所探讨的《文康乐》和汉魏六朝戏剧，就很典型地说明了戏剧艺术与乐府歌诗的关系。李健正先生的文章也提出了舞蹈、音乐以及当时人们生活方式与文学艺术的关系。

乐府歌诗传统上是在文学研究范围内进行讨论，现在大家已经注意到，对它的研究不仅应该包括文学和音乐的关系，还应该包括文学和更广泛的艺术形式的联系，古代人们的生活方式也与此相关。

我这里讲一点似乎是题外的东西。过去，西方人以为我们中国人不善于哲学思考，黑格尔在他的《历史哲学》中就持这种观点。他说，看到孔子的《论语》，非常失望，还不如不读，不读的话还有些神秘感。读了之后觉得只不过是一个缺乏哲学深度的世故的老人讲述的人生经验。历史事实并非如此。古代文献，尤其是上海博物馆藏楚简和郭店楚简所提供的材料提示我们，古代的中国人善于哲学思考，有自己的哲学思考的体系，而且也并不局限于像《老子》一书中的表述。

从乐府与哲学的关系上来说，我曾多次指出：传统上将汉代的"乐府"定义为音乐机关是错误的。汉代的乐府是一个"礼乐机构"。将乐府歌诗与音乐艺术联系起来，有它的学术意义，但这还只局限在艺术层面、技术层面。将"乐府"正确地定义为"礼乐机构"，才能正确地认识它存在的哲学意义。

作为礼乐制度中的乐府，它设立的出发点，它的运行机制，都是从协调天人之间的关系（司马迁称之为"天人之际"）与人类社会内部的各种关系出发。从与艺术的关联来说，乐府文化与乐府艺术几乎涉及古代所有的艺术门类，涉及当时人们生活的各个方面。只有从这一观念出发，才能在乐府研究中产生真正的学术突破。

在小组会的讨论中，我特别把曾智安博士的文章拿出进行表扬。他的文章在传统的诗歌研究的理论框架内已经做了很好的工作，同时，又有相当程度的、又是完全适宜的哲学上的提高与总结。他的文章把诗歌的礼乐文化背景和中国人的思维方式联系在了一起，具有相当的理论意义。

从第一届会议开始，我就积极参与其事。第一届会议的时候，我还曾协助赵敏俐教授做过一些联系刊物的工作。现在我们成立了乐府学会，我成为它的一名成员。正像赵敏俐教授所说的，我们的队伍越来越壮大。就我们的事业来说，如同吴相洲教授所讲，是一个朝阳的事业，有广阔的发展前景。我很高兴能在将来的学习和工作中与大家一起取得更大的成绩。

谢谢各位！

（资料来源：姚小鸥. 在第三届乐府歌诗国际研讨会上的闭幕词[EB/OL].（2023-12-04）[2024-12-03].）

思考题

1. 开幕词与闭幕词的特点各是什么？
2. 请举例说明开幕词的标题有几种写法。
3. 学校要开运动会了，请你写一篇开幕词。

第四节　感　谢　信

必备知识

一、感谢信的含义和特点

（一）含义

感谢信是为了感谢对方对自己的关心、支持、帮助而写的专用书信。

（二）特点

写感谢信既要表达出真切的谢意，又要起到表扬先进、弘扬正气、树立良好的社会风尚的作用。它广泛应用于个人与个人之间、个人与组织之间、组织与组织之间。感谢信的特点体现在以下三个方面。

▶ 1. 动情性

感谢信是在受人礼遇、帮助、关怀之后，为表达内心的感激之情而进行的写作。因此它的第一个特点就是动情性。感谢信虽然不必使用"感恩"之类的词语，但字里行间都有感而发，饱含真情，使对方在付出劳动后得到心理的受益。

▶ 2. 叙事性

感谢信的动情不能是虚情假意的，通常要在叙事的基础上表达真情实感，否则感情就没有依据。因此，感谢信要用一定的笔墨把对方的感人事迹讲述清楚。

▶ 3. 宣传表彰性

我国素有"知恩图报"的美德，受人帮助后，对人表示感谢，这也是起码的美德。感谢信除了具有感谢的意思之外，还有表扬的功能。在多数情况下，感谢信并不只是写给助人者看的，也是写给广大群众看的。感谢信兼有宣传和表彰两方面的特点，应对助人者的事迹有所议论、评价和赞扬。感谢信与表扬信有很多相似之处，所不同的是感谢信虽有表扬的意思，但其重在表达感谢之意。

二、感谢信的分类

感谢信可以按照不同标准划分类别。

（1）按照感谢对象，可以分为写给集体的感谢信、写给个人的感谢信等。

（2）按照感谢形式，可以分为公开张贴型答谢信、邮寄型答谢信等。

写作指南

一、感谢信的内容与写法

感谢信通常由标题、称谓、正文、结尾和落款五部分构成。

（一）标题

标题应写在感谢信第一行的中间，字体应较正文大些。标题通常有以下三种。

(1) 单独由文种名称构成，如《感谢信》。

(2) 由感谢对象和文种名称构成，如《致××司机师傅的感谢信》《致××物业公司的感谢信》。

(3) 由感谢双方和文种名称构成，如《××全家致××社区居委会的感谢信》《××学校致××环保局的感谢信》。

如果写给个人，通常不写标题。

(二) 称谓

在标题下方空一行顶格处写明被感谢的机关、单位、团体或个人的名称或姓名，如"××同志""××社区居委会"，称呼后加冒号提领下文。

(三) 正文

正文应从称呼下行空两格处写起。正文是感谢信的主要部分，主要包含两层意思：一是感谢的事由，即"为什么感谢"；二是表达感谢之意。通常分段写出以下内容。

▶ 1. 感谢的事由

精练地叙述事情的前因后果，写明事件发生的时间、地点、人物、起因、经过、结果等基本情况；然后在叙述的基础上对对方的帮助进行中肯的评价，以突出其好品德、好作风和先进事迹。在叙述的过程中，应注意不能平铺直叙，要突出重点，着重准确而具体地叙述对方在关键时刻给予自己的关心、支持和帮助。另外，在叙述和评价的字里行间要自然渗透感激之情。

▶ 2. 表达感谢之意

在叙事和评论的基础上，热情赞颂对方在关心、支持和帮助他人过程中所体现出的高尚品质和可贵精神，揭示其行为对整个事件进展的积极的客观意义，同时也可在表达谢意之后表示用实际行动向对方学习的态度和决心。

(四) 结尾

另起一段，书写"此致　敬礼""致以诚挚的敬意"等表示感谢、敬意的词语，也可自然结束正文，不写结语。

(五) 落款

在结尾下一行或空一两行的后半行，书写感谢单位名称或感谢人姓名；在下一行书写成文日期。

二、感谢信写作的注意事项

(一) 内容要真实，评价要恰当

感谢信的内容必须真实，确有其事，不可夸大其词。评价对方要恰当，切勿不着边际地大发议论，以免给人一种失真的印象。

(二) 叙事要准确，用语要适度

感谢信的内容以主要事迹为主，叙述对方对自己或本单位的帮助，一定要把事件发生的时间、地点、人物、起因、经过、结果等基本情况叙述清楚、准确，便于大家了解和学习。感谢信的用语要得体，遣词造句要把握好一个度，不可过分雕饰。

(三) 感情色彩要鲜明

感谢信要洋溢着感激之情，感动和致谢的色彩要强烈鲜明。在叙述事实的过程中，除了要突出对方的好意和表示谢意外，行文要始终饱含着真挚、热烈的感情，使读者受到强烈感染。

例文赏读

例文一

致××消费者协会的感谢信

××消费者协会的全体同志：

  你们好！

  20××年9月16日，我在××皮具专卖店买了一款××品牌的女包，单价998元。出乎我的意料，五天后，皮包出现了严重掉皮的现象，于是我致电××皮具专卖店要求退货。但令我失望和气愤的是，我的合理要求遭到拒绝。在与店方多次交涉无果的情况下，为了维护自身的合法权益，我向负责该区域的××消费者协会投诉，寻求帮助。

  在投诉后的第二天下午，我接到××皮具专卖店的致歉电话，并通知我前去领取退款。

  这件事已经过去一段时间了，可是××消费者协会的张××等同志积极负责的工作态度至今让我难以忘怀。通过这件事，我认识到：第一，消费者应该维护自己的合法权益，遇到自己不能解决的问题，应该及时到当地消费者协会寻求帮助；第二，消费者协会是实实在在为我们老百姓办实事的政府部门，是可以为老百姓分忧解难的温暖的家。

  最后，由衷地感谢××消费者协会的同志们。

  此致

敬礼

王××

20××年9月27日

（资料来源：孙悦. 应用文写作[M]. 北京：清华大学出版社，2018.）

例文二

致离职员工的感谢信

亲爱的小陈：

  你好！

  你在公司服务整整一年。一年，就漫长的人类历史来说，也许只是短暂的一瞬，但就个人而言，却是不短的岁月。在你提出离职的那一刻，我有种酸酸的感觉，毕竟，我不止一次跟你们说："大家一起努力，共同退休！"但你因为个人发展，在劳动合同到期的那一天，选择离开服务过365天的××文化公司，作为总经理，内心真有一种说不出的滋味。

  就设计能力而言，你并不占优势，但你忠厚坦诚、任劳任怨。在这物欲横流的社会，这是难得的美德。所以，我一直都非常喜欢你。不知你以后会做些什么，希望你以自身的美德去感染更多愿意支持与帮助你的人。须知，人格魅力才是人生发展最大的锐器。

  虽然你已经离开公司了，但我们还要真诚地感谢你为公司所做的艰辛付出，我们永远不会忘记你的功劳。方便的时候，常回"家"看看。
　　谨祝
　　事业有成、幸福平安！

××文化公司总经理：张××
2024年9月2日

（资料来源：孙悦. 应用文写作[M]. 北京：清华大学出版社，2018.）

例文三

感　谢　信

亲爱的叔叔、阿姨们：
　　您们好！
　　首先，请允许我代表全体受助同学向您们表达最诚挚的谢意！在这个完美的季节里，您们用金子般的心，帮助了我们这些家境贫寒的孩子们，把曙光和期望带到了我们身旁，让我们能够完成学业，用知识来改变未来的人生道路。您们的爱心让我们感受到社会的温暖，您们的赞助免除了我们学习的后顾之忧，让我们渴望学习的心备受感动。
　　茫茫人海，每个人都有着各不相同的经历，但一个重要的原因——贫困，让我们多了一份比常人更大的动力。肩上的使命让我们不得不努力学习，任重而道远。茫茫学海中，我们艰难地坚持着不屈的信念，心里有一个声音在呼喊：必须要争气。辛苦的学途上我们也曾犹豫过，但是我们不能放弃，不想放弃，更不敢放弃，学习上的重重困难咬咬牙能够挺过去，可生活上的拮据却让我们束手无策。看着父亲歉意的眼神和母亲操劳的背影，我们告诉自己绝不能低头，凡事勤则易，惰则难，人生的道路就像爬坡，要一步一步地来攀行。在我们学途艰难的时候，是您们给了我们重生的力量，让我们感到了这种超越亲情的关爱和温暖，让我们对学习更加充满热情。
　　如今我们正处于勇往直前、奋发向上的大好黄金时代，对我们这些贫困学生来说，有幸得到您们的资助，使我们的父母能够松一口气，不再为筹不到学费而日日焦急；使我们的生活能够过得比以前更加多姿多彩。我们会不断超越自我，用勤劳的双手去创造完美的明天，虽然我们的生活是不幸的，但是我们却又是无比幸运的。我们必定会好好学习，不辜负您们对我们的期望，将来走向社会也绝不会忘了您们的济困之情。完成学业后，我们定会效法您们的这种义举，来回报社会。就像奥运圣火一样，从您们的手中我们接过了这一棒，那我们必定会把这份爱心的火焰传递下去，传递给每个人，让人间处处都是爱的春天。
　　最后，让我代表所有受资助同学再次说声谢谢！感谢您们对我们这些贫困之子的援助和爱心！我们发自内心的祝愿：好人一生平安！

王××
2024年6月2日

（资料来源：百科全书. 感谢信范文格式[EB/OL]. [2024-10-15]. https://zhuanlan.zhihu.com/p/408912813. 有改动。）

思考题

1. 感谢信的特点主要体现在哪几个方面？
2. 感谢信的正文包含哪些主要内容？
3. 感谢信有哪些写作要求？

第五节 祝　　词

必备知识

一、祝词的含义和特点

（一）含义

祝词也称为祝辞，是行政机关、企事业单位、社会团体或个人在社会活动中，为表达祝愿希望、增添喜庆气氛而写作的一种礼仪文书。

（二）特点

祝词广泛应用于各种场合，大到国际交往，国内各种场合的集会、宴会、喜庆活动等；小到日常生活中的家庭宴会或喜庆活动等，婚嫁乔迁、升学参军、延年长寿、房屋落成等喜事都需要祝词来联络感情，增进友谊，烘托气氛。祝词的特点体现在以下五个方面。

▶ 1. 喜庆性

祝词是在喜庆的场合对祝贺对象的一种真诚的祈祷祝福和良好心愿的表达，因此喜庆性是祝词的基本特点。写作中在措辞用语上务必体现出一种喜悦、美好之情。

▶ 2. 广泛性

祝词所祝贺的对象十分广泛。无论是单位中的上级、平级、下级，还是家庭中的长辈、平辈、晚辈，无论是国家元首，还是平民百姓，无论是传统节日，还是寿辰庆典、开业典礼、朋友联欢、同学聚会，都会用到祝词，以活跃场面，加深友谊。

▶ 3. 鼓动性

祝词主要是传达美好愿望，其所祝愿的内容往往尚未成为事实，只是一种期待。因此，祝词必须带有鼓动性，能够鼓舞士气，激励人们为美好的前景继续努力。

▶ 4. 严肃性

有些祝词代表组织、单位、团体行文，不可过于随意，应轻松而不散漫，热情而不张扬。要做到语言自然得体，表达准确无误。

▶ 5. 体裁的多样性

祝词无须拘泥于某种文体，可以根据祝贺对象的具体情况采用合适贴切的文章体裁。如既可以用一般的应用文体，也可以采用诗、词、对联等各种其他的文体样式。

二、祝词的分类

祝词可以按照不同标准划分类别。

(1) 根据内容不同，有事业祝词、健康祝词、喜庆祝词等。

(2) 根据祝愿对象的不同，有新年祝词、会议祝词、寿诞祝词、祝酒词等。

(3) 按形式分，有简约型祝词、书面型祝词等。简约型祝词一般在一些宴会或庆典上使用，以简短的言语传达祝愿之情，写法相对简单，有时甚至都不必行文。书面型祝词一般在较为正式的会议、比较重大的场合上使用，为严肃起见，能更好地沟通感情，应事先拟好发言稿，写法相对复杂。

写作指南

一、祝词的内容与写法

祝词一般由标题、称谓、正文和落款四部分构成。

(一) 标题

祝词的标题主要有三种写法。

(1) 由祝贺内容和文种构成，如《中国道教协会成立五十周年的祝词》《中国水科院50周年院庆祝词》等。

(2) 由祝贺人、祝贺场所、文种三部分组成，如《毛泽东主席在元旦团拜会上的祝词》《邓小平在中国文学艺术工作者第四次代表大会上的祝词》等。

(3) 由正副标题构成。正标题用一句话对文章的主旨进行高度概括，副标题补充说明祝贺的内容与文种，如《在发展中国特色社会主义的伟大征程上创造新的青春业绩——在中国共产主义青年团第十六次全国代表大会上的祝词》《让星星火炬在发展中国特色社会主义伟大进程中放射出更加灿烂的光芒——在中国少年先锋队第六次全国代表大会上的祝词》等。

(二) 称谓

称谓主要指被祝贺人，一般用泛称，可以根据身份确定，如"各位女士、各位先生""朋友们""同志们"等。如果要表达热情、亲切、友好之意，前面可以加修饰语，如"亲爱的各位来宾""尊敬的各位学者"等。例如，《为庆贺朱总司令六十大寿的祝词》这篇祝寿词，是采用书信体写的，文中称呼"亲爱的"，既亲切又尊敬，表达了一个革命家对另一个革命家的崇高和真挚的感情。如果涉及具体人的姓名，一般要在姓名后面加上称呼或有关的职务头衔，以示敬意，如"尊敬的××教授"等。

(三) 正文

正文由开头、主体、结语构成。

开头说明祝贺的缘由，一般要先简要地说明祝贺的对象、祝贺的原因，表达祝贺人的心情。一般使用"致以××的祝福""致以××的祝贺""向××表示最诚挚的祝贺"等形式。

主体概括性地评价被祝贺人所取得的成就及其重要意义。一般根据不同的祝贺对象，或肯定工作中取得的成绩，或赞颂品德，或指出被祝贺之事的意义、作用等。

结语写出希望或祝愿之类的礼节性的语句，再次表示祝贺，收束全文，如"祝取得更好成绩""祝节日愉快"等。

（四）落款

在文章的右下方，应先写祝贺人的姓名或祝贺单位的名称，然后写致贺时间。有些祝词因祝贺人身份或所祝贺事件涉及范围较广，可将祝贺人姓名与祝贺时间依次写在标题正下方。

二、祝词写作的注意事项

祝词属于演讲词范围，除文稿本身的写作要求外，还要注意演讲技巧问题。这就对讲话者提出了更高的要求，即不仅要有一定的文字修养，还要具备一定的社交能力，如礼节礼仪、口头表达、即席发挥能力等。

撰写祝词时应注意以下三点写作要求。

（一）态度要热情

祝词的形式比较灵活，遣词造句要充满鼓励、希望、褒扬之意，要让听者感到温暖和愉快，受到勉励和鼓舞。

（二）语言要得体

祝词要体现真情实感，颂扬和祝贺要注意分寸，恰到好处，力求典雅大方、自然得体，避免浮言巧语、故弄玄虚、低级庸俗。例如，《为庆贺朱总司令六十大寿的祝词》这篇祝寿词，正文开头先写明因何而祝，并表达祝贺人万分高兴的心情；接下来便怀着崇敬、感激的心情对朱总司令革命的光荣历程和取得的伟大功绩，以及高尚的品德给予高度的赞扬；最后代表全国人民向朱总司令献上最真挚美好的祝愿。行文庄重得体，语言真挚感人。

（三）言辞要柔和

祝词要求感情热烈，但是不应使用辩论、谴责、批评等词句和语气，要用柔和的语言给人以温暖、愉快、喜庆之感。

例文赏读

例文一

启蒙老师七十大寿祝酒词

尊敬的朱老师，亲爱的各位同学们：

大家好！

今天是我们尊敬的启蒙老师朱××女士七十大寿。我们这里的初夏，花红柳绿，草长莺飞；初夏时节的母校，书声琅琅，魂牵梦萦。我们××一小六年级二班的同学们，在阔别26年之际，重逢在我们敬爱的朱老师七十大寿的盛宴上。在此，我为阔别多年的同学又能集聚一起重温当年同窗趣事、畅谈毕业后的心路历程感到万分幸福；更为我们这些当年儿时的小伙伴，在这个喜庆、祥和而又美丽的日子里，能像一群孩子给自己亲爱的妈妈一样祝寿感到由衷的高兴。借此机会，我代表在座的各位同学，向朱老师的七十寿诞表示最诚挚的祝贺！

朱老师，今天站在台上、代表同学们发言的我，就是那个当年常常流着鼻涕、酷爱扎着冲天小辫的小女孩。您还记得吗？那时每天放学后，我总是徘徊在您的家门口。您最懂我的心思，让我看遍了您书柜里所有适合我阅读的图书，还总留我在您那里吃晚饭。后来，那个总缠在您身边的小女孩，长大以后，像您当年一样：教室里，放飞的是希望，守巢的是自己；黑板上，写下的是真理，擦去的是功利。亲爱的朱老师，当年我只是一个普通得再不能普通的孩子，更算不上您较为出色的弟子之一，但是您的爱心、您的善良、您的宽容、您的豁达深深地感染着这个喜欢您、佩服您、总赖在您家里的小女孩。我没有辜负您的期望，没有辜负母校的培养，我在自己热爱的教师岗位上发出了应有的热量和光芒。无论要走过多少风风雨雨，我要把您吃苦敬业的精神和朴实善良的品质传承下去，我要像您一样教好我的每一届学生。

　　时光如梭，26年倏忽而逝。母校的感召、恩师的呼唤、集体的力量，让我们今天又重新坐在当年自己的座位，回到了当年和朱老师朝夕相处的美好时光。我们永远不会忘记三十几年前的那一幕：一个梳着两根长辫子的老师欢快地走进了我们的教室，明亮深情的大眼睛，乌黑飘逸的长发，是那样的温柔，那样的美丽，这就是年轻的朱老师。您是一位充满爱心、充满智慧的好老师，教书、画画、唱歌、跳舞样样拿手。您是一位慈母般的好老师，用最美丽、最有激情的年华，陪伴着我们成长。从此，我们××一小这一群懵懂无知的孩子，在您的引领下，学知识，学做人，一天天长大、进步、成长。

　　当年那一棵棵幼苗，汲取了您的养分，在后来的人生旅途中不断成长、壮大。在这里，我想请亲爱的朱老师到台上来，请您来看看当年那群不懂事的孩子们，如今一个个在社会上都成了中坚力量。我们在工作岗位上挑大梁，在生意场上有闯劲，在各自的家庭中有担当。我们之所以能够踏踏实实地奉献于社会，全心全意地爱护我们的亲人和朋友，这一切都源于我们的启蒙老师赋予我们的最朴实、最直接的素质教育。朱老师，您的呕心沥血，换来了如今的桃李兴旺、满园春色。您应该为我们骄傲，更应该为自己喝彩！

　　现在，让我们一起举杯，祝愿我们慈母一般的朱老师生日快乐，健康快乐，春晖永驻。

学生：孙××
20××年6月10日

（资料来源：孙悦. 应用文写作[M]. 北京：清华大学出版社，2018.）

例文二

18岁成人礼祝词

亲爱的女儿：

　　4月21日是个好日子，学校贴心地为你们举办了成人礼，就让这封信作为爸爸给你成人礼的一份祝福吧。

  18岁成人礼这是你一生中最重要的仪式,意味着你即将走出中学校园,步入大学,进入社会,去阅历生命美好,感悟人生真谛。

  此时此刻,爸爸思忖良久,落笔于纸,纵有千言万语,亦是感慨无限,感叹时光飞逝、岁月如梭的同时,更惋惜这18年,陪伴太少,亏欠太多。说心里话,由于工作的关系,18年,一路走来,鲜少给你更多温暖与关怀,反而是管教和约束,爸爸先向你说句对不起!

  回想18年前,你呱呱坠地,来到爸爸妈妈身边。第一眼看到你,欣喜、激动、爱恋,我们内心充满无法描述的幸福和满足。

  伴着你第一次啼哭、对视、微笑、握手,第一次翻身、坐起、爬行、站立、行走,我们内心充满无以言表的幸福与欢乐。

  再大一些,你开始步入校园,由于身体原因,常常遭受病痛折磨,多次走进医院,你总是用你的勇气和坚韧,让我看到了你的成长和进步,你的每一次成长,每一次进步,都深深地记录在我的心里,爸爸妈妈都非常感动。

  再后来是6年初中和高中,每日披星戴月,往返于家与学校,一路上与你谈论在校园中的新知与见闻、快乐与失落、收获与感触。我们在与你一起成长、学习,学会控制情绪、学会表达交流、学会年轻人的词汇游戏、学会去做值得信任的家长;同时希望向你传递方法、观点和感受。我们一起体会成长的快乐与烦恼。

  高中以来,因为课业繁重,你的面庞上渐渐少了无忧的笑容,眼中的疲倦时常遮挡了青春的光芒。尤其是进入高三,每天都很辛苦,从早到晚,每天背书、刷题,有做不完的数理化,背不完的政史地,但这终究是你必须跨过的一道坎,你必须咬牙坚持。人生一世,会有很多事后觉得后悔的事,唯独这段拼命一搏的日子,任何时候想起来,都觉得今生无悔。

  你知道吗?此时此刻,你虽然在书海中攻坚克难,在题海中冲锋陷阵,可是一直以来,你并不是一个人在战斗,与你一同并肩的还有辛勤培育你的各位老师,热心帮助你的各位同学,更有爸爸妈妈在为你摇旗呐喊:宝贝,加油!加油!

  今天是你18岁成人礼,父母已慎重地将通往世界之门的钥匙交给了你,但我知道,父母可以为你推开门,可以为你铺好路,但不可以与你牵手走过漫漫的人生旅程。未来的路上可能雷电交加、可能崎岖坎坷,但你必须勇敢地独自面对,胜利一定会属于你。

  渺小的个人虽无法与时代抗衡,但你要做一个有底线的人。你可以随波逐流,可以卑微如尘土,但绝不能扭曲如蛆虫。人生"不如意事常八九,可与语人无二三",但人生不只是因为赢,才会光芒万丈,很多时候,输比赢教会我们更多。你的漫漫人生路才刚踏上征程,赢了别嘚瑟,输了也千万别轻易气馁。

  出于父母对儿女无私的爱,我们还是要多说几句。

  首先,我要祝贺你,因为你已经成长为一个独立、自信、聪明、善良的姑娘。你的每一次成长和进步,都让我感到无比的欣慰和骄傲。你的笑容、你的善良、你的才华,都是我心中最珍贵的财富。

  在你未来的道路上,我希望你能够保持这份自信和善良,勇敢地面对生活中的挑战和困难。我知道,你有着自己的梦想和目标,我希望你能够坚定地走下去,不断追求自己的梦想,不断超越自己,成为一个更加优秀的人。

  同时,我也希望你能够珍惜身边的人和事,感恩每一个帮助过你的人,尊重每一个与你相遇的人。生活中会有许多美好的瞬间和回忆,我希望你能够用心去感受和珍藏它们。

信很长,但言未尽。虽然爸妈有时候说话让你烦,但我们的初心是想你好,无论走多远,希望你记住,家永远是你的港湾,在你今后成长的路上,我们依然是你最坚强的精神依靠,并愿意做你最贴心的朋友。无论你长到多大,今后去了哪里,也无论你遇到什么样的困难,都要记住:爸爸妈妈永远深深地爱着你,全力支持你,愿与你共同成长进步!

今天离高考刚好四十几天,我们愿你计划安排好剩下的每一天每一时每一秒,全身心投入,抛弃一切杂念,为人生这重要的历程竭尽全力,增添光彩,让将来的你为现在拼搏的你感到骄傲自豪。

最后,爸妈祝你高考大捷,金榜题名!

爸爸、妈妈
20××年4月21日

(资料来源:李展,温昊. 秘书写作实务[M]. 北京:北京大学出版社,2010:103-104.)

例文三

酒店开业祝词

尊敬的来宾朋友们:

大家中午好!

金秋时节,硕果飘香,在喜迎中秋佳节到来之际,我们今天欢聚在这里,共同祝贺新时代大酒店隆重开业。这是一个大喜的日子,借此机会,我谨代表宏达集团的全体员工对酒店的顺利开业表示衷心的祝贺,对今天参加开业典礼的各位来宾表示热烈的欢迎,同时向酒店全体员工致以亲切的问候!

我们这里拥有优越的投资环境和悠久的人文历史。而便利的交通、日趋完善的配套设施,使这里成为一个投资、旅游、休闲的理想之地。新时代大酒店是一个集客房、餐饮、会议、康体、娱乐为一体的综合性酒店,是完全按照国际四星级标准建造的酒店,其别致的风格、新颖的设计、幽雅的环境都无不彰显其高档品质。今天,我们欣喜地看到,新时代大酒店圆满落成并顺利开业,这必定会推动我们地区的经济发展,为我们这里的发展注入更多的活力。

最后,我们衷心地希望新时代大酒店能立足新区,稳步发展,生意兴隆!同时,也衷心地祝愿各位嘉宾身体健康,万事顺意,家庭幸福!

谢谢大家!

赵××
20××年9月15日

(资料来源:孙悦. 应用文写作[M]. 北京:清华大学出版社,2018.)

思考题

1. 祝词的特点主要体现在哪几个方面？
2. 祝词的正文包含哪些主要内容？
3. 祝词有哪些写作要求？

第六节 演 讲 稿

必备知识

一、演讲稿的含义和特点

(一) 演讲稿的含义

演讲稿也叫演说词，是在较为隆重的集会和会议上所发表的讲话文稿，是保证演讲质量、增强演讲效果的不可或缺的书面形式。

(二) 演讲稿的特点

演讲稿具有很强的鼓动、宣传、教育等作用，它不仅要将演说者的观点、主张、思想感情传达给听众，更要使听众在思想情感上产生共鸣，因此演讲是影响和感召听众的一种交流活动。演讲稿的特点体现在以下三个方面。

▶ 1. 针对性

演讲是一种社会性活动，它由演讲者、听众，以及沟通两者的媒介即演讲稿，还有演讲的场合共同构成。演讲具有明确的目的性，或是说明一个问题，或是阐述某个观点，或是宣传一个道理，这就决定了演讲词必须具有鲜明的针对性。演讲稿的写作一方面要针对听众的实际情况，考虑听众的思想状况、文化水平、职业状况；另一方面还要针对演讲的具体场合，考虑到演说的时间、地点、环境等。只有这样才能最大限度地实现演讲的鼓动、宣传作用。例如恩格斯《在马克思墓前的讲话》这篇演讲稿，演讲者紧紧围绕"马克思不仅是一个伟大的思想家，而且是一个伟大的革命家，他的英名将永垂不朽"这一主题，开篇对马克思逝世的情景进行简要叙述，接着从理论建树、伟大的革命实践等几方面展开论述，最后推出"他的英名和事业将永垂不朽"这一结论。这样的开篇，观点鲜明，具有极强的针对性，能够很快把听众的注意力集中起来。

▶ 2. 鼓动性

演讲的目的在于追求真理、捍卫正义，只有为真理而呼唤的演讲才具有真正的生命力，才能激起听众的共鸣。演讲者通过自己的情感，创造出一种特有的气势，鼓动听众接受演讲者的观点和主张。因此，一篇演讲稿既要有冷静的剖析，又要有热情的鼓动。另外，由于演讲本身具有临场性和直观性，演讲者感情的传达比起一般作者更直接、更强烈、更具有感染力，因此演讲稿比起一般文章更具有鼓动性。这种鼓动性往往能够起到催人泪下、发人深思、感人奋进的效果。例如，丘吉尔首相任职后的首次演讲就有这么一段富有激情的演讲词：

你们问我们的目标是什么？我可以用一个词来回答：胜利——不惜一切代价，去赢得胜利；不论多么可怕，也要赢得胜利；无论道路多么遥远和艰难，也要赢得胜利。因为没有胜利，就不能生存。我要说："来吧，让我们同心协力，一道前进！"

这种富有感召力的演讲，不仅为听众树立了坚定的信念，而且也极易使听众内心产生火热的情感，具有很强的鼓动性。

▶ 3. 有声性

演讲是采取口语和态势语的形式向人们发号召、做动员、谈见解的一种特定的表情达意方式。演讲活动以"讲"为主，以"演"为辅，它要面对听众发表意见，抒发情感，以理服人，以情动人，从而感召听众，因此在撰写演讲稿时，必须以"好讲""好听""好懂""好记"为前提。

演讲词与一般文章在语言方面具有共同的基本要求，即准确、简明、生动，但这两者之间又存在着不容忽视的区别。一般文章是让人看的，而演讲词则是供人听的，它通过口说，作用于听众的听觉，从而产生宣传效果；一般文章可以供人们反复揣摩玩味，而演讲词则具有暂留性，且人们的听觉易于疲劳、分散，正如老舍先生所说的："耳朵不像眼睛那么有耐性，听到一个不爱听的字或一句不易懂的话，马上就不耐烦。"

二、演讲稿的分类

演讲稿可以按照不同的标准，分为以下类别。

（1）按照演讲内容，演讲稿可分为政治演讲稿、学术演讲稿、教育演讲稿、军事演讲稿、商业演讲稿、竞聘演讲稿等。

（2）按照演讲方式，演讲稿可分为命题演讲稿、即兴演讲稿和论辩演讲稿等。

（3）按照演讲技巧，演讲稿可分为叙述性演讲稿、议论性演讲稿和抒情性演讲稿等。

写作指南

一、演讲稿的内容与写法

演讲稿一般包括标题、称呼和正文三大部分。

（一）标题

演讲稿的标题往往涉及演讲的内容，关系到演讲的效果。一个新颖、生动、恰当而富有表现力的标题，不仅能在演讲前造成悬念，唤起听众急于想听的愿望，而且能在演讲结束后给听众留下美好、永久的记忆。

▶ 1. 标题的形式

从标题的形式来看，演讲稿标题的常见写法有以下三种。

（1）文章式标题。文章式标题根据演讲的主要内容概括提炼而成，如《有一种爱叫认错》《坚持才会获得精彩》。

(2) 特殊式标题。有些演讲题目根据会议的名称或演讲发表的时间、地点确立标题，如《在林肯纪念堂前的演说》《在马克思墓前的讲话》。

(3) 正副标题式。正副标题式即为上面两种标题的结合，正标题用以揭示演讲的主题，副标题则点明了事由和文种。如苏加诺的《让新亚洲新非洲诞生吧——1955年4月18日在亚非会议开幕会上的演讲》《用发展的眼光看中国——在剑桥大学的演讲》。

▶ 2. 标题的内容

从标题的内容来看，演讲稿标题常见的写法有以下四种。

(1) 提要式。提要式标题主要是概括演讲的核心内容，简明扼要地向听众展示演讲的中心，如《打开心结的话最有力量》《人总是要点精神的》。

(2) 寓意式。寓意式标题主要是运用比喻、象征等修辞手法，将抽象的哲理或某种特殊意义形象地表达出来，如《让美的横杆不断升高》《扬起生命的风帆》。

(3) 警句式。警句式标题主要是运用名言警句来提醒、劝谏、鼓励听众，以激发听众，使之觉醒，如《忧劳可以兴国，逸豫可以亡身》《天下兴亡，匹夫有责》。

(4) 设问式。设问式标题主要是通过设问来提示演讲涉及的内容，用演讲来回答标题的提问，如《我们喜欢怎样的父母》。

(二) 称呼

称呼应根据会议性质及与会人员的不同情况而定。如果成员复杂，称呼宜粗不宜细，一般按身份、主次排列。例如，1955年苏加诺在亚非会议开幕会上演讲的称呼："阁下们、各位女士、各位先生，各位姊妹、各位兄弟"，层次分明，很好地体现了大会团结合作的主旨。

(三) 正文

正文包括开头、主体、结尾三部分。

▶ 1. 开头

演讲稿的开头，又叫开场白，是演讲者登台开始讲的几句简短的话，是演讲者和听众之间的第一座桥梁，是演讲者是否能够取胜的重要环节。俗话说"万事开头难"，演讲稿的开头也是这样。好的开头是成功的一半，任何形式的演讲开头总是很关键，开头在演讲稿的结构中具有重要的作用。好的演讲稿开头既能用简洁的语言迅速引起听众对演讲的注意和兴趣，有效控制听众的情绪，又能创造出良好的氛围，增强感染力，为进入正题做铺垫，以求得不同凡响的演讲效果。

演讲的开场白具有双重作用：一是赢得听众的兴趣；二是把演讲引入主体。演讲稿的开头应根据演讲的时间、地点、听众、主题的不同，采用灵活多样的形式。常见的开头有以下几种。

(1) 落笔入题，开宗明义。这是一种提纲挈领、开门见山的演讲开头方式，演讲者直接概括全文的主要内容或揭示演讲的主题，从而展开分析，使听众很快跟进演讲的内容，把握演讲的中心和要领。例如，一篇题为《我的极品老板》的演讲稿，开头简短直接：

最近呢，"极品"两个字特别火。比如说，我的前任是个极品，我的极品爸妈，等等。今天，我就给大家讲讲我经历的一段奇幻的工作之旅，谈谈我遇到的令人无比抓狂的极品老板。

又如，一篇题为《我们喜欢怎样的父母》的演讲，开头是这样写的：

我是一个"零零后"，我的同学总和我抱怨，我们的家长怎么就不明白我们的心呢？所以今天，我想和大家谈一谈。我们"零零后"究竟喜欢什么样的父母。

(2) 提出问题，发人深思。这是一种以设问句开头，引起听众关注的演讲开头方式，开篇通过一个或几个发人深省、引人入胜的问题，引起听众的注意，从而促使听众与演讲者一起思考。例如，一篇题为《我和我的小伙伴》的演讲，开篇就非常有力地提出了问题。

在我们国家，一共有 8 692 万残疾人，他们都是我的小伙伴，他们经历了很多，但是他们没有被困难所吓倒，依然坚强乐观，积极向上，而作为这个 8 692 万分之一的我，今天能站在这儿，我觉得我自己是幸运的，我有责任、有义务替他们去说几句话。其实我想问问大伙，您觉得对于我们这个群体，最需要的是什么？其实很简单。只有两个字"平等"。

可见，用提问式开头，既能引起听众的兴趣，又能为下文点明主题蓄势，在很大程度上能够缩短演讲者与听众的心理距离。

(3) 哲理名言，统领题旨。这是一种以名言开头、富于哲理的演讲开头方式，这种写法就是开篇通过引用名言警句、诗词短文来增强演讲稿的哲理性和说服力，从而让听众喜闻乐见，易于接受。例如，曾获全国青年演讲比赛第一名的演讲《精英大营救》的开头就采用了一系列的格言和警句：

法国大文豪巴尔扎克有一句名言："一夜可以冒出一个暴发户，但是三年也培养不出一名贵族"，然而对于一个民族、一个国家来说，更为重要、更为宝贵、更为难得的，既不是暴发户，也不是贵族，而是精英——民族的、国家的精英！巴比伦犹太教法典说："一个精英胜过一个以色列国王。因为一个国王死了，所有的以色列人都是合适的人选；而一个精英死了，却没有人能够代替他。"所以，德国伟大的音乐家贝多芬能够理直气壮地对那些权倾朝野的王公大臣们说："你们算什么，国王算什么，你们和国王到处都是，而我贝多芬只有一个！"

像这样用格言警句开头，既精练，又具有较强的启发性，一开始就能吸引听众，使听众产生兴趣。

(4) 故事开场，引出正题。这种写法就是开篇或者讲述一段有趣的经历，或者讲述一个动人的小故事，或者举出一个令人深思的事实，以感人的情节吸引听众，制造悬念，从而使听众产生非听下去不可的欲望。例如，一篇题为《小强是怎样炼成的》演讲是以这样的故事开头的：

三十年前，有一个人，三次高考两次落榜，身材矮小，其貌不扬。如果他跟你说："我要来改变世界！"各位，你相信吗？这个人居然成为全中国第一个登上福布斯排行榜的人，他就是马云先生。三十年前，你看到天王周杰伦，他还在餐厅当服务员；三十年前，你看到小沈阳，他还经常被别人赶下台。今天，当你看到站在台上的姬剑晶，我要告诉你，三十年前，他居然还是一个忧郁症的患者。三十年的时间，只要面对十几、二十个人说话，我要么面红耳赤，要么脸色苍白。

这种方式的开头，事情本身亲切感人，耐人寻味，极易触发听众的兴趣，可以收到良好的演讲效果。

此外，还有幽默式开头，就是以幽默、风趣的自我介绍开头，从而迅速缩短演讲者和听众的距离，给听众留下亲切而难忘的第一印象；即兴式开头，就是开篇以眼前的人、事和背景为话题，即兴发挥，引申开去，从而使演讲者的演讲灵活自然，更容易被听众所接收。

演讲稿的开头方式多种多样，不能将其模式化和概念化，应该根据具体情况灵活安排。

▶ 2. 主体

主体是演讲稿的主干，其任务是运用大量的事实和理论论据，通过科学的推理和判断，做到以理服人、以情动人，从而使听众在哲理的思辨中受到启迪，在美好的情感中受到感染。由于演讲内容外延的丰富性、演讲者对于内容把握的独特性和听众对象的复杂性，所以这部分的结构安排应灵活多变、风格迥异。

常见的结构形式有以下两种。

（1）并列式。并列式写法就是围绕中心，从不同的角度和侧重点进行论证，从而使人们全面而深刻地了解和认识演讲的主题。

（2）递进式。递进式写法就是层层深入地展开主题，从而将所论述的问题讲深讲透，并升华到更高的层次和境界。例如，一篇题为《女人永远是最佳辩手》的演讲词，首先提出"在生活的辩场上，女人永远是最佳辩手"这一中心论点，接着从两个方面论述其原因，层层递进，环环相扣，严谨而深刻，使听众心悦诚服。

在演讲稿的写作中，有时将上述两种形式结合起来，往往能产生良好的效果。

▶ 3. 结尾

俗话说，"编筐编篓，重在收口；描龙画凤，难在点睛"。美国作家约翰·伍尔夫认为，"演讲最好在听众兴趣未尽时戛然而止"。因此，演讲稿往往在演讲达到高潮时果断"刹车"，以此强化给听众的印象，从而收到"余音绕梁，三日不绝"的效果。

演讲的开头和结尾都应当力求"出奇制胜"，但由于所处的位置不同，开头宜呈"开放"状，而结尾宜呈"收束"状。这就要求结尾要收得寓意深刻，令人回味无穷。如果说演讲的开头要以惊人妙语刺激听众，让他们以饱满的情绪听取演讲，那么结尾则是要深入听众的内心，以"余音绕耳"来引起听众对演讲的回味与思考，最终实现激发人、鼓舞人、引发人的根本目的。

常见的结尾有以下三种。

（1）要点总结。这种结尾就是以极其简练的语言对全文进行概括，对演讲内容和思想观点做一个高度概括性的总结，以强化主旨。例如，一篇题为《命运的0.1秒》的演讲在结尾处是这样总结的：

我们的一生中有无数的0.1秒，我们可不可以不要把自己和别人的命运交给侥幸。只要在那0.1秒我们选择笨一点，去遵守那些看上去再简单不过的规则，那我们身边的每一个人就能够多一分幸福和平安。如果在这0.1秒里我们再用心一点，那么你就是幸运的，因为你从来都没有选择过侥幸。

（资料来源：宫磊. 命运的0.1秒［EB/OL］.（2022-05-16）［2024-12-03］. https：//www.yjbys.com/lizhi/yan-jianggao/463379.html.）

上述结尾采用了要点总结的方法,对演讲的内容进行高度概括和总结,进一步加深了听众的印象。

(2)前后呼应。这种结尾以前后内容遥相呼应的方法来进一步深化主题。例如,题为《寒门贵子》演讲稿的开头这样写道:"在演讲开始之前,我先问现场的各位一个问题,你们当中有谁觉得自己家境普通甚至出身贫寒?你们当中又有谁觉得自己是有钱人家的小孩?"演讲稿的结尾处又写道:

> 演讲到最后我想说,亲爱的朋友,其实我们大部分人都不是出身豪门,都是要靠自己的。你要相信命运给你一个比别人低的起点,是希望你用你的一生去奋斗出一个绝地反击的故事,这故事不是一个水到渠成的童话。这故事是有志者,事竟成,破釜沉舟,百二秦关终属楚;这故事是苦心人天不负,卧薪尝胆、三千越甲可吞吴。
>
> (资料来源:刘媛媛. 寒门贵子[EB/OL]. (2022-05-16)[2024-12-03]. https://www.yjbys.com/lizhi/yanjiang-gao/463379.html.)

这个结尾在内容上与开篇紧密相关,令听众回味无穷。

(3)诗词作结。这种结尾就是以正统的、改编的或自创的诗词来结尾,给演讲增加力度,使观众受到启迪和鼓舞。例如,一篇题为《人性的力量》的演讲稿在结尾处是这样写的:

> 我突然意识到,如果当初我没有那么大的野心去改变这个世界、去改变这个国家、去改变这个家庭,而只是从改变自己开始的话,也许我已经改变了自己,改变了我的家庭,并通过我的家庭影响到邻居、影响到国家,甚至这个世界。谁知道呢?阿基米德说过:"给我一个支点,我能翘起整个地球。"此时此刻,我站在这里,站在《超级演说家》的舞台上,我对你们说,我大声地对你们说,"翘起这个地球的支点,不是某个领袖,不是某个精英,不是某个英雄,而是我们每一个人"。
>
> (资料来源:黄小山. 任性的力量[EB/OL]. (2022-05-16)[2024-12-03]. https://www.yjbys.com/lizhi/yanjiang-gao/463379.html. 有改动。)

这种结尾方式,简洁明快,含蓄高雅,可以起到画龙点睛的作用,备受众多演讲者的青睐。

二、演讲稿写作的注意事项

(一)感情真挚,以情动人

演讲稿应有真情实感,才能打动人、感染人。写作时,应做到感情真挚,以情动人。演讲者不仅要注重自身思想感情的表达和倾诉,更要关心、爱护听众的情感,不能忽视与听众之间的互动和交流,避免把与听众之间的感情互动和共鸣,变成演讲者一个人的自我抒情和陶醉。

(二)叙议结合,以理服人

由于演讲这一实践活动具有稍纵即逝的特点,因此演讲稿的叙事要具体、鲜明、形象。同时,演讲这一实践活动还要启发人,因此,在具体可感的事实基础上,演讲应自然引发精辟的感慨议论,从而引发听众思考,达到事理相依、情理相彰的目的。

(三)语言通俗易懂

演讲词不仅是文字连缀的结果,而且是有声语言的呈现。有声语言在表达思想、感情、情绪等方面要比书面语言更为丰富。这就要求我们在写作演讲稿的时候，要考虑到演讲稿不同于一般作文语言的一系列特殊要求。演讲稿语言应生动形象、通俗易懂，不可讲空话、大话，也不可讲抽象的话。应适当使用成语、惯用语和歇后语，恰当运用排比、比喻等修辞手法。这样才能做到既能准确表达自己的思想内容，又能在临场演讲时充分表达自己的情感。

例文赏读

例文一

世界上最可怕的事情，是没有内驱力

马斯克

小时候，人们常会问我，长大要做什么，我其实也不知道。后来我想，搞发明应该会很酷吧，因为科幻小说家亚瑟·克拉克（《2001 太空漫游》作者）曾说过，"任何足够先进的科技，都与魔法无异。"

想想看，三百年前的人类，如果看到今天我们可以飞行、可以远距沟通、可以使用网络、可以马上找到世界各地的资讯，他们一定会说，这是魔法。要是我能够发明出很先进的科技，不就像是在变魔法吗？

我一直有种存在的危机感，很想找出生命的意义何在、万物存在的目的是什么。

最后得出的结论是，如果我们有办法让全世界的知识越来越进步，那么，我们将更有能力提出更好的问题，提高全人类的智慧，为更高层次的集体文明而努力一生，这就是活着的意义。

一、我想做影响人类未来的事

所以，我决定攻读物理和商业。因为要达成这样远大的目标，就必须了解宇宙如何运行、经济如何运作，而且还要找到最厉害的人才团队，一起发明东西。

1995 年，我来到加州（进入斯坦福大学念博士），想要找出提高电动车能量密度的方法，例如，有没有更好的电容器可以当作电池的替代。

但那时，互联网兴起，我面临了两个选择：继续研究成功概率不大的电容器技术，或者投身网络事业。最后，我选择辍学，参与网络创业，其中一家就是 PayPal。

创立 PayPal 最重要的领悟，来自它的诞生过程。我们原先打算用 PayPal 来提供整合性的金融服务，这是个很大、很复杂的系统。结果，每次在跟别人介绍这套系统时，大家都没什么兴趣。等到我们再介绍，系统里面有个电子邮件付款的小功能，所有人都变得好有兴趣。

于是，我们决定把重点放在电子邮件付款，PayPal 果然一炮而红。但是，当初要不是注意到了别人的反应，做出改变，我们或许不会这么成功。所以，收集回馈很重要，要用它来修正你先前的假设。

2002 年 10 月，eBay 用 15 亿美元股票收购了 PayPal。（注：马斯克是最大股东，持有 11.7%，套现 1.8 亿美元）

PayPal 成功后，我开始想，眼前有哪些问题，最可能影响人类的未来？

我认为，地球面临的最大问题是可持续能源，也就是如何用可持续的方式，生产和消费能源。如果不能在 21 世纪解决这个问题，我们将灾难临头。而另一个可能影响人类生存的大问题，是如何移居到其他星球。

二、有梦想就要放手去做

第一个问题，促使我成立了特斯拉和SolarCity（美国最大的屋顶太阳能系统供应商）；第二个问题，则让我创立了太空科技公司SpaceX。

2002年，为了解决太空运输问题，我成立了SpaceX。当时跟我谈过的人，都劝我不要做，有个朋友还特别去找了火箭爆炸的影片给我看。他其实也没错，我从来没做过实体的产品，所以一开始真的很困难，火箭发射连续失败了三次，非常煎熬。

但我们从每次失败中学习，终于在2008年第四次发射成功，让猎鹰一号进入地球轨道，那时我已经用光了所有资金，幸好成功了。

之后，我们的运输火箭从猎鹰一号做到了猎鹰九号，又开发出飞龙号太空船。最近，飞龙号在发射升空后，成功与国际太空站连接，再返回地球。

我真的捏了一把冷汗，不敢相信我们做到了。

但是，想要让人类移居其他星球，还有更多目标要达成。所以，我希望你们也来加入SpaceX或其他太空探索公司。

这不是看衰地球，事实上，我对地球的未来还挺乐观的，我认为有99%的概率，人类还可以安居很长一段时间。不过，就算地球只有1%的未来风险，也足以刺激我们提早准备，做好"星球备份"。

2003年，为了证明电动车的潜力，我创立特斯拉公司。以往很多人都认为，电动车速度太慢、跑不远、外形又丑，跟高尔夫球车没两样。

为了改变人们的印象，我们开发出了特斯拉Roadster，一款速度快、跑得远、造型拉风的电动跑车。

所以，想要开公司，你必须实实在在地做出产品原型。因为，再怎么精彩的纸上作业、PowerPoint报告，都比不上拿出实际产品有说服力。

Roadster面世后，又有人说，"就算做得出昂贵的限量跑车，你们有本事做真正的量产汽车吗？"没问题，我们就推出四门房车Model S，证明给大家看。

这就是我一路走来的创业历程。我想说的是，你们都是21世纪的魔法师，想象力是没有极限的，别让任何事情阻止你，尽情地变魔法吧。

以下，我要分享几个追求成功的秘诀，有些你们或许已经听过，但却很值得再次强调。

我会鼓励你们，现在是冒险的最佳时机，有梦想就放手去做，保证你们不会后悔！

瞄准月亮，如果你失败，至少可以落到云彩上面。

三、我认为人们可以选择不平凡

一个人的一生，如果没有经历几次失败，就会错过自我挑战极限的机会。

人们太害怕失败了。人们过于放大对失败的恐惧。想象一下，失败会怎么样？可能会饥饿、会失去住所，但我觉得要有勇气去尝试。

有的时候，人们自我限定了自己的能力，他们实际没有意识到自己的能力有多大。

人生的历程中总是伴随着无数次的成功与失败。既然我们选择了创新，就不能畏惧失败，而是从每次的失败中去咀嚼事物的本质。通过不断地试验，终能成功。

就我而言，我永远不会放弃，我的意思是，Never! 接受失败，但不接受放弃。

你的目标很重要。如果我纯粹是想优化我的身家价值，我不会选择这些企业。我会在房地产或金融业，或者，坦率地说，在石油业。

但我们需要考虑的是，人活着到底是为了什么。人活着的意义是什么。我们正在做的事情，是不是在扩张人类的智慧版图？

我在大学时，总是想什么最能影响人类的未来。事实上，唯一有意义去做的事，就是努力提高全人类的智慧，为更高层次的集体文明而努力一生，这就是活着的意义。

从 PayPal 一路走来，我一直在想："好吧，什么是最有可能影响人类未来的因素？"而不是考虑"什么是最好的赚钱方法？"

对我来说，我要做的是有意义的事情，尽我的所能使这个世界变得更加美好，这是我想做的事情。我想改变世界，希望能够尽我的努力，创立一个新世界，使人们享受生活，这是我想做的事情。为此，我不介意冒险。

我希望我做的事，能对人的生活起着深远的影响。要么不做，要做就做历史性的。

最后，令人忧虑的是今天孩子学习和进步的动力几乎全部来外在压力和奖励。结果是他们既不会有宏伟的目标，也不会有坚韧不拔的毅力。这样的未来我都不愿意去想象。

我相信只要有足够的内驱力，普通的孩子也可以取得非凡成就。

我今天所有的成就源自《2001 太空漫游》作者的那句话："任何足够先进的科技，都与魔法无异。"

（资料来源：仁脉教育．马斯克震撼演讲：世界上最可怕的事情，是没有内驱力[EB/OL].[2024-10-18]. https://zhuanlan.zhihu.com/p/450657908.）

例文二

拓展阅读 3-1　重温绝一公院士在人民大会堂的演讲

思考题

1. 演讲稿的特点主要体现在哪几个方面？
2. 演讲稿开头的常见写法有哪几种？
3. 演讲稿结尾的常见写法有哪几种？

在线测试题

扫描二维码，在线答题。

第四章　党政机关公文

第一节　党政机关公文概述

必备知识

一、党政机关公文的含义

党政机关公文是党政机关实施领导、履行职能、处理公务的具有特定效力和规范体式的文书，是传达贯彻党和国家的方针政策，公布法规和规章，指导、布置和商洽工作，请示和答复问题，报告、通报和交流情况等重要工具。

《党政机关公文处理工作条例》中规定的 15 种公文分别是决议、决定、命令（令）、公报、公告、通告、意见、通知、通报、报告、请示、批复、议案、函和纪要。本节选择其中一些进行介绍。

二、党政机关公文的特点

（一）内容的政治性

党政机关公文是国家权力机关意志的表达者。它通过制发公文来传达政策、公布措施、解决问题、推动工作，在各项事业中发挥着阐明事理、启发觉悟和提高认识的作用，是治国理政的重要工具。因此，党政机关公文具有鲜明的政治性。

（二）作者的法定性

公文不同于出版物上发表的文章，也不同于一般图书或资料。党政机关公文由特定的法定机关制定和公布，代表着法定机关或组织的意图。公文的制发者必须是国家行政机关、企事业单位、社会团体及依法成立并能以自己的名义行使权利和承担义务的组织。因此，党政机关公文具有作者的法定性。

（三）执行的权威性

党政机关公文是国家的管理工具，代表国家的权力和意志。因此，公文具有法定的权威性。公文一经下发，其相关单位及成员就必须执行。这是保证党和国家的路线、方针、政策得以顺利贯彻执行的重要前提。

（四）格式的规范性

党政机关公文格式有严格的规范性要求，这种规范性是公文的权威性和法定效力的具体体现，也是文书工作科学化、规范化、适应现代管理和提高政府机关工作效率的客观需要。我国对党政机关公文格式做出了非常具体的规定，要求在进行公文写作时遵照执行。如党政机关公文写作必须根据实际需要选择合适的公文种类，结构安排必须完整、统一等。

（五）作用的时效性

党政机关公文是在现实工作中形成和使用，并为推动现实工作而服务的。公文是随着在实际工作中发现问题、提出问题、解决问题而产生的，并为现实需要而应用，它常会随着公文所要解决的问题得到解决而失去其现实的效用。因此各种文件的实施期限不等，有的时效长些，有的时效短些。如某些具体工作的通知等，在工作完成之后，其效用也就终结了。

（六）制发的程序性

党政机关公文的制发和办理都必须经过严格的处理程序。如公文的制发，一般应经过起草、核稿、签发等程序。几个机关联合发文须履行完备的会签程序，重要的政策性文件还须报上级机关审批或由主管部门批准等。收文也有相应的程序，任何人不得违反公文办理程序擅自处理。

写作指南

一、党政机关公文的格式

党政机关公文格式就是指党政机关公文的各组成部分在文面上所占的位置。

2012年6月29日，中华人民共和国国家质量监督检验检疫总局、国家标准化管理委员会批准颁布了《党政机关公文格式》(GB/T 9704—2012，以下简称《格式》)，新的《格式》根据中共中央办公厅、国务院办公厅印发的《党政机关公文处理工作条例》的有关规定对《国家行政机关公文格式》(GB/T 9704—1999)进行修订。

按照《党政机关公文处理工作条例》的有关规定，《格式》结合这些年来党政机关公文格式的实际应用，对公文用纸、印刷装订、格式要素、式样等做出了具体规定。特别是将党政机关公文用纸统一为国际标准A4型，首次统一了党政机关公文格式要素的编排规则，使党政机关公文的表现形式更加规范。该标准的实施，有利于进一步提高各级党政机关公文制作水平和质量，有利于推动党政机关公文处理工作实现科学化、规范化。

本标准将版心内的公文各要素划分为版头、主体、版记三部分。公文首页红色分隔线以上的部分称为版头；公文首页红色分隔线（不含）以下、公文末页首条分隔线（不含）以上的部分称为主体；公文末页首条分隔线以下、末条分隔线以上的部分称为版记。页码位于版心外。

（一）版头

位于公文首页红色分隔线（反线）以上的各要素统称版头。版头的主要构成要素包括以下几个方面。

▶ 1. 发文机关标志

由发文机关全称或者规范化简称加"文件"二字组成，也可以使用发文机关全称或者规范化简称。例如：

微课视频 4-1
党政机关公文之
版头各要素说明

××市交通局文件

联合行文时，如需同时标注联署发文机关名称，一般应当将主办机关名称排列在前。如有"文件"二字，应当置于发文机关名称右侧，以联署发文机关名称为准，上下居中排布。例如：

××市公安局
××市教育局　　文件
××市物价局

发文机关标志推荐使用小标宋体字，颜色为红色，以醒目、美观、庄重为原则。

▶ 2. 份号

份号是指将同一文件印制若干份时每份公文的顺序编号。如需标注份号，一般用6位3号阿拉伯数字，顶格编排在版心左上角第一行，如"000001"。

▶ 3. 秘密等级和保密期限

秘密等级是标识公文保密程度的一种标志，分"绝密""机密""秘密"三种。如需标注保密等级和保密期限，一般用3号黑体字，顶格编排在版心左上角第二行；保密期限中的数字用阿拉伯数字标注，秘密等级和保密期限之间用"★"隔开，如"机密★1年"。

▶ 4. 紧急程度

紧急程度是对公文传递和办理时限的要求。标明紧急程度，是为了引起特别注意，以保证公文的时效，确保紧急事项的及时处理。根据紧急程度，紧急公文应当分别标注"特急""加急"，电报应当分别标注"特提""特急""加急""平急"。紧急电报紧急程度办结时限为"特提"1天内，"特急"3天内，"加急"5天内，"平急"10天内。

如需标注紧急程度，一般用3号黑体字，顶格编排在版心左上角。如需同时标注份号、密级和保密期限、紧急程度，按照份号、密级和保密期限、紧急程度的顺序自上而下分行排列。

▶ 5. 发文字号

发文字号又称发文编号、文号，它是发文机关在某一年度内所发各种不同文件总数的顺序编号。发文字号有以下作用：一是便于公文的分发；二是便于掌握公文的类别和数量；三是便于查询和引用；四是便于保管和提取。

发文字号由发文机关代字、年份和序号组成。编排在发文机关标志下空两行位置，居中排布。年份、发文顺序号用阿拉伯数字标注；年份应标全称，用六角括号"〔〕"括入；发文顺序号不加"第"字，不编虚位（即1不编为01），在阿拉伯数字后加"号"字。例如：

国发〔2023〕3号

▶ 6. 签发人

签发人就是签发文件的人，签发人一般为单位主要领导或者主要领导授权人。上行文须标识签发人姓名。由"签发人"三字加全角冒号和签发人姓名组成，居右空一字，编排在发文机关标志下空两行位置。"签发人"三字用3号仿宋体字，签发人姓名用3号楷体字。如有多个签发人，签发人姓名按照发文机关的排列顺序从左到右、自上而下依次均匀编排，一般每行排两个姓名，回行时与上一行第一个签发人姓名对齐。例如：

　　　　　　　　　　　　　　　　　　　　签发人：×××
　　　　　　　　　　　　　　　　　　　　　　　　×××

▶ 7. 版头中的分隔线

发文字号下方4mm处居中印一条与版心等宽的红色分隔线。

（二）主体

▶ 1. 标题

标题是指具体公文的标题，完整的公文标题由发文机关名称、事由和文种组成。一般用2号小标宋体字，编排于红色分隔线下空两行位置，分一行或多行居中排布。回行时，要做到词意完整，排列对称，长短适宜，间距恰当，标题排列应当使用梯形或菱形。例如：

微课视频4-2
党政机关公文之
主体各要素说明

中共中央关于在县级以上党政领导班子、
领导干部中深入开展以"讲学习、
讲政治、讲正气"为主要内容的
党性党风教育的意见

▶ 2. 主送机关

公文的主要受理机关应当使用机关全称、规范化简称或者同类型机关统称。编排于标题下空一行位置，居左顶格，回行时仍顶格，最后一个机关名称后标全角冒号，如"各省、自治区、直辖市人民政府，国务院各部委、各直属机构："。如果主送机关名称过多导致公文首页不能显示正文时，应当将主送机关名称移至版记。

▶ 3. 正文

正文用来表述公文的主要内容。公文首页必须显示正文。一般用3号仿宋体字，编排于主送机关名称下一行，每个自然段左空二字，回行顶格。

文中结构层次序数依次可以用"一、""（一）""1.""（1）"标注。一般第一层用黑体字、第二层用楷体字、第三层和第四层用仿宋体字标注。

▶ 4. 附件说明

附件说明主要包括公文附件的顺序号和名称。

公文正文中一些内容，如图表、名单、规定等，如果穿插在公文正文中，往往隔断前后意思的联系而造成阅读上的不便，这时需要将其从公文正文中抽出而作为公文的附件单独表述，而且要放在公文生效标识印章之后。但公文的附件是正文内容的组成部分，与公文正文具有同等效力。

如有附件，在正文下空一行左空二字编排"附件"二字，后标全角冒号和附件名称。如有多个附件，使用阿拉伯数字标注附件顺序号；附件名称后不加标点符号。附件名称较长需回行时，应当与上一行附件名称的首字对齐。例如：

　　附件：1.×××××
　　　　　2.×××××

▶ 5. 发文机关署名、成文日期和印章

发文机关署发文机关全称或者规范化简称。成文日期署会议通过或者发文机关负责人签发的日期，联合行文时，署最后签发机关负责人签发的日期。印章是公文生效标识，证明公文效力的表现形式，公文中有发文机关署名的，应当加盖发文机关印章，并与署名机关相符。有特定发文机关标志的普发性公文和电报可以不加盖印章。

成文日期一般右空四字编排，用阿拉伯数字将年、月、日标全，年份应标全称，月、日不编虚位(即1不编为01)。

印章用红色，不得出现空白印章。

单一机关行文时，一般在成文日期之上、以成文日期为准居中编排发文机关署名，印章端正、居中下压发文机关署名和成文日期，使发文机关署名和成文日期居印章中心偏下位置，印章顶端应当上距正文(或附件说明)一行之内。

联合行文时，一般将各发文机关署名按照发文机关顺序整齐排列在相应位置，并将印章一一对应、端正、居中下压发文机关署名，最后一个印章端正、居中下压发文机关署名和成文日期，印章之间排列整齐、互不相交或相切，每排印章两端不得超出版心，首排印章顶端应当上距正文(或附件说明)一行之内。

▶ 6. 附注

附注是公文印发传达范围等需要说明的事项。如有附注，居左空二字加圆括号编排在成文日期的下一行。

(三) 版记

版记中的各个要素之间，用黑色的分隔线隔开。

```
抄送：××××××××，××××××，×××××，×××××，
       ×××××。
       ×××××××××                    2023年8月1日印发
```

▶ 1. 版记中的分隔线

版记中的分隔线与版心等宽，首条分隔线和末条分隔线用粗线(0.35mm)，中间的分隔线用细线(0.25mm)。首条分隔线位于版记中第一个要素之上，末条分隔线与公文最后一面的版心下边缘重合。

▶ 2. 抄送机关

除主送机关外需要执行或者知晓公文内容的其他机关，应当使用机关全称、规范化简称或者同类型机关统称。

如有抄送机关，一般用4号仿宋体字，在印发机关和印发日期之上一行、左右各空一字编排。"抄送"二字后加全角冒号和抄送机关名称，回行时与冒号后的首字对齐，最后一个抄送机关名称后标句号。

如需把主送机关移至版记，除将"抄送"二字改为"主送"外，编排方法同抄送机关。既有主送机关又有抄送机关时，应当将主送机关置于抄送机关之上一行，之间不加分隔线。

▶ 3. 印发部门和印发日期

印发部门和印发日期是指公文的送印机关和送印日期。

一般用4号仿宋体字，编排在末条分隔线之上，印发机关左空一字，印发日期右空一字，用阿拉伯数字将年、月、日标全，年份应标全称，月、日不编虚位（即1不编为01），后加"印发"二字。

二、党政机关公文的行文规则

行文是指公文在机关内部和机关之间的传递运转。行文应当确有必要，讲求实效，注重针对性和可操作性。行文规则是指公文在制发、传递、办理过程中所应遵循的规定。行文关系根据隶属关系和职权范围确定，一般不得越级行文，特殊情况需要越级行文的，应当同时抄送被越过的机关。

（一）上行文的行文规则

上行文是指下级机关向上级机关的行文。通常情况下，请示、报告、议案等属于上行文，其规则如下。

（1）原则上主送一个上级机关，根据需要同时抄送相关上级机关和同级机关，不抄送下级机关。

（2）党委、政府的部门向上级主管部门请示、报告重大事项，应当经本级党委、政府同意或者授权，属于部门职权范围内的事项应当直接报送上级主管部门。

（3）下级机关的请示事项，如须以本机关名义向上级机关请示，应当提出倾向性意见后上报，不得原文转报上级机关。

（4）请示应当一文一事。不得在报告等非请示性公文中夹带请示事项。

（5）除上级机关负责人直接交办事项外，不得以本机关名义向上级机关负责人报送公文，不得以本机关负责人名义向上级机关报送公文。

（6）受双重领导的机关向一个上级机关行文，必要时抄送另一个上级机关。

（二）下行文的行文规则

下行文是指上级机关向下级机关的行文。通常情况下，通知、通报、批复等属于下行文，其规则如下。

（1）主送受理机关，根据需要抄送相关机关。重要行文应当同时抄送发文机关的直接上级机关。

（2）党委、政府的办公厅（室）根据本级党委、政府授权，可以向下级党委、政府行文，其他部门和单位不得向下级党委、政府发布指令性公文或者在公文中向下级党委、政府提出指令性要求。须经政府审批的具体事项，经政府同意后可以由政府职能部门行文，文中须注明已经政府同意。

（3）党委、政府的部门在各自职权范围内可以向下级党委、政府的相关部门行文。

（4）涉及多个部门职权范围内的事务，部门之间未协商一致的，不得向下行文；擅自行文的，上级机关应当责令其纠正或者撤销。

（5）上级机关向受双重领导的下级机关行文，必要时抄送该下级机关的另一个上级机关。

(三) 平行文的行文规则

平行文是指平级或没有隶属关系和业务指导关系单位之间的行文。函是一种平行文，其规则如下。

(1) 平级之间的行文大多选择"函"这一文种。即使向主管部门请求批准某一事项，也只能使用"函"。

(2) 不相隶属机关之间行文用"函"。不相隶属机关是指既不是同一系列内的平行机关，也没有业务上的指导与被指导关系，也没有上下级之间的关系。这些机关之间行文，只能用"函"。

(四) 联合行文的规则

(1) 同级政府、同级政府各部门、上级政府部门与下一级政府可以联合行文。
(2) 政府与同级党委、军队机关可以联合行文。
(3) 政府部门与相应的党组织和军队机关可以联合行文。
(4) 政府部门与同级人民团体和具有行政职能的事业单位也可以联合行文。

三、党政机关公文文种的选择

撰写公文时要正确选定文种，否则，不仅会给公文的撰写制作带来困难或麻烦，而且会给公文的效用带来损害。选择公文文种要严守有关规范，特别是要严格遵循党和国家关于公文文种的使用规则。

选择公文文种的依据主要有以下三个方面。

(一) 发文机关与主要受文者间的工作关系

根据发文机关与主要受文者间的工作关系选择文种，就是要求明确双方间本来的工作关系，选取为这种关系所允许的文种。

文种的选用是非常严格的，误用、混用文种，会使公文的质量和效用受到严重影响。例如，下级向上级请求批准、批复的公文，就不能用"报告"，而必须用"请示"。

(二) 发文机关的法定或规定权限

根据作者的权限选择文种，就是要明确作者的职责、权力范围，选择与之相符合的文种。这是因为有一部分公文文种对使用者的权限有明确规定，只有具备相应地位和权力的机关才能选用。

(三) 行文目的、行文要求和表现公文主题的需要

根据行文目的、要求和表现主题的需要选择文种，就是在相同性质的文种中，选取有助于实现目的和要求，有助于使主题得到正确、鲜明表现的具体文种。

在公文文种体系中，有一部分是性质相近或相同但具体用途各异的，它们分别适用于表现不同的公文主题，适用于表明不同的行文目的和对公文阅读、办理、答复、执行等方面的不同要求。

四、党政机关公文拟写者的修养

党政机关公文是国家管理政务、机关处理工作的重要工具，它的政策性、思想性和业务性都很强。拟写公文的文书、秘书工作人员必须具有以下三个方面的修养。

(一)具有较高的政治理论水平

党政机关公文是受政治思想影响最大的一种文体。公文拟写者要有正确的政治观点和立场,就必须具备一定的政治理论知识,必须认真学习和掌握马列主义、毛泽东思想的基本理论、基本原则和科学方法,并运用这些基本理论和观点去分析解决实际问题。

(二)熟悉和掌握政策法令

各级各类行政机关在实际工作中制发的公文,需要密切与本部门、本地区或本系统的实际情况相结合。这就需要公文拟写者必须熟悉和掌握这些政策法令,真正领会其重要性、必要性和精神实质。只有提高了政策水平,才能谈到结合本地区、本系统或本部门的实际情况,分析研究贯彻执行的具体办法。

(三)具有广博的知识

我国的经济体制改革在不断加快、深化,政治体制改革在逐步展开、深入,形势在迅速发展,新知识、新事物层出不穷,知识也在不断更新。在社会主义市场经济条件下,从事公文拟写工作的人员,不仅要有较好的政治理论修养和较高的政策水平,懂得各项业务知识,而且要博学多闻,通晓各方面的科学文化知识。

拓展阅读4-1

辽宁省人民政府关于追授李清学同志"辽宁省见义勇为英雄"称号的决定

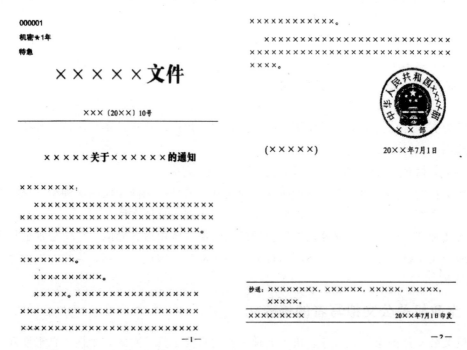

(资料来源:李伟权.应用文写作(第3版)[M].北京:清华大学出版社,2023.)

思考题

1. 举例说明党政机关公文的特点。
2. 党政机关公文的构成要素有哪些？
3. 举例说明党政机关公文拟写者应具备的基本素质。

第二节 通 知

必备知识

一、通知的含义

通知是用于批转下级机关、转发上级机关和不相隶属机关的公文，是传达要求下级机关执行和有关单位周知或者执行的事项，以及任免人员时使用的一种公文。

二、通知的特点

通知的使用频率和范围极广，具有多功能的特征，具体表现如下。

▶ 1. 广泛性

通知的适用范围很广，各级政府机关、企事业单位、团体组织均可用通知行文；其行文内容也十分广泛，可以传达领导的重要指示，也可以知照一般事项、部署重要工作，还可以安排一般工作。

▶ 2. 指导性

上级机关在向下级机关发布规章、布置安排工作、批转和转发文件时，均须明确阐述处理问题的原则方法和具体措施。说明需要做什么、怎样做、达到什么要求等，以此来指导下级机关开展工作。

▶ 3. 时效性

通知是在受文对象对某件事情应知而未知、应办而未办的情况下下达的。事项一般是要求立即处理、执行或知晓的，不容拖延，否则会失效或误事。有的通知如会议通知，只在指定的一段时间内有效，故行文更要及时。

三、通知的种类

▶ 1. 批转性、转发性通知

批转性、转发性通知，是指领导机关批转下级机关的公文，转发上级机关、同级机关和不相隶属机关的公文时所使用的通知。

▶ 2. 颁布性通知

颁布性通知，是指印发或公布规范性公文、领导讲话的通知。

3. 指示性通知

指示性通知，是指上级机关对下级机关就某项工作有所指示和安排时使用的通知。这类通知常常带有强制性、指挥性和决策性等特点。

4. 告知性通知

告知性通知多用于上级机关向下级机关宣布某些应知事项，不具有强制性。这类通知是机关日常工作经常用到的公文文种，如设立或撤销机构、迁移办公地点、启用或更换印章、修改行政规章、修正或补充文件内容等各种事项。

5. 会议通知

会议通知属于告知性通知范畴，其用途仅限于通知会议的召开及有关事项。会议通知主要用于对下级或平级。

6. 任免通知

任免通知是上级机关对任免的人员用通知的形式告知下级机关。确切地说，任免性通知也属告知性通知，但《党政机关公文处理工作条例》在规定通知的用途时，把"任免人员"单列为一项，故这里将其作为通知的一个类别。

写作指南

一、通知的内容与写法

（一）批转性、转发性通知的写法

批转性、转发性通知，一般由标题、主送机关、正文、附件和落款构成。

1. 标题

标题由发文机关名称、被批转或转发的公文标题与"通知"构成，如《国务院批转国家发展改革委关于2017年深化经济体制改革重点工作意见的通知》。

微课视频 4-4
批转性通知的写法

2. 主送机关

主送机关指公文的主要受理机关。标题下空一行，左侧顶格标注。

3. 正文

正文一般有两种写法。

（1）正文只有一个自然段。批转性通知的内容一般包括批转机关审批意见、转发说明和贯彻执行的要求三个部分，如"××市人民政府同意《××意见》，现转发给你们，请认真贯彻执行"。

微课视频 4-5
转发性通知的写法

转发性通知的内容一般包括转发说明、贯彻执行的要求两个部分，如"现将《××通知》转发给你们，请认真贯彻执行"。

（2）正文有两个或两个以上自然段。除第一个自然段与上述写法相同外，还要根据实际情况写明具体的指导性意见，包括做好某项工作的意义等。

4. 附件

附件说明在正文下空两行左空两字位置标识。批转性、转发性通知必须将批转或转发文件以附件形式附在正文之后。

▶ 5. 落款

落款由发文机关名称、成文日期和印章构成。

(二)颁布性通知的写法

颁布性通知一般由标题、主送机关、正文、附件和落款构成。

▶ 1. 标题

标题由发文机关名称、被印发的公文标题与"通知"构成,如《××省人民政府关于印发〈××的办法〉的通知》。

▶ 2. 主送机关

主送机关指公文的主要受理机关。标题下空一行,左侧顶格标注。

▶ 3. 正文

正文内容包括印发说明、贯彻执行的要求两部分,如"现将《××办法》印发给你们,请认真贯彻实施"。

▶ 4. 附件

附件在正文下空一行左空两字位置标识。颁布性通知必须将颁布的文件以附件形式附在正文之后。

▶ 5. 落款

落款由发文机关名称、成文日期和印章构成。

(三)指示性通知和告知性通知的写法

指示性通知和告知性通知的写法类似,一般由标题、主送机关、正文和落款构成。

微课视频 4-7
指示性告知性
通知的写法

▶ 1. 标题

标题由发文机关名称、事由和"通知"构成,如《××市卫生局关于做好2024年流感疫苗预防接种准备工作的通知》。

▶ 2. 主送机关

主送机关指公文的主要受理机关。标题下空一行,左侧顶格标注。

▶ 3. 正文

指示性通知和告知性通知的正文一般由开头、主体和结语三部分构成,通常包含通知缘由和通知事项两个写作要素。

开头部分以精练的文字写出要发通知的理由,即布置开展工作、做出规定、提出措施的理由。理由包括根据、目的、意义等,即开展该项工作的目的或根据是什么、意义何在,然后用惯用语"做如下通知""特通知如下"或"现就××问题(有关事项)做如下通知"等承上启下。

主体部分开门见山写通知的事项,其内容一般由做好某项工作的意义(为什么要这样做)、具体措施(如何去做)、保障措施(如何确保具体措施的实施)三部分构成。通知内容较多的,具体通知事项部分可根据内容的需要采用段落式、小标题式或分条列项式。

通知一般采用自然结尾法,部分结语用"特此通知"。

▶ 4. 落款

落款由发文机关名称、成文日期和印章构成。

(四) 会议通知的写法

会议通知一般有通知缘由和通知事项两个写作要素，应写明召开会议的原因、目的、会议名称、主要议题、到会人员、报到时间及地点、需要的材料等。通常采用条文式写法，要求内容周密、语言清楚、表述准确，不产生歧义。

(五) 任免通知的写法

任免通知正文简短，包含任免缘由和任免事项两个写作要素。任免缘由一般采用"根据工作需要，经××研究决定"的惯用写法。任免事项要注意排列合理，如任免不止一人，排列应以级别高低为序；既有任命又有免去的，应先写任命，后写免去。

二、通知写作的注意事项

(一) 通知的简单分类

通知的种类较为烦琐，这里按写作方式可简单地将其分作两类。

▶ 1. 处理文件性通知

批转性、转发性、颁布性通知可统称为处理文件性通知。此类通知写法、结构类似，正文内容较少，多以"附件"形式发布通知；用于批转下级机关的公文，转发上级、同级或不相隶属机关的公文以及印发、发布某些行政法规等。

▶ 2. 其他通知

指示性、告知性、会议性、任免性通知属于另一类通知。这类通知的写法、结构具有一致性特点。其中指示性通知带有较强的强制性、指挥性和决策性；告知性通知主要以知照为目的，用于告知某一事项或某些信息；会议性通知和任免性通知作为知照性通知的特殊形式，被单独提出，只是因为它们是工作实践中较为常用的文件形式，故加以强调。

(二) 处理文件性通知的标题

处理文件性通知的标题一般由"发文机关＋关于发布（批转、转发）＋被发布文件标题＋通知"构成。

有时由于被批转、转发公文标题中已有"关于"和"通知"字样，或者被批转、转发的公文标题比较长，这时，通知的标题一般可保留末次发布（批转、转发）文件机关和始发文件机关，省略多余的"关于"和"通知"字样。否则，就会出现一个标题中有多个"关于"和"通知"的现象，显得很长、很啰唆，读起来也拗口。

例如，"××县人民政府关于转发××市人民政府关于转发《××省人民政府关于转发人事部关于×××同志恢复名誉后享受××级待遇的通知》的通知"这个标题有四个层次，用了三个"关于转发"，两个"的通知"，可把这个标题简化为"××县人民政府转发人事部关于×××同志恢复名誉后享受××级待遇的通知"。至于被省、地区等转发过的内容，可在转发意见中交代清楚。

(三) 指示性和告知性通知的写作

指示性通知和告知性通知写作要开门见山，忌转弯抹角。在说明事项时，要突出重点，把主要的、重要的内容写在前面。根据需要，主要的内容可详写，讲清道理，讲明措施；次要的内容尽量简略，扼要交代即可。

(四) 通知的语言表达

在语言表达方面，通知主要以说明为主，对下级单位提出要求。有时可以适当做一些分析、说理。但通知中的说理不像议论文的说理那样要有严密的逻辑性，只要抓住关键问题，用简洁的语言把道理阐述清楚即可。

例文赏读

例文一

国务院批转国家发展改革委
《关于 2017 年深化经济体制改革重点工作的意见》的通知

国发〔2017〕27 号

各省、自治区、直辖市人民政府，国务院各部委、各直属机构：

　　国务院同意国家发展改革委《关于 2017 年深化经济体制改革重点工作的意见》，现转发给你们，请认真贯彻执行。

　　附件：《关于 2017 年深化经济体制改革重点工作的意见》（略）

国务院（印章）

2017 年 4 月 13 日

（此件公开发布）

　　（资料来源：国务院公报．国务院批转国家发改委关于深化经济体制改革重点工作意见的通知［EB/OL］．（2017-04-13）［2024-12-03］．https：//www.gov.cn/gongbao/content/2017/content_5189007.htm.）

例文二

国务院办公厅转发中国证监会等部门
《关于加强监管防范风险促进期货市场
高质量发展的意见》的通知

国办发〔2024〕47 号

各省、自治区、直辖市人民政府，国务院各部委、各直属机构：

　　中国证监会、国家发展改革委、工业和信息化部、农业农村部、商务部、中国人民银行、金融监管总局《关于加强监管防范风险促进期货市场高质量发展的意见》已经国务院同意，现转发给你们，请认真贯彻落实。

国务院办公厅（印章）

2024 年 9 月 30 日

　　（资料来源：国务院办公厅．国务院办公厅转发中国证监会等部门《关于加强监管防范风险促进期货市场高质量发展的意见》的通知［EB/OL］．（2024-10-11）［2024-12-03］．https：//www.gov.cn/zhengce/zhengceku/202410/content_6979354.htm.）

例文三

国务院办公厅关于转发教育部等部门
《教育部直属师范大学本研衔接师范生
公费教育实施办法》的通知

国办发〔2024〕27号

各省、自治区、直辖市人民政府，国务院各部委、各直属机构：

  教育部、国家发展改革委、财政部、人力资源社会保障部、中国人民银行《教育部直属师范大学本研衔接师范生公费教育实施办法》已经国务院同意，现转发给你们，请认真贯彻执行。2018年7月30日经国务院批准、国务院办公厅转发的《教育部直属师范大学师范生公费教育实施办法》同时废止。

国务院办公厅（印章）

2024年5月28日

（资料来源：国务院办公厅. 国务院办公厅关于转发教育部等部门《教育部直属师范大学本研衔接师范生公费教育实施办法》的通知［EB/OL］.（2024-06-14）［2024-12-03］. https://www.gov.cn/zhengce/zhengceku/202406/content_6957261.htm.）

例文四

国务院关于开展
第三次全国土壤普查的通知

国发〔2022〕4号

各省、自治区、直辖市人民政府，国务院各部委、各直属机构：

  按照党中央、国务院有关决策部署，为全面掌握我国土壤资源情况，国务院决定自2022年起开展第三次全国土壤普查。现将有关事项通知如下：

  一、普查总体要求

  以习近平新时代中国特色社会主义思想为指导，全面贯彻党的十九大和十九届历次全会精神，弘扬伟大建党精神，完整、准确、全面贯彻新发展理念，加快构建新发展格局，推动高质量发展，遵循全面性、科学性、专业性原则，衔接已有成果，按照"统一领导、部门协作、分级负责、各方参与"的要求，全面查明查清我国土壤类型及分布规律、土壤资源现状及变化趋势，真实准确掌握土壤质量、性状和利用状况等基础数据，提升土壤资源保护和利用水平，为守住耕地红线、优化农业生产布局、确保国家粮食安全奠定坚实基础，为加快农业农村现代化、全面推进乡村振兴、促进生态文明建设提供有力支撑。

  二、普查对象与内容

  普查对象为全国耕地、园地、林地、草地等农用地和部分未利用地的土壤。其中，林地、草地重点调查与食物生产相关的土地，未利用地重点调查与可开垦耕地资源相关的土地,如盐碱地等。

普查内容为土壤性状、类型、立地条件、利用状况等。其中,性状普查包括野外土壤表层样品采集、理化和生物性状指标分析化验等;类型普查包括对主要土壤类型的剖面挖掘观测、采样化验等;立地条件普查包括地形地貌、水文地质等;利用状况普查包括基础设施条件、植被类型等。

三、普查时间安排

2022年,完成工作方案编制、技术规程制定、工作平台构建、外业采样点规划布设、普查试点,开展培训和宣传等工作,启动并完成全国盐碱地普查。

2023—2024年,组织开展多层级技术实训指导,完成外业调查采样和内业测试化验,开展土壤普查数据库与样品库建设,形成阶段性成果。外业调查采样时间截至2024年11月底。

2025年上半年,完成普查成果整理、数据审核,汇总形成第三次全国土壤普查基本数据;下半年,完成普查成果验收、汇交与总结,建成土壤普查数据库与样品库,形成全国耕地质量报告和全国土壤利用适宜性评价报告。

四、普查组织实施

土壤普查是一项重要的国情国力调查,涉及范围广、参与部门多、工作任务重、技术要求高。为加强组织领导,成立国务院第三次全国土壤普查领导小组(以下简称领导小组),负责普查组织实施中重大问题的研究和决策。领导小组办公室设在农业农村部,负责普查工作的具体组织和协调。领导小组成员单位要各司其职、各负其责、通力协作、密切配合,加强技术指导、信息共享、质量控制、经费物资保障等工作。各省级人民政府是本地区土壤普查工作的责任主体,要加强组织领导、系统谋划、统筹推进,确保高质量完成普查任务。地方各级人民政府要成立相应的普查领导小组及其办公室,负责本地区普查工作的组织实施。各省(自治区、直辖市)按照统一要求,结合本地区实际编制实施方案,报领导小组办公室备案。

五、普查经费保障

本次土壤普查经费由中央财政和地方财政按承担的工作任务分担。中央负责全国技术规程制定、平台系统构建、工作底图制作、采样点规划布设等;负责国家层面的技术培训、专家指导服务、内业测试化验结果抽查校核、数据分析和成果汇总等。地方负责本区域的外业调查采样、内业测试化验、技术培训、专家指导服务、数据分析和成果汇总等。地方各级人民政府要根据工作进度安排,将经费纳入相应年度预算予以保障,并加强监督审计。各地可按规定统筹现有资金渠道支持土壤普查相关工作。

六、普查工作要求

各地要加强专家技术指导、专业技术人员配置、普查队伍培训,确保土壤普查专业化、标准化、规范化。要强化质量控制,建立普查工作质量管理体系和普查数据质量追溯机制,层层压实责任。各级普查机构及其工作人员必须严格按要求报送普查数据,确保数据真实、准确、完整。任何地方、部门、单位和个人都不得虚报、瞒报、拒报、迟报,不得弄虚作假和篡改普查数据。各地区、各有关部门要充分利用全国统一的土壤普查工作平台等现代化技术手段,提高信息化水平,科学、规范、高效推进普查工作。用好报刊、广播、电视、互联网等媒体,广泛宣传土壤普查的重要意义和要求,为普查工作顺利开展营造良好社会氛围。

附件：国务院第三次全国土壤普查领导小组人员名单

国务院（印章）
2022 年 1 月 29 日

（此件公开发布）

附件（略）

（资料来源：国务院办公厅. 国务院关于开展第三次全国土壤普查的通知[EB/OL].（2022-02-16.[2024-12-03]. https://www.gov.cn/zhengce/zhengceku/2022-02/16/content_5673906.htm.）

思考题

1. 通知的种类有哪些？不同种类的通知有哪些特点？
2. 通知和通告有哪些不同？
3. 以党政机关公文的形式拟写一份会议通知，并说明与平时学校黑板报上的通知有哪些不同？

第三节 通 报

必备知识

一、通报的含义

通报是表彰先进，批评错误，传达重要精神和告知重要情况时所使用的公文，其目的是交流经验，吸取教训，教育干部、职工群众，推动工作进一步开展。

二、通报的特点

（一）告知性

就内容而言，通报常常是把现实生活中一些正、反面的典型或某些带倾向性的重要问题告诉人们，让人们知晓、了解。

（二）教育性

通报的目的，不仅是让人们知晓内容，更主要的是让人们知晓内容之后，从中接受先进思想的教育，或警戒错误，引起注意，接受教训。这就是通报的教育性。这一目的，不是靠指示和命令的方式来达到，而是靠正反面典型的带动、真切的希望和感人的号召力量，使人真正从思想上确立正确的认识，知道应该这样做，而不应该那样做。

（三）政策性

政策性并不是通报独具的特点，其他公文也同样具有这一特点。可是，作为通报，尤其对于表扬性通报和批评性通报来说，在这方面显得特别重要一些。因为通报中的决定

（即处理意见），直接涉及具体单位、个人或事情的处理，同时，此后也会涉及其他单位、部门效仿执行的问题。决定正确与否，影响颇大，因此，必须讲究政策依据，体现党的政策和国家法律、法规。

三、通报的分类

（一）根据内容分类

根据通报内容的不同，通报可以分为表彰性通报、批评性通报和情况性通报。例如，《中山市人民政府关于表彰2008年度全市重点项目工作先进单位的通报》属于表彰性通报，《国务院办公厅关于对少数地方和单位违反国家规定集资问题的通报》属于批评性通报，《四川省人民政府安全生产委员会办公室关于近期我省几起煤矿较大事故的情况通报》则属于情况性通报。

（二）根据写作方法分类

根据写作方法的不同，通报分为直述式通报和转述式通报。

▶ 1. 直述式通报

直述式通报是发文单位直接叙述被通报的事件，又可分为综合性通报、专题性通报。

（1）综合性通报，是把各地各部门同类的有关问题、情况及经验教训综合整理后一并通报。

（2）专题性通报，是对某一件事件的经过、产生的原因、处理的情况、应吸取的经验教训等专门行文的通报。

▶ 2. 转述式通报

转述式通报又叫转发性通报，是发文单位转发下级机关通报的事件，也可分为正式通报和参阅性通报。

（1）正式通报，是指比较重要的、用有特定版头的文件转发下级机关通报的通报，在本级通报标题之下、下级通报标题之前加按语。有的虽不用特定版头，也不写标题和文种，用函的形式下发，也属正式通报。

（2）参阅性通报，是指通报的事件、内容不很重要，但也须向下级机关通报，使之引起注意，以对工作有借鉴作用的通报。这种通报，一般不用特定版头的文件下发，而是用内参、简报的形式，在下级机关的通报、报告或调查报告前面加按语，指出通报的目的、应吸取的教训，对下级机关的要求等。通报的范围，视情况和工作需要确定。

（三）根据行文主体分类

根据行文主体的不同，通报可分为独立行文通报和联合行文通报两种。

写作指南

一、通报的内容与写法

通报一般由标题、主送机关、正文和落款四部分组成。

（一）标题

通报标题一般由发文机关名称、事由与文种组成。在特定的情况下，也可省略发文机关名称或只写"通报"二字，如《中山市人民政府关于表彰2008年度全市重点项目工作先进单位的通报》《关于部分地区违反国家棉花购销政策的通报》《通报》等。

（二）主送机关

主送机关即主要受理通报的机关。除普发性通报外，都应标明主送机关，如"各学院""各县人民政府，市政府各委、办、局"等。注意，主送机关必须为机关名称，不可使用相关负责人的名称。

（三）正文

通报正文一般由三个部分组成，即提出问题、分析问题和解决问题。由于内容侧重点的不同，表彰性通报、批评性通报和情况性通报的内容与写法也有所不同。

▶ 1. 表彰性通报

这类通报的正文，一般由先进事迹、分析评价、表彰决定和希望号召四部分组成。

（1）先进事迹。这一部分用来介绍先进人物或集体的行动及其效果，要写清时间、地点、人物、基本事件过程。表达时使用概括叙述的方式，只要将事实讲清楚即可，不需要展开绘声绘色的描绘，篇幅也不可过长。

（2）分析评价。分析评价即分析先进事迹的性质和意义。这一部分以评价性的文字为主，要注意措辞的分寸感和准确性，不能出现过誉或夸饰的现象。其中，对先进单位和先进人物的突出成绩、先进精神和优秀品质，要从具体到抽象、从感性认识到理性认识，做出高度精练的概括。

（3）表彰决定。这一部分写明什么会议或什么机构决定，给予表彰对象以什么形式的表彰和奖励。

（4）希望号召。这一部分是表彰性通报必须要有的结尾部分，用来提出希望、发出号召。希望号召部分表述的是发文的目的，也是全文的思想落脚点，要写得完整、得体，富有逻辑性。

注意，如表彰单位或人员较多，正文只点明代表单位或代表人物，其余以附件形式予以说明。

▶ 2. 批评性通报

这类通报的正文，一般由错误事实、分析评价、惩罚决定、告诫事项及希望要求四部分组成。

（1）错误事实。这部分要写明犯错误人的基本情况，包括姓名、所在单位、职务等，然后叙述错误事实。

（2）分析评价。分析评价即分析错误的性质、危害及其产生的根源。处理单一错误事实的通报，这部分要对错误的性质、危害进行分析，一般都写得比较简短。对综合性的不良现象或问题进行通报，这部分的分析性文字可能要复杂一些。

（3）惩罚决定。对单一错误事实进行处理，要写明"根据什么规定，经什么会议讨论决定"，给予什么处分等。对普遍存在的错误现象或问题，在这部分要提出治理、纠正的方法措施。内容复杂时，这部分可以分条列项。

（4）告诫事项及希望要求。在结尾部分，发文机关要对受文单位发出告诫，提出希望要求，以便受文单位能够高度重视、认清性质、吸取教训、采取措施。

▶ 3. 情况性通报

这类通报的正文,一般由缘由与目的、情况与信息、希望与要求三部分组成。

(1) 缘由与目的。情况性通报的开头要首先阐明发布通报的根据、目的、原因等,有时也可以总体叙述基本事实,然后用"现将有关情况通报如下"等惯用语引出下文。

(2) 情况与信息。通报正文的主体部分主要用来叙述有关情况、传达某些信息,通常内容较多,篇幅较长,要注意梳理归类,合理安排结构。

(3) 希望与要求。在明确情况的基础上,对受文单位提出一些希望和要求。这部分是全文思想的归结之处,写法因文而异,总的原则是切实可行,简练明白。

情况性通报是用来传达重要精神、沟通重要情况的通报。为了让下级单位对一些重要事件或全局状况有所了解,上级机关应该适时发布这样的通报。

(四) 落款

通报落款由发文机关名称(印章)和成文日期两部分组成。

二、通报写作的注意事项

(1) 要注意通报的类型,不同类型的通报用不同的写作方法。

(2) 要学懂、吃透上级领导机关的有关文件精神,全面、准确地了解和掌握有关政策、法律法规。

(3) 要深入实际,搞好调查研究,选择通报的事例,并对被通报的人或事件有比较全面、准确的了解。

(4) 要对事件的叙述实事求是,不拔高,不贬低,一就是一,二就是二,确保"通报"的客观性。

(5) 要把握分寸,无论表彰先进的通报还是批评错误的通报,评价或定性要十分准确,恰如其分。

微课视频 4-8
关于通报写作的
几点特殊说明

例文赏读

例文一

国务院办公厅关于对国务院第九次大督查
发现的典型经验做法给予表扬的通报

国办发〔2022〕33 号

各省、自治区、直辖市人民政府,国务院各部委、各直属机构:

为进一步推动中央经济工作会议部署和《政府工作报告》确定的重点任务以及稳住经济一揽子政策措施和接续政策措施落地见效,国务院部署开展了第九次大督查。从督查情况看,各有关地区在以习近平同志为核心的党中央坚强领导下,以习近平新时代中国特色社会主义思想为指导,认真贯彻落实党中央、国务院重大决策部署,统筹推进新冠肺炎疫情防控和经济社会发展,扎实做好"六稳"工作、全面落实"六保"任务,有效应对各种困难挑战,保持经济社会发展大局总体稳定。在对19个省(自治区、直辖市)和新疆生产建设兵团开展实地督查时发现,有关地方围绕稳增长、稳市场主体、稳就业保民生、保产业链供应链稳定、深化"放管服"改革优化营商环境等方面,结合实际积极探索、主动作为,创造和形成了一批好的经验做法。

为表扬先进，宣传典型，进一步调动和激发各方面干事创业、改革创新的积极性、主动性和创造性，推动形成克难攻坚、奋勇争先的良好局面，经国务院同意，对山西省强化煤炭增产保供保障能源安全等60项典型经验做法予以通报表扬。希望受到表扬的地方珍惜荣誉，再接再厉，充分发挥模范示范和引领带动作用，不断取得新的更大成绩。

各地区各部门要全面贯彻党的十九大和十九届历次全会精神，坚持稳中求进工作总基调，完整、准确、全面贯彻新发展理念，加快构建新发展格局，着力推动高质量发展，全面落实"疫情要防住、经济要稳住、发展要安全"的要求，尽责担当、扎实工作。要学习借鉴典型经验做法，加大宣传推广力度，结合实际迎难而上、砥砺奋进，为保持经济平稳运行和社会大局稳定做出积极贡献，以实际行动迎接党的二十大胜利召开。

附件：国务院第九次大督查发现的典型经验做法（共60项）

国务院办公厅（印章）
2022年9月27日

（此件公开发布）

例文二

国务院办公厅关于批评××省××市××县
擅自停课组织中小学生参加迎送活动的错误行为的通报

各省、自治区、直辖市有关部门：

××××年××月××日，××省××市××县举行××高速公路在本县通车仪式，××县主要领导擅自决定，让本县部分中小学校停课参加通车仪式，近千名中小学生在风雪中等候长达两小时，致使部分中小学生生病，学生家长和群众极为愤慨，致信中央要求坚决制止此类行为。

中小学校依照国家规定建立有严格的教育教学秩序，这是教育教学质量的保证，任何单位和个人都不能随意破坏。现在一些地方的个别领导利用自己的权力，动辄调用中小学生为各种会议、考察、参观、访问甚至商业性典礼搞迎送或礼仪活动，有些地方还因此发生了严重的安全事故，造成极恶劣的社会影响。××县发生的问题，已不只是一般的形式主义，而是官僚主义，严重脱离群众，此类不良风气必须坚决予以制止。

鉴于××省××市××县擅自停课组织中小学生参加迎送活动的行为，国务院决定予以通报批评。

各省、自治区、直辖市有关部门，要高度重视这一问题并从中吸取深刻的教训，切实增强群众观念，杜绝此类事件再度发生。中小学生是祖国的未来，他们的学习和活动安排，要有利他们的学习和身心健康。今后各省、自治区、直辖市所有部门都必须严格执行国家的有关法规和规定，不得擅自停课或随意组织中小学生参加各种迎送或"礼仪"活动，如确有必要组织的，须报经省级教育行政部门批准。

国务院办公厅（印章）
××××年××月××日

（资料来源：孙悦. 应用文写作[M]. 北京：清华大学出版社，2018.）

例文三

住房城乡建设部办公厅关于智能建造试点城市 2023 年度工作情况的通报

建办市函〔2024〕209 号

各省、自治区住房城乡建设厅，直辖市住房城乡建设（管）委，新疆生产建设兵团住房城乡建设局：

为贯彻落实全国住房城乡建设工作会议精神，按照住房城乡建设部等部门《关于推动智能建造与建筑工业化协同发展的指导意见》（建市〔2020〕60号）等有关部署，我部对24个智能建造试点城市（以下简称试点城市）2023年度工作情况开展了总结评估。现将有关情况通报如下。

一、试点工作总体进展

试点开展以来，各试点城市紧密围绕贯彻落实党的二十大精神和中央经济工作会议精神，以发展智能建造、推动建筑业转型升级为目标，建立统筹协调工作机制，加大政策支持力度，有序推进各项试点任务，取得了积极进展和成效。

（一）建立工作机制。24个试点城市均建立智能建造试点工作协调机制，其中17个城市由市政府负责同志牵头。出台了土地、规划、财政、科技、人才、招标投标、评优评奖等一系列支持政策。将506家企业纳入智能建造骨干企业培育名单，其中214家企业获批国家级高新技术企业、108家企业获批国家级或省级"专精特新"企业。公布了758个智能建造试点示范工程项目，其中包括住宅类项目209个、城市更新类项目17个。

（二）取得工作成果。24个试点城市支持有关单位启动建设39个智能建造科技创新平台，其中国家级平台2个、省部级平台19个。立项智能建造相关科研项目105个，7项技术研发成果获得省级以上首台（套）重大技术装备认定，10项技术研发成果获得省级以上首版次软件产品认定。颁布实施47项智能建造相关标准、定额和导则，内容涉及建筑信息模型（BIM）、建筑机器人、智能建造项目评价等方面，其中建筑机器人补充定额已在6个城市落地实施。有99所高校开设智能建造专业或方向，2022年招生3 562人，2023年招生5 539人。

（三）形成经验做法。通过试点，形成42方面130条可复制经验做法，为全国提供了示范样板。各试点城市共组织百余场技术交流和项目观摩活动，通过各类媒体宣传推广，在行业内营造了良好的创新发展氛围，提高了社会各界对建筑业高质量发展成果的认知度。

二、试点城市评估结果

经试点城市自评、试点城市互评、专家组会评，综合运用数据统计、成果分析、专家评议等方法，对24个试点城市2023年度工作情况的评估意见如下。

深圳、苏州、武汉、合肥、广州、长沙、温州、台州8个试点城市组织推进力度较大，各项试点任务进展明显，工作成效突出，综合表现优秀，予以表扬。其中，深圳市认真落实创新驱动发展战略，积极促进建筑业与先进制造业、新一代信息技术产业跨界融合，不断拓展智能建造应用场景，初步形成模块化建筑、建筑产业互联网、人工智能辅助设计等6项创新产业布局，着力打造智能建造"技术策源地"。苏州市提出主推智能装备"硬件"、催生配套技术"软件"的路径规划，聚焦建筑机器人、智能升降机等施工装备投资建设产业实体，并在技术研发、工程应用服务、专业人才培养、质量安全监管等方面完善配套措施，率先推进智能建造产业化发展进程。武汉市发挥大型企业、科研院所集聚优势，研发应用造楼机、架桥机、筑塔机等一批标志性智能建造技术产品，部署构建基于BIM的工程项目全流程审批管理体系，努力探索"一模到底、数字建造、智慧监管"的工程建设新模式。合肥市对建筑企业投资智能建造相关软件研发、设备采购、信息技术服务给予资金奖励，通过开展建筑产业互联网片区试点提升产业链协同能力，培育形成一批住房城乡建设领域"专精特新"企业，打造中小企业转型发展的新样板。广州市立法明确BIM可用于工程建设项目报建审批，围绕工业化、数字化建造流程出台地方标准规范，建成使用"一屏管工地"智慧监管一体化平台，加快完善与智能建造相适应的建筑业法规制度体系。长沙市组织专家团队加强智能建造产业体系和技术体系研究，对试点示范工程项目给予"点对点"技术咨询服务，积极推进新型建造方式和建设管理模式的探索和实践。温州市积极探索"智能建造装备＋产业工人"新型劳务模式，通过统筹推进智能建造装备库、劳务班组库和试点项目库"三库"协同发展，着力培育熟练掌握施工现场人机协作技能的专业劳务班组，为建筑业转型升级强化人才支撑。台州市支持本地企业推进建筑施工领域设备更新，聚焦起重机械、钢筋绑扎、楼板打孔等"危繁脏重"场景研发应用智能化施工机具，并通过数字化手段加强质量安全管控，由点及面推动施工现场作业方式和监管方式转型。

北京、佛山、西安、南京、重庆、青岛、嘉兴、天津、保定、郑州、厦门、雄安新区、成都、沈阳、乌鲁木齐、哈尔滨16个试点城市均顺利完成了年度工作计划，并结合地方特色积极探索不同类型的智能建造发展模式，工作表现总体良好。

同时，试点工作仍然存在一些短板和不足。一些试点城市的工作推进力度有待加强，工作成效不够显著，需要按照试点实施方案尽快拿出有效的工作举措，加快工作进度，确保在试点期间完成预期任务。一些试点城市的工作重点不够聚焦，出台政策措施的针对性不强，需要进一步加强对试点工作思路的研究和谋划，确保下一步工作方向符合试点任务框架要求。

三、下一步工作要求

2024年是试点工作落地见效的关键一年，各试点城市要进一步提高认识，紧密围绕党中央、国务院决策部署，认真贯彻落实全国住房城乡建设工作会议工作安排，充分发挥政策引导作用，有效激发经营主体创新活力，不断推动试点工作走深走实，确保如期完成2024年工作任务，力争取得可感知、可量化、可评价的工作成效。

（一）政策要落地。充分发挥跨部门协调机制作用，引导科研、金融、人才等政策资源投向智能建造领域，支持建筑企业的转型发展需求。加快落实已出台支持政策，确保相关优惠政策直达企业和项目，形成有效激励。研究推进有关标准定额的编制和实施，探索新的工程建设模式和计价规则。加强配套制度建设，完善建筑市场和质量安全监管措施。

（二）技术要实用。扎实推进智能建造试点示范工程建设，跟踪评估项目实施效益，提炼一批在提品质、降成本等方面成效显著的实用技术。用好科技创新平台，加强产学研融合，巩固和提升智能建造领域领先技术。依托科研项目和试点工程，培养一批智能建造领域的科研领军人才、专业技术人员和新型劳务班组。

（三）产业要成型。鼓励有条件的试点城市研究绘制智能建造产业链图谱，明确产业发展重点，稳步培育骨干企业。鼓励开展智能建造产值测算研究，探索以产业园区为重点对象开展产值统计工作。结合地方实际筹划举办技术交流和产业推介活动，宣传推广可复制经验做法和典型案例，支持优秀建筑企业高质量"走出去"。

我部将持续跟踪调研各试点城市的政策实施进展、科技创新成果、经济社会效益等，择优遴选可复制经验做法、先进实用技术和典型工程案例在行业内予以推广。

住房城乡建设部办公厅（印章）
2024 年 6 月 11 日

（此件主动公开）

（资料来源：国务院办公厅. 国务院办公厅关于对国务院第九次大督查发现的典型经验做法给予表扬的通报[EB/OL].（2022-09-28）[2024-12-23]. https：//www.gov.cn/zhengce/content/2022-09/28/content_5713412.htm.）

思考题

1. 表彰性通报的正文主要构成要素有哪些？
2. 批评性通报的正文主要构成要素有哪些？
3. 通报的基本特点有哪些？
4. 通报的写作有哪些方面需要注意？

第四节　决　　定

必备知识

一、决定的含义

决定是对重要事项做出决策和部署、奖惩有关单位和人员、变更或者撤销下级机关不适当的决定事项的公文。它是各级党政机关普遍使用的一种下行公文。

一方面它适用于对重要事项和重大行动做出安排。这里的重要事项，是指带有全局性或具有重大意义和影响的事项，重大行动是指对社会产生巨大影响的行动。另一方面，各级党政机关、企事业单位也经常使用决定，例如，一些表彰、处分、机构编制、人事安排等事项都可用决定行文。

二、决定的特点

▶ 1. 权威性

决定的发文机关在法定的职权范围内，有权对有关事项、问题、行动做出决策和安排，不受其他因素和条件的限制。

▶ 2. 制约性

决定一经做出，在所属下级机关组织或所辖系统内具有强制约束力，受文单位必须严格遵照执行。

▶ 3. 指导性

决定经重要会议或领导班子研究通过后，对下级机关或某一时期的工作提出重要的指导性意见，确定具体措施及实施方案，要求下级单位依照执行，具有较强的指导性作用。

三、决定的分类

根据内容和作用的不同，决定可分为以下几种类型。

（一）部署性决定

部署性决定也称指挥性决定，这种决定主要用于对重要事项做出规定、对重大行动做出安排，它能充分体现领导机关的意图，阐述有关的方针政策，对重大行动提出政策措施和要求，如《中共中央、国务院关于加快发展第三产业的决定》。

（二）法规性决定

法规性决定用于发布权力机关制定、修订或试行的法律文件以及由政府部门制定的行政法规，如《××市人民政府关于修改〈××市商品交易市场管理规定〉的决定》。

（三）奖惩性决定

奖惩性决定主要用于对人员的表彰或处分，内容简明扼要，如《国务院关于授予巴金"人民作家"荣誉称号的决定》《关于给×××撤职处分的决定》《关于表彰2024年度先进集体和先进个人的决定》。

（四）变更性决定

变更性决定用于变更机构人事安排或撤销下级机关不适当的决定事项，如《国务院关于取消和调整一批行政审批项目等事项的决定》。

写作指南

一、决定的内容与写法

决定一般由标题、主送机关、正文、发文机关和发文日期等部分组成。

（一）标题

决定的标题由发文机关（或通过决定的会议名称）、事由、文种三部分组成。如果是会议通过的决定，还应在标题的下方居中以括号注明批准、通过该决定的会议名称和通过的日期，如：

《中共中央关于全面推进依法治国若干重大问题的决定》
（2014年10月23日，中国共产党第十八届中央委员会第四次全体会议通过）

（二）主送机关

决定的主送机关为应该知照的单位或群体。普发性的决定没有主送机关。

（三）正文

由于决定的类型不同，其正文的内容侧重点就有所不同，写法也不同。

现以部署性决定正文的写法为例进行阐释。这种决定具有很强的规定性和指挥效能，既要提出工作任务或重大行动，又要阐述完成工作任务或重大行动的政策规定、方法措施等，内容丰富，行文较复杂。正文一般包含两个基本写作要素，即决定的根据（或原因）和决定的事项。

（1）决定的根据（或原因），写明做出决定的政策性依据和事实依据，或是交代做出决定的原因，用"做如下决定""现决定如下"等惯用语承上启下。

（2）决定的事项，主要阐明决定的具体内容和措施。这一部分结构的安排应根据内容和需要拟定，一般采用分条列项式或分层分段的写法，把复杂的内容写得条理分明，逻辑清楚，使下级机关易于把握，便于执行。

有些决定在最后还要写上决定事项的意义或执行要求。

（四）发文机关和发文日期

（五）落款

落款由发文机关、印章和发文日期组成。

二、决定写作的注意事项

（一）不能滥用决定行文

决定的内容要与"决定"文种相符，不能滥发决定。有些单位以为用决定才能引起注意，把该用"通知"行文的内容，用"决定"行文。这种滥用决定的情况应避免。

（二）决定的缘由要充分、准确、合理

决定的缘由是决定事项的依据、理由。要注意交代清楚，做到既简明扼要，又要有理有据，令人信服。

（三）决定事项要具体、明确、清楚

决定事项是决定的主要内容，有关机关据此贯彻执行。因此，决定事项要求具体、明确地讲清应当如何贯彻执行。内容比较复杂的决定，事项部分要分条列项表述，把主要的、重要的放在前面，次要的放在后面。结构要合理，层次要分明，内容要合乎逻辑。

三、决定与其他文种的区别

（一）决定与决议的区别

决定和决议都能反映重大的事件或重要的问题，都具有较强的法规性，但两者又有如下区别。

▶ 1. 形成的方式不同

决议必须是某一级领导机关或组织经法定的正式会议表决通过，才能形成文件，并以会议名义发布。决定则不同，它既可以经某种会议讨论通过，以机关的名义下发，也可以由某一级领导机关直接制定并发布。

▶ 2. 行文用语不同

决议的行文中常用"会议认为""会议指出""会议号召"等惯用语领起下文。决定的缘由和事项两部分之间常用"为此，特做如下决定"之类的惯用语过渡。

（二）决定与通知、意见的区别

一般事关全局、政策性强、任务艰巨、执行时间长的重大工作，才适宜使用"决定"这一文种。它的使用范围较"通知"要窄一些。意见虽也是指导性的文件，但它是针对某一时期全面的原则性问题，且偏重步骤、方法和原则的指导。在使用时要加以区分。

例文赏读

例文一

中共中央　国务院　中央军委
关于给翟志刚、王亚平颁发"二级航天功勋奖章"
授予叶光富"英雄航天员"荣誉称号并颁发"三级航天功勋奖章"的决定
（2022 年 6 月 21 日）

2021 年 10 月 16 日，神舟十三号载人飞船成功发射，航天员翟志刚、王亚平、叶光富驾乘飞船顺利进驻天和核心舱，圆满完成以 2 次出舱活动、2 次太空授课为代表的一系列创新性、突破性科学试验和空间应用任务，在轨驻留 6 个月，于 2022 年 4 月 16 日安全返回。神舟十三号载人飞行任务是空间站关键技术验证阶段的决胜收官之战，首次实现载人飞船径向停靠空间站，创造中国航天员连续在轨飞行时长新纪录，取得多项关键核心技术重大突破，为空间站后续建造和运营奠定了坚实基础，标志着中国航天事业高水平科技自立自强迈出新步伐，加快建设航天强国实现新突破，对提升我国综合国力和民族凝聚力，激励全党全军全国各族人民团结一心、砥砺前行、携手努力、共创未来，不断夺取新时代中国特色社会主义新胜利，具有重要意义。

神舟十三号载人飞行任务圆满成功，凝聚着广大科技工作者、航天员、干部职工、解放军指战员的智慧和心血。翟志刚、王亚平、叶光富同志是其中的杰出代表，他们矢志报国、团结协作，向世界展示了强大的中国精神、中国力量。翟志刚同志 2 次执行载人飞行任务并担任指令长、3 次出舱活动，成为目前出舱活动次数最多的中国航天员。王亚平同志两度飞天圆梦、再上"太空讲台"，成为中国首位进驻空间站、首位出舱活动的女航天员。叶光富同志扎实训练、艰苦磨砺，光荣入选神舟十三号乘组，圆满完成担负任务。为褒奖他们为我国载人航天事业建立的卓著功绩，中共中央、国务院、中央军委决定，给翟志刚、王亚平同志颁发"二级航天功勋奖章"，授予叶光富同志"英雄航天员"荣誉称号并颁发"三级航天功勋奖章"。

翟志刚、王亚平、叶光富同志是不忘初心、牢记使命、献身崇高事业的时代先锋，是探索宇宙、筑梦太空、建设航天强国的标兵模范。党中央号召，全党全军全国各族人民要以习近平新时代中国特色社会主义思想为指导，全面贯彻党的十九大和十九届历次全会精神，以受到褒奖的航天员为榜样，深刻领悟"两个确立"的决定性意义，增强"四个意识"、坚定"四个自信"、做到"两个维护"，更加紧密地团结在以习近平同志为核心的党中央周围，踔厉奋发、笃行不息，大力弘扬"两弹一星"精神和载人航天精神，以实际行动迎接党的二十大胜利召开，为实现第二个百年奋斗目标、实现中华民族伟大复兴的中国梦而不懈奋斗！

（资料来源：中国青年报. 中共中央 国务院 中央军委关于给翟志刚、王亚平颁发"二级航天功勋奖章"授予叶光富"英雄航天员"荣誉称号并颁发"三级航天功勋奖章"的决定[EB/OL].（2022-06-22）[2024-12-23]. https：//zqb.cyol.com/html/2022/06/22/nw.D110000zgqnb_20220622_1-02.htm.）

例文二

国家知识产权局关于第二十四届中国专利奖授奖的决定

国知发运字〔2023〕30号

各省、自治区、直辖市和新疆生产建设兵团知识产权局，四川省知识产权服务促进中心，各地方有关中心，国务院各有关部门和单位知识产权工作管理机构，中央军委装备发展部办公厅，各有关全国性行业协会，各有关单位：

为深入贯彻落实习近平新时代中国特色社会主义思想，全面贯彻党的二十大精神，认真落实习近平总书记关于知识产权工作的重要指示论述和党中央、国务院决策部署，深入实施知识产权战略，加快建设知识产权强国，推动构建新发展格局，决定对在实施创新和推动经济社会发展等方面做出显著贡献的专利权人、发明人（设计人）以及相关组织者给予表彰。

根据《中国专利奖评奖办法》的规定，经国务院有关部门知识产权工作管理机构、地方知识产权局、有关全国性行业协会，以及中国科学院院士和中国工程院院士等推荐，中国专利奖评审委员会评审，社会公示，国家知识产权局和世界知识产权组织决定授予"HIV感染的肽衍生物融合抑制剂"等29项发明、实用新型专利中国专利金奖，"火星车"等10项外观设计专利中国外观设计金奖；国家知识产权局决定授予"填埋气体和渗滤液传输过程的监测试验系统"等60项发明、实用新型专利中国专利银奖，"餐饮机器人（普渡）"等15项外观设计专利中国外观设计银奖；国家知识产权局决定授予"药品的自动分装与计量装置"等777项发明、实用新型专利中国专利优秀奖，"便携式彩色超声诊断仪"等45项外观设计专利中国外观设计优秀奖；国家知识产权局决定授予广东省知识产权局等7家单位中国专利奖最佳组织奖，中国电子仪器行业协会等20家单位中国专利奖优秀组织奖，高文等20位院士中国专利奖最佳推荐奖。

对荣获中国专利奖的发明人（设计人），所在单位应将其获奖情况记入本人档案，作为考核、晋升、聘任职务的重要依据，所在单位或上级主管部门应给予相应奖励。

全国广大知识产权工作者要紧密团结在以习近平同志为核心的党中央周围，以习近平新时代中国特色社会主义思想为指导，以受表彰的专利权人和发明人（设计人）为榜样，自信自强、守正创新、踔厉奋发、勇毅前行，加快建设中国特色、世界水平的知识产权强国，为全面建设社会主义现代化国家提供有力支撑。

附件：1. 第二十四届中国专利金奖项目名单（略）

2. 第二十四届中国外观设计金奖项目名单(略)
3. 第二十四届中国专利银奖项目名单(略)
4. 第二十四届中国外观设计银奖项目名单(略)
5. 第二十四届中国专利优秀奖项目名单(略)
6. 第二十四届中国外观设计优秀奖项目名单(略)
7. 第二十四届中国专利奖最佳组织奖、优秀组织奖和最佳推荐奖获奖名单(略)

国家知识产权局(印章)
2023 年 7 月 19 日

思考题

1. 简述决定的特点和分类。
2. 通过采访收集本校共青团员的优秀事迹,并以××学院团委的名义起草一份表彰性决定。

第五节　通　告

必备知识

一、通告的含义

通告是党政机关、社会团体或企事业单位在一定范围内公布应当遵守或者周知的事项时使用的告知性公文。通告告知的多是与某一部门、某一方面的工作或某一专项业务有关的内容。

通告的适用范围主要有两个方面:一方面公布应当遵守的事项,其内容带有明确的规定性,有关单位和个人都必须严格执行;另一方面公布周知的事项,其内容只有告知性。

通告作为使用频繁、用途广泛的告知性公文文种,既可以用来公布重大事项,也可以用来公布一般事项。其内容有的与国家大事有关,有的与人民群众的日常生活有关。通告的发布方式与其他公文不同,多是以张贴的方式或通过报纸、电台公开发布。

二、通告的特点

(一)法规性

通告常用来颁布地方性的法规,这些法规一经颁布,特定范围内的部门、单位和民众都必须遵守、执行。

(二)周知性

通告的内容要求一定范围内的人或特定的人群知晓,以使他们了解有关政策法令,遵守某些规定事项,共同维护社会公务管理秩序。

三、通告的分类

(一)周知性通告

把需要周知的事项或情况在一定范围内告知有关单位和个人,以达到沟通信息、互相配合做好某项工作的目的。

(二)执行性通告

对有关事项或问题做出明确具体的规定并在一定范围内公布,要求一定范围内的公众切实遵守和执行。这类通告有较强的约束力和强制性。

写作指南

一、通告的内容与写法

通告一般由标题、正文和落款三部分构成。

(一)标题

通告的标题有四种形式。

(1)由发文机关、事由和文种组成,如《沈阳市交通局关于××事宜的通告》《广西×××局、广西××局关于办理××年度企业法人年检及国有资产产权登记的通告》。

(2)由事由和文种组成,如××市公安局发布的《关于加强本市流动户外广告管理的通告》《关于税收财务大检查实行持证检查的通告》。

(3)由发文机关和文种组成,如《××公司通告》《中华人民共和国交通部通告》。

(4)只有文种,如《通告》。

(二)正文

正文一般由通告缘由、通告事项和尾语三部分构成。

▶ 1. 通告缘由

通告缘由通常介绍发布通告的原因、目的和意义。之后,用"通告如下"或"特此通告"等一些习惯用语自然过渡到下文。

▶ 2. 通告事项

通告事项写明有关方面应该周知或遵守的事项。如果内容单一,可以直接说明,与发文缘由部分合为一段即可;如果内容复杂,可以分条列项写作。

▶ 3. 尾语

一般为"特此通告"之类的用语,以示强调,提起注意。有些通告不用结语,意尽而言止,干净利落。

(三)落款

落款由发文机关、印章和成文日期组成。其中成文日期也可以写在标题下方。

二、通告写作的注意事项

（1）通告的内容要符合有关政策法令的精神，不得与之违背或相抵触。

（2）语言要明确具体，不能含糊笼统；表达要周密严谨，防止出现漏洞；为便于群众理解，应避免使用晦涩的专业词语。

例文赏读

例文一

工业和信息化部关于启用和推广新型进网许可标志的通告

工信部信管〔2023〕79号

为深入贯彻党的二十大精神，落实《国务院办公厅关于深化电子电器行业管理制度改革的意见》（国办发〔2022〕31号）的有关要求，为电信设备生产企业（以下称生产企业）产品上市创造便利条件，工业和信息化部决定启用和推广新型进网许可标志，逐步替代原纸质标志。有关事项通告如下：

一、标志样式

新型进网许可标志由许可标识、设备型号、数字编码等要素组成（规格样式详见附件）。

二、申请途径

生产企业通过以下途径申请使用新型进网许可标志。

（一）对于新申请进网许可的电信设备，生产企业需在进网许可申请材料"产品介绍"中，说明新型进网许可标志的设计使用方案。经工业和信息化部依法审查通过、准予进网许可的，即可使用新型进网许可标志。

（二）对于已获得进网许可的电信设备，生产企业向工业和信息化部（电信设备认证中心）提交新型进网许可标志的设计使用方案；工业和信息化部（电信设备认证中心）收到方案后3个工作日内完成必要的审核，并通知企业使用新型进网许可标志。

三、加施方式

生产企业可以根据产品特点，采取以下一种或多种方式加施新型进网许可标志。

（一）电子显示。在电信设备操作系统或管理软件中设置、呈现新型进网许可标志。

（二）实物印制。在电信设备产品的外体、铭牌或包装等相关位置上，采取印刷、喷绘、模制或蚀刻等方式，印制新型进网许可标志。

（三）标签粘附。在电信设备产品的外体、铭牌或包装等相关位置上，粘贴、附加印制了新型进网许可标志的标签。

（四）符合规定的其他情形。

四、使用要求

（一）生产企业加施新型进网许可标志，应当保证呈现效果清晰易识、协调美观，可以根据需要选用彩色或黑白样式，可以按照规定样式成比例放大或者缩小，但不得变形。

（二）为便于公众识别，电信终端设备采用电子显示方式加施新型进网许可标志的，生产企业应当在其产品最小包装上加施新型进网许可标志，或印制"本产品已获进网许可"

中文字样。

（三）生产企业应在产品说明书、随附材料或官方网站上，说明新型进网许可标志的呈现位置和查看方式。

（四）生产企业应将与新型进网许可标志关联的电信设备产品名称及编码、进网许可证（含进网试用批文）编号及有效期等信息，及时上报工业和信息化部（电信设备认证中心），并做好信息更新和维护。

五、总体安排

（一）2023年7月1日起，正式启用新型进网许可标志。2023年7月1日至12月31日期间，生产企业可以向工业和信息化部（电信设备认证中心）申请使用新型进网许可标志，也可以继续申领、使用原进网许可纸质标志。

（二）2024年1月1日起，全面推广新型进网许可标志。届时，将不再核发原进网许可纸质标志，此前已核发的纸质标志在进网许可有效期内仍然有效，可继续使用。

六、其他

（一）自本通告发布之日起，不再要求生产企业在电信设备产品包装、内置信息、广告等处标注进网许可证编号。

（二）新型进网许可标志的规格样式及生产企业申请使用流程详见附件。

特此通告。

附件：新型进网许可标志规格样式及申请使用流程说明

工业和信息化部（印章）

2023年6月25日

（资料来源：工业和信息化部. 工业和信息化部关于启用和推广新型进网许可标志的通告[EB/OL]. （2024-06-25）[2024-12-23]. https://www.gov.cn/zhengce/zhengceku/202306/content_6889009.htm.）

例文二

农业农村部关于调整海洋伏季休渔制度的通告

农业农村部通告〔2023〕1号

为进一步加强海洋渔业资源保护，促进人与自然和谐共生，根据《中华人民共和国渔业法》《渔业捕捞许可管理规定》的有关规定和《国务院关于促进海洋渔业持续健康发展的若干意见》《农业农村部关于加强水生生物资源养护的指导意见》的有关要求，本着"总体稳定、局部统一、减少矛盾、便于管理"的原则，决定对海洋伏季休渔制度进行调整完善。现将调整后的海洋伏季休渔制度通告如下。

一、休渔海域

渤海、黄海、东海及北纬12度以北的南海（含北部湾）海域。

二、休渔作业类型

除钓具外的所有作业类型，以及为捕捞渔船配套服务的捕捞辅助船。

三、休渔时间

（一）北纬35度以北的渤海和黄海海域为5月1日12时至9月1日12时。

（二）北纬35度至北纬26度30分之间的黄海和东海海域为5月1日12时至9月16日12时。

（三）北纬26度30分至北纬12度的东海和南海海域为5月1日12时至8月16日12时。

（四）北纬35度至北纬26度30分之间的黄海和东海海域桁杆拖虾、笼壶类、刺网和灯光围（敷）网4种作业类型渔船可申请开展虾蟹类、中上层鱼类等资源专项捕捞许可，由相关省份渔业主管部门核报农业农村部批准后执行。

（五）特殊经济品种可执行专项捕捞许可制度，具体品种、作业时间、作业类型、作业海域由沿海各省、自治区、直辖市渔业主管部门报农业农村部批准后执行。

（六）小型张网渔船从5月1日12时起休渔，时间不少于三个月，休渔结束时间由沿海各省、自治区、直辖市渔业主管部门确定，报农业农村部备案。

（七）捕捞辅助船原则上执行所在海域的最长休渔时间规定，确需在最长休渔时间结束前为一些对资源破坏程度小的作业方式渔船提供配套服务的，由沿海各省、自治区、直辖市渔业主管部门制定配套管理方案报农业农村部批准后执行。

（八）钓具渔船应当严格执行渔船进出港报告制度，严禁违反捕捞许可证关于作业类型、场所、时限和渔具数量的规定进行捕捞，实行渔获物定点上岸制度，建立上岸渔获物监督检查机制。

（九）休渔渔船原则上应当回所属船籍港休渔，因特殊情况确实不能回船籍港休渔的，须经船籍港所在地省级渔业主管部门确认，统一安排在本省、自治区、直辖市范围内船籍港临近码头停靠。确因本省份渔港容量限制、无法容纳休渔渔船的，由该省份渔业主管部门与相关省级渔业主管部门协商安排。

（十）根据《渔业捕捞许可管理规定》，禁止渔船跨海区界限作业。

（十一）沿海各省、自治区、直辖市渔业主管部门可以根据本地实际，在国家规定基础上制定更加严格的资源保护措施。

四、实施时间

上述调整后的伏季休渔规定，自2023年4月15日起施行，《农业农村部关于调整海洋伏季休渔制度的通告》（农业农村部通告〔2021〕1号）相应废止。

农业农村部（印章）

2023年3月13日

（资料来源：农业农村部.农业农村部关于调整海洋伏季休渔制度的通告[EB/OL].(2023-03-13)[2024-12-03]. https://www.gov.cn/zhengce/zhengceku/2023-03/15/content_5746783.htm.）

思考题

1. 什么是通告？它有哪些特点？

2. 通告的写作要求有哪些？

第六节 请 示

必备知识

一、请示的含义

请示是下级向上级请求批示或批准的公文，是典型的上行文，也是党政机关使用频率较高的一个文种。使用"请示"的情况如下。

（1）涉及方针、政策界限或法规、规章不够明确等方面的重大问题，请求上级给予明确、具体的解释。

（2）从本地区本单位的实际情况出发，需要对上级的某项政策、规定做出变通处理，有待上级重新审定并给出明确答复。

（3）工作中遇到新的情况、新的问题而无章可循时。

（4）在工作中遇到具体疑难问题请求上级给予指示，或某项工作遇到困难需要上级给予支持。

（5）本单位意见严重分歧无法统一执行，须上级做出裁决的问题。

（6）工作中出现了某些涉及面广而职能部门无法独立解决的困难和问题，需要上级部门协调和帮助。

前三种情况为请求指示的请示；后三种情况为请求批准的请示。

二、请示的特点

（一）针对性

只有本机关单位权限范围内无法决定的重大事项，如机构设置、人事安排、重要决定、重大决策、项目安排等问题，以及在工作中遇到新问题、新情况或克服不了的困难，才可以用"请示"行文。请示上级机关给予指示、决断或答复、批准。所以请示的行文具有很强的针对性。

（二）呈批性

请示是有针对性的上行文，上级机关对呈报的请示事项，无论同意与否，都必须给予明确的"批复"回文。

（三）单一性

请示应一文一事，一般只写一个主送机关，即使需要同时送其他机关，也只能用抄送形式一文多事，否则很可能导致受文机关无法批复。性质相同的几件事若需写在一文中，必须是同一机关可以批复、有权批复的。一文一事是相对的标准。

（四）时效性

请示是针对本单位当前工作中出现的情况和问题，求得上级机关指示、批准的公文，如能够及时发出，就会使问题得到及时解决。

三、请示和报告的异同

请示与报告是公务活动中使用频率极高的两种公文，都是上行文，是公文写作的重点。但在实际运用过程中，请示与报告常常张冠李戴，该用请示时用报告，要用报告时用请示，造成混用。两者主要区别如下。

微课视频 4-9
关于请示的两点说明

（一）行文目的不同

请示是请求性公文，重在呈请，行文宗旨是希望得到上级机关的支持或批复；报告是陈述性公文，重在呈报，行文宗旨是下情上传，使上级机关及时了解情况，掌握动态。

（二）行文作用不同

请示作为请求性公文，要求上级必须做出批复，体现了请示主旨的求答性与执行性的统一，这是请示所独有的；而报告只是陈述性公文，主要叙述事实，起备案作用，不需上级做出答复（呈转性报告除外）。

（三）行文时间不同

请示必须在事前行文，绝不允许先斩后奏；报告则比较灵活，尽量事前行文，但视情况需要也可事后报告或在事情进行过程中随时报告。

（四）主送机关不同

请示必须坚持主送一个机关（受双重领导的机关可同时抄送另一个领导机关），因为多头请示易造成意见不一或互相推诿，从而延误时间，贻误工作。而报告一般应坚持一个主送机关，但根据需要可同时报送两个或多个主送机关。

（五）行文内容不同

请示必须坚持"一文一事"原则，文字简洁，内容单一，主题明确，以免使原来分属不同机关部门负责的若干事情混到一起，以便于上级批答处理；报告可以是"一文一事"的专题性报告，也可以视情况将若干有关联的事情综合在一起陈述，形成综合性报告。

四、请示的分类

就请示的内容和性质来分，请示可分为请求上级对本单位工作问题的处理方法、步骤和具体要求予以批准的"求准性请示"，对工作遇到政策和策略上的疑难问题予以解释的"求示性请示"，以及请求上级机关给予帮助的"求助性请示"，以及请求上级对自己单位给下属机关或其他不相隶属的同级机关的指示、文件予以批准的"批转性请示"。

（一）求准性请示

此类请示是下级机关请求上级批准、允许的请示，如工作中遇到不好解决的关键问题，无章可循的新问题或者意见较大的、无法统一执行的问题等，是针对某些具体事宜向上级机关请求批准的请示，主要目的是解决某些实际困难和具体问题。例如，《××市人民政府关于申请特大自然灾害救济补助费的请示》和《××市人民政府关于要求将 323 国道 ××至××段列入省"十四五"交通重点工程建设计划的请示》，这两个文件都是针对具体的问题而提出的请示。

求准性请示的正文中,理由和事项是主体。

（二）求示性请示

求示性请示就是请求上级机关给予指示、裁决和解释的请示,其内容主要涉及超出发文机关职权范围的综合性问题、工作中遇到的无章可循的问题、意见分歧的问题、难以解决的问题,如《关于报送东北地区振兴规划的请示》《关于审批第三批国家历史文化名城和加强保护管理的请示》《关于土地有偿使用中的几个问题的请示》等。

（三）求助性请示

求助性请示就是需要上级机关给予帮助和支持的请示。内容一般涉及经费短缺、设备不足、人手不够等具体方面的问题,如《关于申请青少年课外教育活动基地建设经费的请示》。求助性请示的目的是要解决某种问题。

这类请示在陈述缘由的时候通常把发文者的实际情况、实际困难作为主要写作内容,围绕依靠本单位的力量难以解决和克服,但是根据工作的需要又必须解决和克服这一中心思想来写,抓住主要矛盾,显示请示事项的合理性。

也就是说,求示性请示是请求上级解决答疑；求批性请示是本级无权决定,需要上级决定；求助性请示是请求帮助。

（四）批转性请示

批转性请示的请示缘由要交代清楚请示的目的及对有关转送单位的意义；请示事项应涉及对有关单位的指示、意见等,但由于这些内容须先经上级机关批准才能下达,语气又要婉转。正文结束时,应写明"以上意见,如无不妥,请批转××部门遵照执行"等以表达自己的要求。

写作指南

请示一般由标题、主送机关、正文和落款构成。

一、标题

请示标题一般要写明"发文机关＋事由＋文种",发文机关有时可以省略,如《关于丹霞山风景名胜区列为国家重点风景名胜区的请示》。写标题要注意,不能将"请示"写成"报告"或"请示报告",事由中也不要重复出现"申请""请求"之类词语。

二、主送机关

主送机关是指负责受理和答复该文件的机关,是接受请求的直接上级机关,在标题下面一行顶格写。主送机关只写一个,如需同时送其他机关,应用抄送形式,不能多头请示。例如,某市体育局拟建立一个大型开放式的群众体育运动场,此"请示"应当主送给市人民政府,抄送给省体育局即可。按照先后次序,先报请一个上级单位,然后把这一上级单位的批复意见再报另一个上级。

三、正文

请示的正文包括缘由、事项和结语三部分组成。

（一）缘由

请示的缘由是请示事项和要求的理由及依据。写明缘由，然后再写请示的事项和要求，这样才能顺理成章。缘由关系到事项是否成立，是否可行，关系到上级机关审批请示的态度。因此，缘由常常十分完备，依据、情况、意义、作用等都会出现。

写好缘由，首先要明确行文的目的。请示是为了解决本地区、本单位的实际困难和问题，要通过阐述自己的理由来说服上级给予理解、支持和帮助。

其次要选好角度，在阐述缘由时要尽可能结合国家的方针政策来说理，它是请示事项能否成立的前提条件，也是上级机关批复的直接依据。原因要讲得客观、具体，理由要讲得合理、充分，要用事实说话，不能有过多的主观臆断，不可过多地引发议论。有时可在请示中渗入一些情感性因素，采用以情感人的方式打动人，取得上级的理解和支持。

再次，在请示的写作中，对牵涉面广，政策性、探索性、创新性强，事关全局的重要工作和事项的请示，尽量说明情况，说足理由，从全局的高度来分析问题，提出请求。如果能结合上级的有关政策来阐述理由，则往往能取得理想的行文效果。具体来说，可从四个方面着手：一是要写出客观需要，使上级机关感到请示事项有尽快解决的必要性；二是写出已具备的一定条件，使上级感到请示事项有解决的可能性；三是写出亟待解决的程度，使上级机关有尽快解决请示问题的紧迫感；四是写出恳切的语气，使上级机关能够同意并尽快批复。

最后，请示的缘由也不能只从本机关、本单位的立场去考虑问题，还应该做到换位思考，善于站在上级机关的角度，全局出发来考虑问题，争取用上级的道理来说服上级，以求达到预期的目的。

（二）事项

事项包括办法、措施、主张、看法等。请示的事项，要符合法规，符合实际，具有可行性和可操作性。因此，事项要写得具体、明白。如果请示的事项内容比较复杂，要分清主次，条理清楚，重点突出。请示事项应该避免把不明确、不具体的情况和把缘由、事项混为一体。事项简单的往往和结语合为一句话，如《关于丹霞山风景名胜区列为国家重点风景名胜区的请示》的最后一句话："现申请把丹霞山风景名胜区列为国家重点风景名胜区，请审批。"

请示事项是请示的重点内容，向上级机关提出请示事项，是陈述缘由的目的所在。要在阐述缘由的基础上，提出请示事项，即问题的解决办法。这部分内容要单一，只宜请求上级解决一个问题。请示事项要写得具体、简明，提出的要求要合理、切实。请求资金要写明金额，请求物资要写清品名、规格、数量，以便上级机关给予明确批复。请求上级给予政策等方面的支持，也需要清楚地阐述请求事项，切忌表达模棱两可。

（三）结语

要重点写清楚自己的设想、意见，以及提出这些设想意见的充分理由，请求领导批准实施。请示的结语有"以上请示，请批复""以上请示如无不妥，请批复"等。结语是请示必不可少的一项内容，不能遗漏，更不能含糊其词，结语需符合公文的语体特点。如有的请示结语写成"此事关系重大，望领导百忙之中抽出时间审阅，真诚地等待您的批复"。这样写谦恭有余，但用语显得啰唆，过多地使用修饰性词语，不符合公文的语体要求。还有的请示结语写成"望尽快拨款，以解燃眉之急"。这种带有命令口气的结语，容易引起上级的反感。

四、落款

落款由发文机关、印章和成文日期组成。

例文赏读

例文一

××市人民政府关于建立××市体育学校的请示

××省人民政府：

  我市体育事业在省委、省政府的关怀下，有了一定发展，在开展群众性体育活动、提高运动技术水平方面取得了一些成绩。但是，近年来我市运动技术水平与兄弟地、市相比有下降趋势。其原因之一是我市体育师资严重缺乏。全市有中小学 5 636 所，有体育教师 1 600 名，其中学过体育专业的只有 286 名，这种状况已影响到基础训练。此外，我市重点业余体校毕业生的出路问题不能解决，不仅造成了体育人才的大量外流，而且严重影响了这所体校的招生，使重点业余体校日渐失去生机与活力。这些问题的存在，对全面提高我市的教育质量，为国家培养和输送优秀人才，产生了十分不利的影响。

  鉴于上述情况，我们认为，我市亟须建立一所以培养体育师资和优秀运动员为目标的体育学校，因此，拟将市重点业余体校改办成中等专业性质的体育学校。具体办学意见如下：

  一、学校名称（略）

  二、学制及课程设置（略）

  三、招生对象及规模（略）

  四、场地设施（略）

  五、师资（略）

  六、经费（略）

  以上妥否，请批示。

××市人民政府
20××年×月××日

例文二

关于增加经费补助的请示

××区人民政府：

  近期不法分子利用晚上时间，对长龙山区矿产资源进行非法挖采，如不及时采取措施，会进一步助长非法分子的开采活动。为了进一步切实保护好矿产资源，有效遏制非法活动，防止国有资产的流失，经街道党委研究，决定加大投入保护国有资产的人力和财力,加强打击力度。经初步预算,需投入经费 25 万元。鉴于街道财力有限,恳求区政府补助该项经费 10 万元。

妥否,请予审核批准。

××街道办事处
20××年×月×日

例文三

国家统计局关于建立国家普查制度改革统计调查体系的请示

国务院:

实行改革开放政策以来,在国有经济发展壮大的同时,我国乡镇企业以及个体经济、私营经济、三资企业等多种经济成分迅速发展,给现行的统计调查工作带来许多新的问题。一方面,统计调查对象的规模迅猛扩展,仅工业企业就由 34 万多家增加到 860 多万家。另一方面,统计调查对象构成日趋复杂,不仅多种经济成分同时并存,而且国有经济中也出现了承包经营、租赁经营等多种经营形式;特别是随着现代企业制度的建立和产权的流动与重组,不同所有制的经济主体投资于同一企业的状况将日趋扩大,财产混合所有制的经济单位越来越多。由于利益格局的变化很大,被调查者对统计调查的合作与支持程度大为降低,统计信息运行过程中的人为干扰现象日益增多,信息失真的危险性逐步增大。

根据上述情况,必须按照建立社会主义市场经济体制的要求,参照国际成功经验,从根本上改革我国统计调查方法,建立以必要的周期性普查为基础,经常性的抽样调查为主体,重点调查、科学核算等为补充的多种方法综合运用的国家统计调查方法体系。为此,特请示如下:

一、按照国务院的有关规定,实行周期性的普查制度。普查项目包括:人口、工业、农业、第三产业和基本统计单位等。人口普查、第三产业普查、工业普查、农业普查每 10 年进行一次,分别在逢零、三、五、七的年份实施。建立基本统计单位普查,每 5 年进行一次,逢一、六的年份实施。

这些普查都属于重要的国情国力调查,必须在国务院和地方各级政府的统一领导下,由政府统计部门会同有关业务主管部门共同组织实施。经费由中央和地方各级政府共同负担,并列入相应年度的财政预算。

二、大力推广应用抽样调查技术,逐步确立抽样调查在统计调查方法体系中的主体地位。当前,要在进一步完善农产品产量调查、城乡住户调查、价格调查和人口变动情况等项抽样调查工作的同时,抓紧在工业、商业、建筑业和固定资产投资统计中深入研究并广泛应用抽样调查方法,从根本上改变过分依赖全面统计报表的状况。

为此,除要进一步改革和完善城乡社会经济调查队外,急需建立一支机动灵活、精干高效的企业调查队伍,这支队伍负责对遍布全国城乡的各种所有制企业,特别是乡镇企业以及个体经济进行抽样调查;开展与建立现代企业制度和发展市场体系密切相关的快速专项调查；进行事业单位的统计登记工作，建立和管理企事业单位名录库等。

有关企业调查队伍的机构、编制、干部、经费和基建投资等问题由国家统计局同有关部门另行商定。

三、加快统计信息自动化系统建设。随着统计调查体系的改革，计算工作量将大量增加，因而对统计信息自动化系统建设的要求会更高、更迫切。各级政府和有关部门应高度重视并大力支持统计信息自动化系统的建设工作，并增加投入，以便于大规模、高效率、全方位、深层次地开发利用统计信息资源，为各级党政领导决策和管理提供科学依据。

四、健全统计机构，稳定干部队伍。为适应市场经济条件下日益繁重的统计工作的需要，必须采取强有力的措施，从组织上保障统计任务的完成。在这次机构改革中，要按照《中华人民共和国统计法》和国务院有关规定的要求，切实加强各级政府统计机构和业务主管部门统计机构的建设。

以上请示如无不妥，请批转各地区、各部门遵照执行。

国家统计局（印章）
20××年×月×日

（资料来源：裴显生. 应用写作[M]. 北京：高等教育出版社，2022.）

思考题

1. 请示和报告的异同。
2. 请示缘由为什么比事项重要？
3. 请示为什么会只有一个主送机关？

第七节　报　　告

必备知识

一、报告的含义

报告是向上级机关汇报工作、反映情况，回复上级机关询问时所使用的公文。报告是行政机关和党的机关都广泛采用的重要上行文。

作为党政机关公文的报告，和一些专业部门从事事务性工作时所使用的、标题中也带有"报告"二字的行业文书，如"审计报告""评估报告""立案报告""调查报告"等，不是相同的概念。这些文书不属于党政公文的范畴，不要混淆。

二、报告的特点

报告具有以下特点。

（一）内容的汇报性

一切报告都是下级向上级机关或业务主管部门汇报工作，让上级机关或业务主管部门掌握基本情况并及时对自己的工作进行指导，所以，汇报性是报告的一大特点。

（二）语言的陈述性

报告在汇报工作、反映情况时，表达的内容和使用的语言都是陈述性的。本单位遵照上级的指示，做了什么工作、怎样做了这些工作、取得了哪些成绩、还存在哪些不足，要一一向上级陈述。反映情况时，也要把时间、地点、人物、事件、原因、结果叙述清楚，向上级机关提供准确的现实性信息。

（三）行文的单向性

报告时下级机关向上级机关行文，是为上级机关进行宏观领导提供依据，一般不需要受文机关的批复，属于单向行文。

（四）成文的事后性

多数报告都是在事情做完或发生后，向上级机关做出汇报，是事后或事中行文。因此在机关工作中，有"事前请示，事后报告"的说法。

（五）双向的沟通性

报告虽不需批复，却是下级机关以此取得上级机关支持指导的桥梁；同时上级机关也能通过报告获得信息，了解下情，报告成为上级机关决策指导和协调工作的依据。

三、报告的种类

报告按内容可分为工作报告、情况报告、答复性报告、呈报性报告、例行工作报告等；按性质可分为综合报告和专题报告；按时间可分为定期报告和不定期报告。下面对一些常见的报告进行简单介绍。

（一）工作报告

凡是用来向上级汇报工作的报告，都是工作报告。工作报告又可分为综合工作报告和专题工作报告两种。

综合工作报告涉及面较宽，主要工作范围之内的方方面面都要涉及，有主次之分，但不能有大的遗漏。大到国务院提供给人民代表大会的政府工作报告，小到某单位向上级提供的年度、季度、月度工作报告，都属于这种类型。

专题工作报告的涉及面窄，只针对某一方面的工作或者某一项具体工作进行汇报，如党政机关关于"三讲"工作的报告，行政机关关于技术革新工作的报告等。

（二）情况报告

本单位出现了正常工作秩序之外的情况，譬如说发生了事故，出现了意想不到的问题等，对现有工作产生了一定程度的影响，应该及时向上级将有关情况进行汇报。即使对工作没有产生太大影响，一些有倾向性的新动态、新风气，以及最近出现的新事物等，必要时也要向上级报告。作为下级机关，有责任做到"下情上传"，保证上级机关耳聪目明，对下面的情况始终了如指掌，这就是情况报告的意义。隐情不报，则是一种失职的表现。

情况报告与工作报告的不同之处主要在于，情况报告不局限于某一具体工作，不讲具体工作进展情况，只讲客观存在的或突然发生的情况。例如，向上级机关反映自然灾害的情况、突发事件的情况。这类报告的特点是时效性很强，发生的事情要非常及时地向上级机关报告，有些情况要用电话先报告，然后书面报告。

（三）答复性报告

这种报告是针对上级或管理层所提出的问题或某些要求而写出的报告。这种报告要求问什么答什么，不涉及询问以外的问题或情况。例如，上级领导对群众来信来访中反映的问题，或文件材料中反映的问题，批示下级机关查办，或询问有关情况，下级机关办理完毕，需用书面形式答复上级机关。

（四）呈报性报告

呈报性报告主要用于下级向上级报送文件、物件随文呈报的一种报告。一般是一两句话说明报送文件或物件的根据或目的以及与文件、物件相关的事宜。

（五）例行工作报告

例行工作报告是下级向上级，因工作需要定期向上级所写的报告，如财务报告、费用支出报告等。

写作指南

报告的主体一般由标题、主送机关、正文和尾部组成，其各部分的格式、内容与写法要求如下。

一、标题

报告的标题常见的形式有两种：一种是由发文机关、事由和文种构成，如《××部关于××抗灾救灾工作情况的报告》；另一种是由事由和文种构成，如《政府工作报告》等。

二、主送机关

报告的主送机关可以是一个，也可以是几个，顶格写于文首，其后用冒号。

三、正文

报告正文的结构一般由开头、主体和结语等部分组成。

（一）开头

开头，主要交代报告的缘由，概括说明报告的目的、意义或根据，然后用"现将××情况报告如下"一语转入下文。

（二）主体

主体，这是报告的核心部分，用来说明报告事项。它一般包括两方面的内容：一是工作情况及问题；二是进一步开展工作的意见。

在不同类型的报告中，正文中报告事项的内容可以有所侧重。

▶ 1. 工作报告主体的写法

工作报告在总结情况的基础上，重点提出下一步工作安排意见，大多采用序号、小标题区分层次。主要有以下几种结构形式：一是情况（包括经验）、问题、打算，适用于以反映情况为主的专题工作报告。二是情况、经验、不足（存在的问题），适用于以总结经验为主的专题工作报告。

情况，包括开展工作和进行某一专项工作的依据、工作进展情况、所取得的成效等经验，包括完成某一专项工作任务的做法和所取得的经验体会等。情况和经验都可分条陈述。写经验体会，应站在全局的高度，从马克思主义的立场、观点出发，对工作进行全面的分析研究，把带有规律性、普遍性、全局性的做法和经验加以归纳、推理、提炼，使之上升到理性高度，这样，对全局工作才有指导意义。

问题，是在分析研究的基础上，抓住存在的带倾向性的主要问题，并把问题讲清楚。如果是专题经验报告，可不写问题或一笔带过。

打算，针对存在问题和上级机关的工作部署来撰写，做到目标、任务明确，措施得当，保障有力。工作经验专题报告，不写工作打算。

这种报告的特点是全面、概括、精练。所谓全面，是指报告的内容要体现一个地区、一个部门在某一段时间内的全面工作情况；所谓概括、精练，是指表述内容的时候，少写或不写烦琐的工作过程，要用结论性、要求性的语言，表达某项工作的结果、希望或要求。

▶ 2. 情况报告主体的写法

情况报告的缘由部分通常交代起因或基本情况，常以"现将有关情况报告如下"等惯用语承启下文。情况报告的事项部分是情况报告的主体部分。一般包括三个层次的内容，结构顺序为：基本情况—问题及原因—办法及措施。有的情况报告也可以将"情况"及"分析"结合起来写。

微课视频 4-10
情况报告的写法

▶ 3. 答复报告主体的写法

答复报告则根据真实、全面的情况，按照上级机关的询问和要求回答问题，陈述理由。

答复性报告要求问什么答什么，不要涉及询问以外的问题或情况。

▶ 4. 呈报性报告主体的写法

呈报性报告只需要写清楚报送的材料（文件、物件）的名称、数量即可。

呈报性报告的正文一般都是用一两句话说明报送文件或物件的根据或目的以及与文件、物件相关的事宜即可。

(三) 结语

结语，根据报告种类的不同一般都有不同的程式化用语，应另起段来写。工作报告和情况报告的结束语常用"特此报告"；答复报告多用"专此报告"；呈报性报告则用"请审阅""请收阅"等。使用结尾语，要注意报告的内容和掌握好分寸。例如，政策方面的报告，常用"请审查"；财经、物资方面的报告，常用"请查收"或"请审查"；一般的工作情况报告，多用"专此报告"结尾。

四、尾部

尾部包括生效标识和成文时间两项内容，在右下方加盖单位公章或主要负责人印章（主要负责人署名）。之后，于其下写明年、月、日。

例文赏读

例文一

关于沈阳市今年以来预算执行情况的报告
——2024年8月28日在市十七届人大常委会第十八次会议上

沈阳市人大常委会：

受市政府委托，我向本次常委会报告我市今年以来预算执行情况，请予审议。

一、预算执行基本情况（略）

（一）财政收支完成情况

1. 一般公共预算执行情况（略）
2. 政府性基金预算执行情况（略）
3. 国有资本经营预算执行情况（略）
4. 社会保险基金预算执行情况（略）
5. 地方政府债务情况（略）
6. 争取上级补助情况（略）

（二）财政预算执行主要特点和存在问题（略）

二、落实市十七届人大三次会议决议工作情况（略）

（一）持续提升财政保障能力（略）

1. 抓好一般公共预算收入组织工作（略）
2. 强化重点任务和基本民生财力保障（略）
3. 多渠道争取上级资金规模稳中有进（略）

（二）推动经济社会高质量发展（略）

1. 支持实施扩大内需战略，推动做大做强城市经济实力（略）
2. 支持强化科技创新引领，推动因地制宜发展新质生产力（略）
3. 支持持续深化改革开放，推动不断增强内生发展动力（略）

（三）支持人民生活品质不断提高（略）

1. 支持全面提升城市品质（略）
2. 支持全面推动乡村振兴（略）
3. 支持全面增进民生福祉（略）

（四）更好统筹发展和安全（略）

1. 兜牢兜实基层"三保"底线（略）
2. 切实防范化解债务风险（略）
3. 有效防范其他领域风险传导（略）

（五）全面提升财政管理效能（略）

1. 认真谋划推进财政改革工作（略）
2. 不断提高财政资金使用效益（略）
3. 持续提升财政科学管理水平（略）

三、下一步工作重点（略）

（一）着力增进财政保障能力（略）

（二）着力强化重点任务和基本民生财力保障（略）

（三）着力防范化解风险隐患（略）

（四）着力推动财政可持续发展（略）

主任、各位副主任、秘书长、各位委员，今后几个月财政工作任务仍然十分艰巨，我们将在市委坚强领导下，在市人大监督指导下，开拓进取、真抓实干，努力开创财政工作新局面，为打好打赢全面振兴新突破三年行动攻坚之战、奋力谱写中国式现代化沈阳新篇章作出新的更大贡献。

沈阳市财政局（印章）

20××年8月28日

（资料来源：沈阳市人民政府. 关于沈阳市今年以来预算执行情况的报告［EB/OL］.（2024-09-05）［2024-12-03］. https：//www.shenyang.gov.cn/so/s？qt=%E6%83%85%E5%86%B5%E7%9A%84%E6%8A%A5%E5%91%8A&tab=zwgk.）

例文二　情况报告

关于召开民主生活会的情况报告

中共××省国家税务局党组：

按照省、市委组织部《关于召开2024年度党员领导干部民主生活会有关问题的通知》精神和省局党组的要求，在市委组织部的指导下，我们于8月10日召开了党组民主生活会。这次民主生活会领导重视，准备充分，方法得当，开得比较成功，达到了预期的目的和效果。现将有关情况报告如下。

一、民主生活会整体情况。（略）

二、交流了思想，总结了成绩，提高了班子的凝聚力。（略）

三、查找了问题，开展了批评与自我批评，进一步强化了四种意识。（略）

四、明确了今后的努力方向。（略）

特此报告

××市国家税务局党组（印章）

20××年×月×日

（资料来源：李伟权. 应用文写作（第3版）［M］. 北京：清华大学出版社，2023.）

例文三　答复报告

××市人民政府关于治理××河水质污染问题的报告

××省人民政府：

省政府转来××委员会提出的关于××河水质污染问题的报告，经市委市政府研究，对报告中提出的有关问题及解决问题方案报告如下：

一、解决××河水质污染问题的关键是尽快建成××区污水处理厂（略）

二、热电厂的粉煤炭也是污染源之一，解决方案是（略）

××市人民政府（印章）

20××年×月×日

（资料来源：李伟权. 应用文写作（第3版）[M]. 北京：清华大学出版社，2023.）

例文四　呈报性报告

关于报送我县2024年村办企业

财务检查整顿工作总结的报告

××市人民政府：

现将我县2024年在全县范围内开展村办企业财务检查整顿工作的总结报上，请审阅。

附件：××县2024年村办企业财务检查整顿工作总结

××县人民政府（印章）

20××年×月×日

（资料来源：李伟权. 应用文写作（第3版）[M]. 北京：清华大学出版社，2023.）

思考题

1. 简述报告的特点。
2. 简述报告写作的注意事项。

第八节　函

必备知识

一、函的含义

函是不相隶属机关之间相互商洽工作、询问和答复问题，或者请求批准和答复审批事项时所使用的公文。函是应用文写作实践中的一种常用文体。

函，从广义上讲，就是信件。它是人们传递和交流信息的一种常用的书面形式。但是，作为公文法定文种的函，已经远远超出了一般书信的范畴，不仅用途更为广泛，最重要的是赋予了其法定效力。2012年，国务院发布的《党政机关公文处理工作条例》规定，"函，适用于不相隶属机关之间商洽工作、询问和答复问题、请求批准和答复审批事项"。这说明，除有直属上下级之间隶属关系外的一切不相隶属机关之间商洽工作，询问和答复问题，甚至请求批准和答复审批事项，一律用"函"。国务院办公厅《党政机关公文处理工作条例》在阐述"函的效力"时强调指出："函作为主要文种之一，与其他主要文种同样具有由制发机关权限决定的法定效力。"

函作为公文中唯一的一种平行文种，其适用的范围相当广泛。在行文方向上，不仅可以在平行机关之间行文，而且可以在不相隶属的机关之间行文，其中包括上级机关或者下级机关行文。在适用的内容方面，它除了主要用于不相隶属机关相互商洽工作、询问和答复问题外，也可以向有关主管部门请求批准事项，向上级机关询问具体事项，还可以用于上级机关答复下级机关的询问或请求批准事项，以及上级机关催办下级机关有关事宜，如要求下级机关函报报表、材料、统计数字等。此外，函有时还可用于上级机关对某件原发文件做较小的补充或更正。

二、函的特点

（一）沟通性

函对于不相隶属机关之间相互商洽工作、询问和答复问题，起着沟通作用，充分显示平行文种的功能，这是其他公文所不具备的特点。

（二）灵活性

函的灵活性表现在两个方面。一是行文关系灵活。函是平行公文，但是它除了平行行文外，还可以向上行文或向下行文，没有其他文种那样严格的特殊行文关系的限制。二是格式灵活。除了国家高级机关的主要函必须按照公文的格式、行文要求行文外，其他一般函，比较灵活自便，也可以按照公文的格式及行文要求行文；可以有眉首，也可以没有眉首，不编发文字号，甚至可以不拟标题。

（三）单一性

函的主体内容应该具备单一性的特点，一份函只宜写一件事项。

三、函的作用

函有以下三方面的作用。

（一）相互商洽工作

如调动干部，联系参观、学习，联系业务，邀请参观指导等。

（二）询问和答复问题

如天津市民政局向民政部门询问的"关于机关离休干部病故抚恤问题"以及民政部对此问题的答复，都是用"函"的形式。

（三）向有关主管部门请求批准

《云南省人民政府关于请求审批滇中城市群发展规划的函》就是为了请求批准而发的函。

四、函的分类

函按照不同的标准，可以分成不同的种类。

(一) 按应用范围分类

按应用范围分类，函可分为商洽函、答询函、请批函和告知函。

▶ 1. 商洽函

商洽函在平行机关或不相隶属机关之间相互协商或联系工作时使用。商洽函较多地用于商调人员、联系工作或处理有关业务性、事务性事项。这类函的正文通常由商洽缘由(发函的原因)和商洽事项两个部分组成。商洽事项有时还特别写清对受文的要求与希望。

▶ 2. 答询函

答询函包括询问函和答复函。用于机关或部门之间相互询问和答复问题。有些不明确问题向有关机关和部门询问，用询问函；对有关部门所询问的问题做出解释答复，用答复函。如果下级机关答复上级机关的询问时涉及的内容重大，应以"报告"行文，不宜用"函"。

这类函的正文一般包括询问缘由和询问内容两部分，询问的缘由可以是原因，也可以是目的。有的便函还可以不写询问的缘由，只要求对方机关就某方面规定答复即可。

▶ 3. 请批函

用于向有关主管部门请求批准事项。请批函与请示的区别：向上级机关请求批准，用请示；向不相隶属机关(包括同级机关)的有关主管部门请求批准，用请批函。

▶ 4. 告知函

告知函也称通报函，是将某一活动或事项告知对方。这种函，类似于知照性通知，由于没有隶属关系，用"通知"不妥，所以宜用"函"。另外，告知函不要求对方回复，如《××省人民政府办公厅关于××省人民政府驻福州办事处更名的函》。

(二) 按行文方向分类

函按行文方向分为发函和复函。

▶ 1. 发函

发函也称去函、问函，是本机关主动向对方去的函。

▶ 2. 复函

复函也称回函，是指回复询问或批准事项等的函。复函既回复对方的询问，也回复对方来函所商洽的事项，还可回复对方请批函中所提出的回复请求。

复函与批复不同，批复是下行文，是对下级机关的请示表明态度；复函是平行文，只是对不相隶属机关的来函做出回复。

(三) 按内容轻重分类

函按内容的轻重分为公函与便函。

▶ 1. 公函

公函的内容比较重要，行文郑重，具有完整的公文格式。

▶ 2. 便函

便函大多用于一般的事务性工作，没有完整的公文格式，只有上款和下款；可以用公用信笺，不使用眉首，不列函件标题与发文字号；可以加盖公章，也可以个人署名。便函一般不归档，但是便函仍用于公务，不是用于私事的私函。

写作指南

一、函的内容与写法

函一般由标题、主送机关、正文和落款组成，其各部分格式内容与写法要求如下。

(一) 标题

公函的标题一般有两种形式：一种是由发文机关名称、事由和文种构成；另一种是由事由和文种构成。

(二) 主送机关

主送机关即受文并办理来函事项的机关单位，于文首顶格写明全称或者规范化简称，其后用冒号。

(三) 正文

正文一般由开头、主体、结尾、结语等部分组成。

▶ 1. 开头

开头主要说明发函的缘由。一般要求概括交代发函的目的、根据、原因等内容，然后用"现将有关问题说明如下："或"现将有关事项函复如下："等过渡语转入下文。复函的缘由部分，一般首先引叙来文的标题、发文字号，然后再交代根据，以说明发文的缘由。

▶ 2. 主体

主体是函的核心内容部分，主要说明致函事项。函的事项部分内容单一，一函一事，行文要直陈其事。无论是商洽工作、询问和答复问题，还是向有关主管部门请求批准事项等，都要用简洁得体的语言把需要告诉对方的问题、意见叙写清楚。如果属于复函，还要注意答复事项的针对性和明确性。

▶ 3. 结尾

一般用礼貌性语言向对方提出希望，请对方协助解决某一问题，请对方及时复函，请对方提出意见或请主管部门批准等。

▶ 4. 结语

通常应根据函询、函告、函商或函复的事项，选择运用不同的结束语，如"特此函询(商)""请即复函""特此函告""特此函复"等。有的函也可以不用结束语，如属便函，可以像普通信件一样，使用"此致""敬礼"。

(四) 落款

落款一般包括署名和成文时间两项内容。

署名机关单位名称，成文时间年、月、日，并加盖公章。

二、函写作的注意事项

(一) 注意与其他文种的区别

函属于平行文，主要用于平级机关，或不相隶属机关之间的公务。但是，在上下级机关的公务活动中，也并非绝对不用。与其他公文的区别在于以下三方面：一是下级机关向上级机关请示重大事项时，用请示；而问询一般事宜，则用函。二是上级机关向下级机关部署重要工作时，一般用指示、决定、通知等；答复请示的问题时，用批复；而答复一般问题或查询、查办、催办有关事宜，则用函或复函。三是上级机关召开重要会议时，一般都发会议通知；而召开一般性会议，或要求下级机关报送一些统计数字、单项材料之类的较小事项，则用函。

（二）内容要单一明确

函要一函一事，内容单一集中，要避免不分轻重主次的现象。这样，便于受函单位处理，有助于提高工作效率。同时，要把商洽、询问、请求的事项写明确，切忌模糊、笼统，以免误解或往来查询，延时误事。

（三）态度要诚恳，用语要得体

发函一般要求对方关照、支持，因此写作时态度要诚恳，语气要平和，讲究平等协商，文明礼貌，不露虚套和媚态。即使是上级机关向下级机关的发函，也不要居高临下，盛气凌人，应以平等商洽的口吻来写，以免引起下级的反感。复函用语要明快，以诚待人，不要显出冷漠和生硬。总之，语言要得体，恰到好处。

例文赏读

例文一

**国务院办公厅关于同意建立
数字经济发展部际联席会议制度的函**

国办函〔2022〕63号

国家发展改革委：

你委关于建立数字经济发展部际联席会议制度的请示收悉。经国务院同意，现函复如下：

国务院同意建立由国家发展改革委牵头的数字经济发展部际联席会议制度。联席会议不刻制印章，不正式行文，请按照党中央、国务院有关文件精神认真组织开展工作。

附件：数字经济发展部际联席会议制度

国务院办公厅（印章）
2022年7月11日

（此件公开发布）

（资料来源：国务院办公厅. 国务院办公厅关于同意建立数字经济发展部际联席会议制度的函[EB/OL].(2022-07-25)[2024-12-03]. https：//www.gov.cn/zhengce/content/2022－07/25/content_5702717.htm.）

例文二

国务院办公厅关于同意辽宁省承办 2028 年
第十五届全国冬季运动会的函

国办函〔2023〕107 号

体育总局、财政部：

　　你们《关于辽宁省承办第十五届全国冬季运动会的请示》（体竞字〔2023〕133 号）收悉。经国务院领导同志批准，现函复如下：

　　一、同意辽宁省承办 2028 年第十五届全国冬季运动会。

　　二、体育总局、辽宁省人民政府要坚持以习近平新时代中国特色社会主义思想为指导，深入贯彻习近平总书记关于体育工作的重要讲话和指示批示精神，完整、准确、全面贯彻新发展理念，落实党中央、国务院有关规定，按照"简约、安全、精彩"的办赛要求，充分结合辽宁省经济社会发展实际，共同组织好 2028 年第十五届全国冬季运动会，为强国建设、民族复兴伟业贡献体育力量。

　　三、筹备和举办 2028 年第十五届全国冬季运动会的经费主要由辽宁省人民政府自筹，中央财政给予一次性定额补助。中央财政定额补助资金主要用于运动会举办和场地维修等，场馆设施建设所需资金由辽宁省人民政府自行负担。

国务院办公厅（印章）

2023 年 10 月 22 日

（此件公开发布）

（资料来源：国务院办公厅. 国务院办公厅关于同意辽宁省承办 2028 年第十五届全国冬季运动会的函[EB/OL].(2023-10-25)[2024-12-03]. https://www.gov.cn/zhengce/content/202310/content_6911693.htm.）

例文三

关于政协第十三届全国委员会第五次会议
第 01432 号（文体宣传类 119 号）提案答复的函

心澄委员：

　　您提出的《关于在统筹江海发展中重视文化遗产保护的提案》收悉，经商住房和城乡建设部，现答复如下：

　　江苏地处中国东部沿海地区中部，长江下游，是全国唯一同时拥有大江大河大湖大海的省份。近年来，省委、省政府深入贯彻习近平总书记关于历史文化保护传承的重要论述，认真落实党中央、国务院决策部署，把文化遗产保护作为推动沿江沿海高质量发展的重要抓手，不断加强我省历史文化保护传承工作，彰显江苏文化独特魅力。

　　一、加强规划引领。《江苏省国民经济和社会发展第十四个五年规划和二〇三五年远景目标纲要》将"完善优秀传统文化保护传承体系"作为重要内容，明确提出实施文化遗产分类保护工程等重点任务。制定实施《关于贯彻落实〈江苏沿海地区发展规划（2021—2025

年)》的实施方案》《江苏省全面推进落实长江经济带高质量发展战略任务行动方案》,对沿江沿海地区文化遗产保护传承工作做出安排。积极推进大运河文化带和大运河、长江国家文化公园建设,编制实施覆盖全省的大运河文化带建设系统规划,编制大运河、长江国家文化公园江苏段建设保护相关规划,为沿江沿海文化遗产保护提供有力支撑。细化编制"十四五"文化发展、文化和旅游、文物事业等专项规划,落实一系列文化遗产保护具体措施。

二、系统保护利用。深入贯彻中办、国办《关于加强文物保护利用改革的若干意见》,全面落实政府主体责任。国土空间规划方面,编制《江苏沿海地区国土空间规划》,出台《大运河江苏段核心监控区国土空间管控暂行办法》,划定历史文化保护线,明确各类历史文化遗产的保护范围和要求。城乡建设方面,制定出台《关于在城乡建设中加强历史文化保护传承的实施意见》,启动编制省级城乡历史文化保护传承体系规划,推进文化遗产分类保护,开展历史建筑保护利用试点,推动转变城市开发建设方式,坚持"留改拆"并举、以保留利用提升为主,防止大拆大建。文化旅游方面,深入挖掘沿江沿海地区各类特色资源,制定世界级运河文化遗产旅游廊道、滨海生态旅游廊道建设实施方案,构建"两廊两带两区"特色文旅空间体系,注重自然山水、风景名胜与城市布局形态有机融合,突出滨水环境塑造,打造具有世界影响力的旅游景观带。

三、深入挖掘资源。建立健全历史文化遗产资源资产管理制度,推动文物、非物质文化遗产、历史建筑和传统村落等历史文化遗产资源调查研究。全面摸清文物资源底数,先后完成全国第三次不可移动文物普查和第一次可移动普查,开展革命文物资源调查,启动江苏地域文明探源工程。指导沿江沿海地区申报历史文化名城名镇名村、划定历史街区、确定历史建筑,编制相关保护规划。做好世界文化遗产申报和管理工作,支持沿江沿海有关设区市牵头联合申遗,开展海上丝绸之路相关史迹调查研究,南京、南通等设区市加入"海上丝绸之路保护和联合申遗城市联盟"。截至目前,沿江沿海地区共有世界文化遗产3处,世界自然遗产1处,全国重点文物保护单位225处,省级文物保护单位614处,18项考古发现入选"全国十大考古新发现";国家级历史文化名城11座、名镇31个、名村12个,省级历史文化名城4座、名镇6个、名村6个。

四、推进重点项目。建立省"十四五"时期文化保护传承利用工程项目储备库,编制"十四五"时期大运河文化带、长江国家文化公园建设重点项目表,将一批沿江沿海项目纳入其中。持续强化文物保护力度,先后实施镇江焦山定慧寺、南通大生纱厂修缮等沿江沿海地区省级以上文物保护工程287项,南京长江大桥公路桥维修保护项目被评为第五届"全国优秀古迹遗址保护项目"。把博物馆建设作为江海文化遗产保护重要载体,着力提升博物馆展陈水平和服务能力,新增国家等级博物馆45家,建成开放扬州中国大运河博物馆、盐城市博物馆新馆,全省博物馆接待观众突破1亿人次,连续多年居全国首位。强化沿江沿海地区非物质文化遗产区域性整体保护,开展"非限定空间非遗进景区""非遗购物节"等系列活动,让非遗走进百姓生活。"十三五"以来,共投入省级以上文物保护资金10.52亿元、省级历史文化名城名镇名村保护专项资金3.28亿元,支持沿江沿海地区保护修缮文化遗产、完善公共基础设施配套。

下一步,我省将认真研究、充分吸收您在提案中提出的合理建议,全面贯彻党中央、国务院决策部署,深入落实全国文物工作会议精神,在住房和城乡建设部等国家部委指导下,进一步统筹做好沿江沿海地区文化遗产保护传承利用工作。重点抓好以下几个方面:

一是坚持统筹谋划推进。把文化遗产保护放到江海发展整体布局中来谋划，结合长江经济带、大运河文化带和大运河、长江国家文化公园建设等国家战略，引导各地系统保护盐垦、海防、工业、农业等具有地方特色的文化遗产。指导沿江沿海地区在编制和实施国土空间规划过程中，加强对文化遗产及其整体环境的保护管控，科学划定历史文化保护线，强化历史文化保护类规划编制的审批管理，严格历史文化保护相关区域的用途管制和规划许可。结合"两廊两带两区"特色文旅空间布局，加强跨区域文化遗产整体保护利用，整合沿江沿海各类历史文化资源要素，打造"水韵江苏"跨区域文化廊道和历史文化线路。

二是持续深化资源调查。持续调查梳理沿江沿海特色文化资源，从历史、文化、艺术、科学等多重价值维度，开展科学评估、认定、登记、公布工作。加快建立省、市、县三级保护对象名录和分布图，系统完整保护各时期、各类型文化遗产。推行历史文化遗产保护告知书制度，建立健全历史文化资源调查评估长效机制。支持沿江沿海有条件的地区申报历史文化名城名镇名村，推动修编2035版历史文化名城名镇名村保护规划。

三是推进重大项目建设。以省"十四五"时期文化保护传承利用工程项目储备库项目为重点，多渠道筹措资金，在沿江沿海地区持续开展历史文化遗产资源保护、环境整治、景观塑造、展览展示等工作。加快推进"十四五"时期大运河文化带、长江国家文化公园重点项目建设，加大资源保障力度，实施重大项目年度滚动管理。

四是深入推动活化利用。深化历史文化遗产保护传承工作，支持沿江沿海地区文物保护单位、历史建筑等活化利用，推动考古成果转化和遗址公园建设。结合老城保护、城市更新、乡村建设，鼓励采用"绣花""织补"等微改造方式，保留有保护价值的老建筑、老树老井老桥老码头等环境要素，延续历史文脉和传统风貌。加强非物质文化遗产保护传承能力建设，推动非遗走进现代生活。

五是加大宣传教育力度。着力提升全社会历史文化保护意识，按规定组织开展传统节庆活动、纪念活动等，创新丰富表达方式，积极融入传统文化元素，引导群众自觉参与文化遗产保护传承。加强干部教育培训，提高各级领导干部保护传承历史文化的意识和能力。

感谢您对江苏省政府工作的关心和支持！

江苏省人民政府（印章）

2022年7月29日

（资料来源：江苏省人民政府办公厅. 关于政协第十三届全国委员会第五次会议第01432号（文体宣传类119号）提案答复的函[EB/OL].(2022-08-01)[2024-12-03]. https://www.jiangsu.gov.cn/art/2022/8/1/art_59167_10589629.html.）

思考题

1. 某大学拟扩建图书馆，须经城建管理部门批准，为此该校写了一份请示。这种做法是否妥当？为什么？

2. 函的适用范围有哪些？

第九节 纪 要

必备知识

一、纪要的含义

纪要是根据会议情况、会议记录和各种会议材料,经过综合整理而形成的概括性强、凝练度高的文件,具有情况通报、执行依据等作用。纪要适用于记载会议主要情况和议定事项。纪要产生于会议后期或者会后,属纪实性公文。任何类型的会议都可以印发纪要,尚待决议或者有不同意见的,也可以写入纪要。纪要是一个具有广泛实用价值的文种。

二、纪要的特点

▶ 1. 纪实性

纪要必须是会议宗旨、基本精神和所议定事项的概要纪实,不能随意增减和更改内容,任何不真实的材料都不得写进会议纪要。

▶ 2. 概括性

会议纪要必须精其髓、概其要,以极为简洁精练的文字高度概括会议的内容和结论。既要反映与会者的一致意见,又可兼顾个别同志有价值的看法。有的会议纪要,还要有一定的分析说理。

▶ 3. 条理性

会议纪要要对会议精神和议定事项分类别、分层次予以归纳、概括,使之逻辑清晰、条理清楚。

三、纪要的主要种类

(一) 按会议类型划分

按会议类型划分,有多少类型的会议,就有多少类型的纪要。具有行政管理和研讨性的会议主要有工作会议和座谈会议两类,则相应的就有工作会议纪要和座谈会议纪要。

▶ 1. 工作会议纪要

工作会议纪要侧重于记录贯彻有关工作方针、政策,及其相应要解决的问题,如《全国民族贸易和民族用品生产工作会议纪要》《全省基本建设工作会议纪要》等。

▶ 2. 座谈会议纪要

座谈会议纪要内容比较单一、集中,侧重于工作的、思想的、理论的、学习的某一个问题或某一方面问题,如《十省区、十个路局整顿治安座谈会纪要》。

(二) 按内容性质划分

按内容性质划分,纪要可分为决议性会议纪要和研讨性会议纪要。

▶ 1. 决议性会议纪要

决议性会议纪要多为记载和传达政府机关、社会团体、企事业单位领导人办公会议,或由政府组织的工作会议讨论情况与议定事项的纪要。

2. 研讨性会议纪要

研讨性会议纪要是纪要中使用最多的一类，各种形式的座谈会和学术型会议尤其多用。它侧重于反映涉及重大方针、政策、原则性问题的探讨，或对工作中的具体问题提出研究和讨论的意见，或侧重于汇集、交流情况和经验等，都有着研究探索的性质，所起的作用是参谋性、参考性、交流性的，本身不具有决定、决议那样的行政权威。

（三）按纪要主体结构的特点划分

按纪要主体结构的特点划分，纪要可分为综述式、分项式和发言式三类。

1. 综述式纪要

综述式纪要，即把会议反映的情况、研究的问题、议定的事项、提出的任务等内容综合归纳后分别表述。议题单一、意见集中的纪要通常一气呵成，只用"会议认为""会议指出""会议强调""会议决定""会议要求"等惯用语引领段落，以显示纪要的行文层次。

2. 分项式纪要

分项式纪要是按会议议题列项或划分层次，每一项或每一层次里分别陈述其讨论的意见、形成的决议、提出的任务等。

3. 发言式纪要

发言式纪要直接表述发言内容，并标明发言人姓名。具体写法有两种：一种是按发言先后次序记载发言内容，将每个人的多处发言集中在一起表述；另一种是将会议讨论的内容归纳为几个问题，亦即划分为几个层次，在每一层次里写出发言者的发言内容。

写作指南

一、纪要的结构和写法

纪要一般由标题、开头、文号和制文时间、正文、结尾五部分构成。

（一）标题

标题有两种格式：一种会议名称加纪要，也就是在"纪要"两个字前写上会议名称，如《全国纺织工会工作会议纪要》《辽宁省×××局工作会议纪要》。会议名称可以写简称，也可以用开会地点作为会议名称，如《京、津、沪、穗、汉五大城市治安座谈会纪要》《大连会议纪要》。另一种是把会议的主要内容在标题里揭示出来，类似文件标题式的，如《关于加强纪检工作座谈会纪要》《关于落实省委领导同志批示保护省级文物七级浮屠塔问题的会议纪要》。

（二）开头

开头简要介绍会议概况，其中包括以下内容。

（1）会议召开的形势和背景；
（2）会议的指导思想和目的要求；
（3）会议的名称、时间、地点、与会人员、主持者；
（4）会议的主要议题或解决什么问题；
（5）对会议的评价。

（三）文号和制文时间

文号写在标题的正下方，由年份、序号组成，用阿拉伯数字全称标出，并用"〔〕"括入，如"〔2015〕15号"。办公会议纪要对文号一般不做必须的要求，但是在办公例会中一般要有文号，如"第××期""第××次"，写在标题的正下方。

纪要的时间可以写在标题的下方，也可以写在正文的右下方、主办单位的下面。

(四) 正文

正文是纪要的主体部分，是对会议的主要内容、主要精神、主要原则以及基本结论和今后任务等进行具体的综合和阐述。

(1) 纪要要从会议的客观实际出发，从会议的具体内容出发，抓中心，抓要点。抓中心就是抓住会议中心思想、中心问题、中心工作；抓要点，就是抓住会议主要内容。要对此进行条理化的纪要。

(2) 会议纪要是以整个会议的名义表述的，因此，必须概括会议的共同决定，反映会议的全貌。凡没有形成一致意见的问题，则需要分别论述并写明分歧之所在。

(3) 要掌握并运用马列主义的基本理论与党的方针、政策对会议进行概括与总结。它是贯穿在纪要始终的一条红线。

(4) 为了叙述方便，条理清楚，常用"会议认为""会议指出""会议强调""与会人员一致表示"等词语，作为段落的开头语。也有用在段中的，仍起强调的作用。

(5) 属于介绍性文字时，笔者可以灵活自由叙述；但属于引用性文字时，必须忠实于发言原意，不能篡改，也不可强加于人。

(6) 小型会议，侧重于综合会议发言和讨论情况，并要列出决议的事项；大型会议内容较多，正文可以分几部分来写。常见的有以下三种。

① 概括叙述式。这种写法是把会议的基本情况，讨论研究的主要问题，与会人员的认识、议定的有关事项(包括解决问题的措施、办法和要求等)，用概括叙述的方法，进行整体的阐述和说明。

② 分列标题式。即把会议的主要内容分成几个大的问题，然后标上标号或小标题，分项来写。这种写法侧重于横向分析阐述，内容相对全面，问题也说得比较细，常常包括对目的、意义、现状的分析，以及目标、任务、政策措施等的阐述。这种纪要一般用于需要基层全面领会、深入贯彻的会议。

③ 发言记录式。这种写法是把会上具有典型性、代表性的发言加以整理，提炼出内容要点和精神实质，然后按照发言顺序或不同内容，分别加以阐述说明。这种写法能比较如实地反映与会人员的意见。某些根据上级机关布置，需要了解与会人员不同意见的会议纪要，可采用这种写法。

(五) 结尾

结尾的一般写法是提出号召和希望。但要根据会议的内容和纪要的要求，有的是以会议名义向本地区或本系统发出号召，要求广大干部认真贯彻执行会议精神，夺取新的胜利；有的是突出强调贯彻落实会议精神的关键问题，指出核心问题；有的是对会议做出简要评价，提出希望要求。

结尾还包括署名和成文时间两项内容。署名只用于办公会议纪要，写明召开会议的机关单位名称，下面写上成文的年、月、日，加盖公章。一般纪要则不需要署名，不加盖公章，但有些时候根据需要也加盖公章。至于成文时间，如果在首部已注明，就不再写。首部没注明的话，要写成文时间。

二、纪要与会议记录的区别

纪要与会议记录是两个不同的概念，两者的区别十分明显。从应用写作和文字处理的角度来探析，两者截然不同。纪要是党政机关 15 种公文之一，其撰写与制作属于应用写作和公文处理的范畴，必须遵循应用写作的一般规律，严格按照公文制发处理程序办事。而会议记录只是办公部门的一项业务工作，属于事务文书，它只须忠实地记载会议实况，保证记录的原始性、完整性和准确性，其记录活动同严格意义上的公文写作完全是两码事。两者在性质、功能、载体样式、称谓用语、适用对象、分类方法等诸多方面都有明显区别。

▶ 1. 性质不同

会议记录是会议讨论发言的实录，属于事务文书。纪要只记会议要点，是党政机关 15 种公文之一。

▶ 2. 功能不同

会议记录一般不公开，无须传达或传阅，只作为资料存档；纪要通常要在一定范围内传达或传阅，要求贯彻执行。

▶ 3. 载体样式不同

纪要作为一种法定公文，其载体为文件，享有《党政机关公文处理工作条例》（中办发〔2012〕14 号）所赋予的法定效力。会议记录的载体是会议记录簿。

▶ 4. 称谓语不同

纪要通常采用第三人称的写法，以介绍和叙述情况为主。会议记录中，发言者怎么说的就怎么记，会议怎么定的就怎么写，是会议情况的实录。

▶ 5. 适用对象不同

纪要具有传达告知功能，因此有明确的读者对象和适用范围。作为历史资料的会议记录，不允许公开发布，只是有条件地供需要查阅者利用。

▶ 6. 分类方法不同

纪要种类很多。按其内容，可分为决议性纪要、意见性纪要、情况性纪要、消息性纪要等；按会议的性质，可分为常委会议纪要、办公会议纪要、例会纪要、工作会议纪要、讨论会议纪要等。而会议记录通常只是按照会议名称来分类，往往以会议召开的时间顺序编号入档。对纪要的分类，有助于撰写者把握文体特点，突出内容重点，找准写作角度；对会议记录的分类则主要是档案管理的需要。

三、纪要写作的注意事项

（一）要明确宗旨

撰写纪要一定要本着"记录要点"的宗旨，概括地传达会议的精神和要求。要根据会议的具体内容，抓住会议的中心思想、中心问题、中心工作，以及会议的主要内容。

（二）要实事求是，忠实会议内容

可以对与会者的发言进行概括和提炼，也可适当删减，但不可凭空增添内容和篡改原意。

（三）要正确地集中会议的意见

没有取得一致意见的，一般不写入纪要。但对少数人意见中的合理部分，也要注意吸收。

（四）要注意条理，抓住要点来写，不要写成会议记录

撰写纪要是一个对会议讨论意见进行综合、分析、整理加工的过程，也就是理论化、条理化的过程，既要尽力给予理论上的概括，提纲挈领，又要对会议讨论的意见分类归纳，分清层次。

例文赏读

例文一

飞扬技术学院产学研讨论会议纪要
〔2022〕8号

时间：2022年5月8日9：00—11：00
地点：四号楼302会议室
主持：佟院长
出席：黄、王、陈、陈、张、黄
列席：林、徐、李、梁、朱、吕、郑、李、张、董、夏、陆、刘、任、冯、范
记录：陈

现将会议讨论及决定的主要事项纪要如下。

一、佟院长传达了全国第四次产学研工作会议精神和年全省教育工作要点。要求结合上级指示精神，创造性地开展工作。

二、会议决定，王××同志协助毛同志主持学院行政日常工作。各单位、部门要及时向分管领导请示、汇报工作，分管领导要在职权范围内大胆工作，及时拍板。如有重要问题需要学院解决，则提交办公会议研究。

三、会议强调了会议制度改革和加强管理的问题。会议强调，院长办公会议是决策会议，研究、解决学院办学过程中的重大问题。要形成例会制度，如无特殊情况，每周一上午召开，以确保及时研究问题、解决问题，提高工作效率。具体程序是，每周四前，在取得分管领导同意后，将需要解决的议题提交办公室。会议研究决定的问题，即为学院决策，各单位、部门要认真执行，办公室负责督促检查。

会议就有关部门反映的教学管理中的若干具体问题，再次重申，一定要理顺工作关系，部门与部门之间、机关与分院之间、分院与分院之间一定要做好沟通、衔接工作，互相理解，互相支持。机关职能部门要注意通过努力工作来树立自己的形象。基层分院要提高工作效率，对没有按时间控制点完成任务的要提出批评。要切实加强基础管理工作，查漏补缺，努力杜绝教学事故的发生。

四、会议决定，要进一步关心学生的生活问题。责成学生处结合教室管理等工作，落实好学生的勤工俭学任务。将教工餐厅移到二楼，一楼餐厅全部供学生使用，以解决学生就餐拥挤问题。针对校外施工单位晚上违规施工，影响学生休息问题，会议责成计划财务处立即向高教园区管委会反映，尽快妥善解决。

五、会议决定，要规范学生的技能鉴定工作。会议重申，学生毕业之前须取得中级以上技能证书，才能发给毕业证书。由产业园设计中心（考工站）具体组织学生的报名、培训

和考核工作。

飞扬技术学院（印章）
2022 年 5 月 10 日

（资料来源：本案例由笔者根据相关资料整理所得。）

例文二

民生国际商学院学生工作会议纪要

〔2022〕12 号

时间：2022 年 12 月 15 日 9：00—11：00
地点：四号楼 505 会议室
主持：郑伟（学工部部长）
出席：沈、江、姜、文、车
列席：王、李、马、刘、何、唐
记录：沈

各系汇报了开学以来的学生思想状况及本学期的学生工作安排。开学初学生们基本按时返校、注册，对个别未按时返校的学生各系及时了解具体情况。开学以来广大同学精神面貌良好，学习、生活秩序基本稳定。

开学后，各系根据自己的实际情况和特点，做了以下几项重点工作。

1. 本学期重点是抓好班主任工作，进一步加强班风、学风建设的具体措施，以英语四、六级学习作为重点。

2. 通过早操、早自习、团日活动、宿舍文明建设等日常工作的开展，使 22 级新生养成良好的学习生活习惯，尽快适应大学生活。

3. 19 级毕业生普遍关注就业及考研问题，针对此情况各系积极开展职业生涯讲座及考研辅导。

4. 特困生工作是每年各系工作的重点及难点，特困生比较关注国家贷款进展情况，各系都在积极想办法解决这些困难学生的实际问题。

5. 各系积极打造品牌活动，注重学生的日常行为教育，保证学院整体工作的稳定，并在稳中求发展。

通过听取学生工作情况分析汇报，会议认为学生工作会议的召开是非常及时和必要的，每学期至少定期召开二至三次这样的会议，及时了解学生的思想动态，解决学生中存在的问题，从而将各项工作深入细致地完成。

民生国际商学院（印章）
2022 年 5 月 10 日

（资料来源：本案例由笔者根据相关资料整理所得。）

思考题

1. 纪要的特点是什么？
2. 纪要与会议记录的区别是什么？
3. 简述纪要写作的注意事项。

第十节 电子公文

必备知识

一、电子公文的含义

公文是政府机关处理公务和行政管理的重要工具，在各级机关、单位中，"办公"的一个重要内容就是办理和制发文件，即"办文"。依靠网络信息技术对公文进行高效有序的电子化处理，是电子政府建设的重要组成部分，是关系到电子政府建设全局的基础性工程。

电子公文是通过计算机进行操作、传输、存储等处理的数字化产物。与纸质公文相比，电子公文具有存储体积小、检索速度快、远距离快速传递，以及同时满足多用户共享等优点。随着计算机和网络信息技术的应用普及，越来越多的公文直接在计算机上产生和传输，电子公文也将越来越多。但与纸质公文相比，电子公文也存在自身无法克服的局限性，如信息与载体分离，不能直接阅读，必须依赖于软件和硬件才能识别和利用；电子公文容易被人修改、复制，修改之后几乎不留痕迹，在真实性、完整性、凭证性方面比较难认可。因此，目前甚至今后相当一段时间内，不可能完全抛开纸质公文而以电子公文取而代之，电子公文将和纸质公文并存。我们应正确认识公文的本质功能——传递信息，理解电子公文与纸质公文的关系，破除对公文物理介质的习惯心理，建立数字化的公文新概念。对于电子公文，应根据其特点，制定适合的管理办法，使之与纸质公文实现优势互补。

网络媒体被称为报刊、广播、电视三大传统媒体之后的第四媒体，与传统媒体相比，网络媒体具有检索便利、时效性高、信息发布范围广泛、便于准确统计受众情况等优势。一方面，应该充分发挥网络媒体的特点，丰富电子公文的信息形态，如可以尝试"多媒体公文"，在电子公文中不仅采用字符，而且采用声音、图像、动画等多种形式，这将大大改善公文的传播效果；另一方面，应该使用网络媒体发布公文信息，甚至可以把网络媒体发布的公文作为标准文本，如在政府网站上，设立专门管理的电子公文发布中心，一旦公文在此发布，就作为正式文本，不可再被更改、删除，在现阶段，不妨尝试在一个单位内部网络上实现，告别"复印—传阅—复印"的传统工作方法，逐步实现无纸化办公。

二、电子公文的特点

▶ 1. 信息的隐秘性

电子文件的信息与传统文件的信息记载方式不同。传统文件的内容以字符或数字等符号记录于纸张等载体之上。人工可直接识读，电子文件的信息以二进制数字代码的形式记录于磁性或光学载体上，成为迄今为止第一种人类无法凭借自身的器官——眼睛或手来识读的文件信息。

▶ 2. 传播的系统依赖性

电子文件需要有一定的条件才能实现，电子文件真正的形成者和读者是程序。信息存储的时候需要进行编码，信息检索和阅读的时候需要进行解码，编码和解码过程中则要借助于一定的硬件设备、操作系统和应用软件，否则电子文件既无法产生也无法阅读，电子文件对系统的依赖性特别是它对特定系统（电子文件产生时运行的软、硬件系统）的依赖性是电子文件的一大特点，也是电子文件管理中的难题。

▶ 3. 载体的不确定性

从甲骨、竹简到纸张，载体的意义远远大于"承载物"这一项，它和记录在上面的字迹、书写材料、签字、印章等不可分割，一起构成了文件原件身份的"证明"。但对于电子文件，信息内容不会永远和特定的载体相连，载体只是暂时性的，仅仅成为每一个特定时刻文件内容的承载物，它已无法固定某些用以鉴别文件原始性的外部信息。

除此之外，电子文件还具有信息存储的高密度性、多种信息媒体的集成性和信息处理的灵活性等特点。

三、电子公文的作用

公文无纸化远程传输（电子公文传输）实际上就是在专用的通信平台上安全收发加密的电子邮件，电子公文传输可以实现一"点"对多"点"的收发功能，简化了繁杂的工作环节和程序，推动了政令的有效快速传达，这不仅是对传统发文方式的变革，而且会带来机关办公方式的转变。目前，电子公文传输管理通常要求接收单位接收电子公文后，通过彩色打印机，打印成纸质公文，再进入办文过程。实际上，传输的电子公文应直接进入本机关的电子公文运转管理系统，实现公文要素的转换，同时应实现文档一体化，电子公文办理完毕后，直接将公文的基本信息转换到档案管理系统，这样，可大大减少手工操作和重复劳动，避免人为失误。公文处理电子化要真正达到提高办公效率、降低办公成本的目的，必须在电脑网络上实现公文处理全程电子化和无纸化，并实现对上（中央、国家机关）、对下（市、县区）、对左右（党委、政府、人大、政协的部门、直属单位）互联互通。要实现公文处理全程无纸化，必须认可电子公文传输、电子批阅、痕迹修改、电子签名的法律效力。目前，在尚未解决电子公文的法律效力问题之前，比较可行的办法是，将电子公文运作过程中的草稿、定稿打印出来，转成纸质公文，供拟稿人、核稿人、签发人等签署，以暂时解决其法律效力的问题。

写作指南

电子公文的写作实际上是公文写作的电子化，它的内容写法和格式请参考公文的写作。

例文赏读

蓝天出租车总公司办公室电子公文
蓝发〔2023〕6号
蓝天出租车总公司关于安全生产工作会议的通知

各分公司、各厂：

为贯彻市政府安全工作会议精神，研究落实我司安全生产事宜，总公司决定召开2023年度安全生产工作会议，现将有关事项通知如下。

1. 参加会议人员：各车队队长，修理厂厂长；
2. 会议时间：5月3日9：00—14：00；
3. 报到时间：5月2日至5月3日上午8时前；
4. 报到地点：第二招待所301号房间，联系人：赵××，电话12345678900。
5. 各单位报送的经验材料，请打印30份，于4月20日前报总公司技安科。

特此通知。

蓝天出租车总公司（印章）
2023年4月15日

抄送：沈阳市交通局，沈阳市公安局。
蓝天出租车总公司办公室

2023年4月16日印发

（资料来源：本案例由笔者根据相关资料整理所得。）

思考题

1. 电子公文的特点是什么？
2. 简述电子公文的作用。

在线测试题

扫描二维码，在线答题。

第五章　新闻传播文体

第一节　消　息

必备知识

一、消息的含义

消息是以简练的语言及时报道新近发生发现的、有价值的实事的一种新闻体裁。消息在报纸、广播、电视中的使用最为广泛，是新闻报道中数量最大、最为常见的基本文体。

消息通常被称为新闻。"新闻"一词有狭义和广义之分。狭义的新闻指的是消息，在它在新闻报道中占有重要地位，本书所指是狭义新闻；广义的新闻指的是各种新闻体裁的总称，包括消息、通讯、特写、调查报告等。

依据消息的具体特点，可分为不同的信息类别。

二、消息的文体特征

（一）真实性

消息作为最基本的新闻报道文体，真实性是其根本属性，内容真实、用事实说话是消息的特点和优势。消息应该真实、全面地反映客观事实，不能在消息中虚构或篡改事实。对于构成消息要素的时间、地点、人物、事件和结果，以及消息中所引用的背景材料、数字，都必须确保其完全可靠，并且能够反映事物本质。

（二）客观性

消息的客观性是建立在新闻真实性基础之上的，也是对新闻全面性的价值判断。虽然消息的报道并不是无立场无观点的"有闻必录"，但消息文体的宗旨在于客观地传递信息，因此应尽量体现出客观性。行文中应该侧重于摆事实，而不能只讲道理；应该侧重于叙述，而不能大发议论。

（三）时效性

在新闻的体裁中，形式短小简洁的消息在反映现实的速度方面居于榜首。实用、高效是消息又一突出特点。消息必须及时、迅速地把最新的事实报告给读者；与此相反，被延误了的信息则会失去相应的新闻价值。正如俗话所说，"今天的新闻是金子，昨天的新闻是银子，前天的新闻是垃圾"，时效性是消息的一个鲜明的标签。

（四）简洁性

在消息中，通常采用较小的篇幅，以精练的语言来叙述事实。所以，消息文体往往内容单纯，言简意赅，可在极为简短的文字中展示出极为充实的内容。

中国铁路总公司：端午假期期间全国铁路预计发送旅客 4 460 万人次

中国日报 5 月 27 日电（记者 罗×）中国铁路总公司 5 月 27 日发布消息称：为期 4 天的 2017 年端午假期铁路旅客运输于 5 月 27 日正式启动，全国铁路预计发送旅客 4 460 万人次。其中，5 月 28 日将是端午小长假客流最高峰，预计发送旅客 1 270 万人次，比去年最高峰日增加 142 万人次，同比增长 12.6%。

从车票发售情况看，假日期间，北京、上海、青岛、西安等城市客流较为集中。

三、消息的文体种类

消息的文体种类较为常见的有动态消息、综合消息、典型消息、述评消息、特写消息及图片消息等。

（一）动态消息

动态消息也称动态新闻，能够快速、及时地报道国际国内的重大重要事件。此类消息很多属于简讯，即短讯或简明新闻，内容更加单一，文字更加精简，常常一事一讯，篇幅极为短小。

（二）综合消息

综合消息也称综合新闻，是综合反映带有全局性情况、动向、成就和问题等消息的报道。

（三）典型消息

典型消息也称典型新闻，是对某部门或单位的典型经验的专门报道，往往具有宣传引领的作用。

（四）述评消息

述评消息也称新闻述评，除具有一般动态消息的特点外，在陈述新闻事实的同时简要表达作者的观点。以报道的事实为主，以评议事实为目的，往往是述多于评。常见的形式有记者述评、时事述评。

（五）特写消息

特写消息也称目击式消息、情景消息，对事情的发生或人物活动的现场进行精准而生动的描写，力求形象再现事实。这类消息用电影艺术的特写手法进行写作，可以单独报道某一重大事件或是作为重要人物报道的补充。

（六）图片消息

图片消息是以事件照片配合文字说明的报道形式。这种形式，图文结合，一看即知事实，有如临其境之感。近年，这种图片消息的应用渐趋广泛。

四、消息的文体结构与写法

消息的文体结构通常包括标题、导语、主体、背景、结语五部分内容。关于它们的具体说明如下。

（一）标题

标题是消息的重要组成部分，被称为"新闻的眼睛"。标题既可以提示消息内容的精华,又可以吸引读者的注意力,从而起到自我推销的作用。所以,消息的标题应该简洁明确,同时也要醒目新颖,帮助读者迅速理解报道的事实,刺激读者的阅读渴求。

▶ 1. 标题的类型

消息的标题有主题、引题和副题三种类型。

主题(正题),也称母题、大标题,是标题的骨干和核心,可以高度明了地概括消息的核心内容。引题(眉题),又称肩题,位置在正题之上,一般用来交代背景,烘托气氛。引题一般多作虚题。副题(次题),又称子题、副标题,位置在正题之下,一般用于补充说明主标题,提示报道的结果,或者作为内容提要。副题一般多作实题。

▶ 2. 标题的呈现形式

标题的呈现一般有单行标题、双行标题和三行标题三种形式。

(1) 单行标题只有一行主题(正题)。

(2) 双行标题是引题和主题兼用,或是主题和副题并用。

(3) 三行标题是主题、引题、副题全备。

通常情况下,引题、正题和副题的使用应根据消息本身的分量和传播的需要来选择,重要的、重大的消息应"三题俱全",普通的或简短的消息则不必强求标题的组合性。

例如,对于我国首个货运飞船"天舟一号"的报道,就采用了主题、引题、副题俱全的组合形式:

我载人航天第二步收官在即
"天舟一号"发射升空
中国空间站建设揭开新篇章

(二) 导语

导语是消息的开头部分。通常是以一段非常短小的文字对事件中心进行高度概述,从而吸引读者阅读下面的主体部分。导语是消息的精华和灵魂,是消息最重要的开场白,是一则消息中最有价值、最精粹的核心部分。所以,导语在新闻消息中担负着统率全文的任务。

导语虽然位居新闻报道开篇之首,但其形成往往是总揽全篇材料和内容之后概括和提炼的结果。一般来说,较长的消息,第一自然段是导语;较短的消息,第一句话是导语。

▶ 1. 导语的类型

导语的写作最忌讳的是空泛、冗长和公式化。导语语言要求精练生动,所报道的消息要新鲜确实。西方新闻界曾规定导语不得超过21个字。

导语的写作在本质上强调直入主题,但是这并非所有的导语都只能是千篇一律的"开门见山"模式。所以,为适应报道的题材和主题,丰富报道文体的写作形式,满足读者多样化的阅读需求,消息导语也允许有一些变化。

导语有如下的写作类型:

(1) 直接性导语,即"开门见山"式。直接写出消息中最主要、最新鲜的事实。这种导语最为常见,也最为典型。

(2) 延缓性导语,多为解释性、说明性,常为延缓性消息设置气氛。

▶ 2. 导语的形式

(1) 叙述式,以摘录或综合的方法,将核心事实简要地写出来。

(2) 描写式,对主要事实或重要侧面进行简洁而形象的描写,以创造特别的气氛。

(3) 提问式，把要解决的问题或要介绍的经验做法以设问的形式先行提出，造成悬念，然后再用事实加以回答，以引起读者的关注和兴趣。

(4) 结论式，先做出评论性结论，然后再用具体事实来阐明，以提示报道该事物的意义或目的。

(5) 引用式，引用消息中人物深刻而富有意义的语言作为导语，以彰显其特殊之处。恰当引用掷地有声的"点睛"之语，能起到一语胜千言之效。

此外，还有号召式、摘要式、评论式、综合式、解释式等导语形式。具体采取何种类型或样式的导语并不是最主要的问题，最根本的是要根据消息的素材与题材的实际情况来安排。

(三) 主体

▶ 1. 主体的内容

主体是消息的主干部分。它承接导语，并对导语内容进行具体阐述，是导语内容的具体化。

导语的目的是开宗明义，主体是用具体、典型的材料回答导语提出的问题，目的是揭示主题。所以，主体必须围绕导语展开消息的内容。

标题—导语—主体，从标题至导语，再到主体，叙述同一新闻事件，三次重复。标题第一次用一句话报道新闻事实，起索引作用；导语第二次叙述同一新闻事实，补充标题吸引读者；主体第三次叙述同一新闻事实，补充导语打开包袱。这表面的"三度反复"，实际是"三度统一""三度递进"。标题、导语、主体三者在同一个新闻事实的基础之上、各自在一个最佳的角度上叙述，凸显消息写作的整体性和连贯性。

主体一般由两部分内容构成：一是对导语的内容，用事实做进一步的具体阐述和回答，使导语内容更为清晰和详尽；二是用附加的材料来补充说明导语中未涉及的新闻内容，使消息的主题更为明确充实。

▶ 2. 主体的结构

主体部分的结构有以下三种形式。

(1) 按照事实的前后次序写作。依循时间顺序步步推进，层层深入，展示事实的全过程，也可以由远及近地倒叙。

(2) 按照逻辑顺序写作。根据事物的内在联系和问题的逻辑层次，通过展示点面关系、并列关系、因果关系、主次关系完成叙述。

(3) 按照时间顺序和逻辑顺序的结合写作。由于消息体裁要求短小、单纯和简洁，特别是动态消息，不适合做过多的分析渲染和叙述描写，一般不宜采用这种时间顺序和逻辑顺序相结合的方式写作。

(四) 背景

背景是指消息中事件发生的历史环境和原因。

背景说明事件发生的具体条件、性质和意义，旨在帮助读者全面理解消息的内容与价值。所以，背景为充实内容、烘托和深化主题服务。

背景的位置不固定。可以在主体部分体现，也可在导语或结尾部分体现。

背景材料一般分为三类。

(1) 对比材料，即对事物进行前后、正反的比较对照，以突出事件的重要性。

(2) 说明性材料，即介绍政治背景、地理位置、历史演变、生产面貌、物质条件等。

(3) 诠释材料，即人物生平的说明、专业术语的介绍、历史典故的解释等。

虽然背景可以被认为是对事实的"解释"，但"解释"不应以议论的形式出现，而要确保解释本身就是事实，即用事实去解释，因此，新闻背景也被叫作"事实背景"。

（五）结语

结语也叫小结，是消息的最后一段或一句话。

结语用于阐明消息所述事实的意义，使读者对消息的理解和感受加深，从中得到更多的收获。

消息的结尾主要有小结式、启发式、号召式、分析式、展望式等形式。

写作指南

一、消息的写作技巧

（一）明确新闻五要素

写作消息的目的在于回答读者的问题。通常读者对于某个新近发生的事实，最关心的有五个方面：when（何时）、where（何地）、who（何人）、what（何事）、why（何故），这五个方面的信息被称为新闻的5W要素。后来随着调查性报道的出现，也有学者认为应该再加上一个H，即how（如何），构成新闻的"5W＋H"六要素。

但总体来说，19世纪80年代以来，新闻界仍然以新闻五要素作为写作的重要原则之一。一篇完整的消息虽然通常包含五要素，而其中最重要的是何时、何事与何人，其他要素可按所叙述事实的性质进行取舍。总之，是否具备新闻五要素，是衡量一篇消息质量最基本的标准。

（二）安排消息的结构

如何呈现新闻五要素的内容，这就需要对消息结构进行设计。迄今为止，消息的最佳形式是"倒金字塔"式。这种结构是将最重要、最精彩、最吸引人的新闻事实摆在最前面，按重要性依次递减地安排段落。

第一，标题用来概括消息中最主要的事实，内容重要程度最高；第二，导语用来揭示新闻的主要内容，通常是消息开头的第一句话或第一自然段，内容重要程度仅次于标题；第三，主体是对导语的进一步扩展，属于消息的躯干部分，常用充分的事实表现消息主题，内容重要程度次于导语；第四，背景是新闻发生的环境或条件，内容重要度低于主体；第五，结语用来交代新闻事件的结果，可视具体情况而省略，重要程度最低。

消息的这种安排方法，照顾了读者的阅读心理和接受新闻的诉求，可以最大限度地提升报道的实际效果。所以，"倒金字塔"式结构也被称为"吊胃口"式。

▶ 1. 标题的结构方式

新闻写作中，有"三分之一时间写标题，三分之一时间写导语，三分之一时间写主体"的说法。同样的时间分配比例下，标题内容最短，这意味着其重要程度最高。

消息标题通常必须包含两种要素：何人做何事，其他要素可以根据需要酌情加入。但标题的文字应力求简洁、准确。

例如，《沈阳向黑臭水体"全面开战"》（2017年5月22日，来源：沈阳新闻网）。

▶ 2. 导语的结构方式

消息的导语写作应该简单易读，要求要抓住事情的核心，营造适当的气氛，吸引读者愿意读下去。导语的结构包括四种要素：when(何时)、where(何地)、who(何人)、what(何事)。

例如，《"5月起磁条银行卡停用"是误读》(来源：2017年5月22日，人民网)的导语："磁条卡容易被不法分子复制盗刷，芯片卡信息存储更安全。5月1日后，关闭的是芯片磁条复合卡的磁条交易功能，纯芯片卡和纯磁条卡的使用均不受影响。"

例如，《咖啡烫伤顾客 星巴克被判赔10万美元》(来源：2017年5月22日，网易新闻)的导语："美国佛罗里达州一名女子被一杯盖子突然脱落的星巴克咖啡严重烫伤，陪审团要求这家连锁咖啡巨头赔偿10万美元(约合68.8万元人民币)。星巴克公司表示考虑上诉。"

▶ 3. 导语写作误区

(1) 罗列式导语。某活动由多家单位主办，所以往往有在导语中将这些单位名称全部罗列出来的情况，导致导语啰唆、臃肿。这种情况写出主要的参与单位即可。读者关心的是这场活动，不是有哪些单位；如果非要出现，可在消息结语部分提及。

(2) 目的型导语。将新闻事实要实现的所有目的都写入导语，导致导语膨胀冗赘，不堪重负。

(3) 背景型导语。导语应开门见山，而背景材料属于"背景"结构，不应出现在导语部分。否则，不仅内容说不清楚，而且也容易使读者疑惑。

(4) 术语型导语。将学术性强的专业名词、术语写入导语，会导致读者无法理解消息的主要内容。应该将专业术语转换为通俗易懂的语言形式。

(5) 数字堆砌型导语。导语内数字过多，导致数字淹没新闻事实。不宜在导语中使用大量统计数字，如果必须出现，也应尽量使数字表达形象化。

(6) 超长型导语。导语过长会失去概括性，通常在3行80字内，不宜超过150字。

(7) 与标题重复型导语。与标题重复的导语，会导致消息内容重复啰唆，结构层次混乱。

(三) 主体的结构方式

主体是消息的主干部分，紧接在导语之后，用于对导语进行具体全面的阐述，展开导语所概括的内容。通常应按时间顺序或逻辑顺序行进结构安排。主体的结构与导语相同，也包括四种要素：when(何时)、where(何地)、who(何人)、what(何事)。

主体的写作需要注意以下三方面。

(1) 紧扣导语。由于消息主体部分所涉及的素材较多，而受到文体篇幅的局限，必须对这些素材进行取舍。取舍的主要标准就是导语，应围绕导语确立的主题来选择素材。

(2) 段落分明。在消息的结构中，主体所占的篇幅最大。主体必须有丰富的内容、合理的层次。主体的写作力求段落清晰，层次分明。可以分成若干段落，每一段落只陈述一个意思，彼此不交叉糅杂。段落宜短不宜长，段落之间过渡自然。

(3) 灵活生动。消息写作虽然以叙述为主，但主体部分应该是具体而生动的内容。基本为叙述形式，酌量辅以灵活的描写和生动的铺陈，使消息的主体部分具有更大的吸引力和更好的传播效果。

(四) 背景的结构方式

背景主要指事件的历史背景、周围环境及其与其他方面的联系等，往往起到衬托与深化主题的作用。交代消息的背景，可以帮助读者更加深刻地理解新闻的内容与价值。背景的结构主要指向一个新闻要素：why（为什么）。

背景的三种作用：一是说明新闻事实起因；二是帮助读者理解新闻事件的重要性；三是突出消息的新闻价值。

背景的四种类型：人物背景、地理背景、历史背景和事物背景。

（五）结语的结构方式

新闻的结语通常不涉及新闻五要素，在消息中起到总结和展望的作用。结语包括小结式、启发式、号召式、分析式、展望式等类型。

消息的各个部分组成的是一个有机的整体，任何一个环节的失误，都有可能导致全篇的失败。消息的结语是与读者受众告别的地方，一般并不提供主要的新闻事实，但也不应违背消息的基本特点。

常见的结语写作误区：记者发表主观评论，拖长篇幅画蛇添足，内容干瘪空泛。

二、消息写作的常见误区

（一）标题弱化

读者在阅读消息时，消息的标题往往是最先看到。醒目而新颖的标题会立刻抓住读者的注意力，吸引读者去读消息正文。反之，不能体现消息正文内容的标题，即是被弱化了的标题，往往导致读者失去阅读正文的兴趣。

消息标题的撰写工作应当受到重视。在消息的写作中，应力求按照创新、贴切、准确、精练的原则拟定标题。

（二）角度不合理

消息作为一种新闻体裁，一直担负着及时报道的职责。由于其时效性较强，因此在消息写作的过程中，往往会出现时间紧，任务重的窘境。这种情况下，如何取舍素材，主要依据作者的采写角度。

例如会议新闻，有多少单位与会、有哪些领导出席会议等，这些并不是要点；会议中出台的重要举措和所强调的工作导向，才是报道的要点，这才是采写的角度。如果采写角度不合理，就无法发掘出新闻事件中最有价值的新闻要点，致使报道的内容变成一篇大而无当的杂烩。

（三）贪大求全

消息写作强调重点突出，主次分明。如果想把新闻事件中各方面内容全面地反映出来，写作消息时就会不得要领地堆砌罗列素材，这就陷入贪大求全误区。消息不是工作总结或者事件记录，要紧扣新闻五要素，对素材进行选择。

例文赏读

例文一

特朗普宣布在2024年美国总统选举中获胜

当地时间6日凌晨，美国共和党总统候选人、前总统特朗普在佛罗里达州棕榈滩会议中心发表讲话，宣布在2024年总统选举中获胜。

第五章 新闻传播文体

根据《国会山报》、美国福克斯新闻网等多家美国媒体最新公布的测算，特朗普已收获超半数的选举人票，预计将锁定本次美国总统选举胜局。但其他美国主流媒体尚未发布类似报道。目前美国总统大选计票仍在进行。

另据美国民主党总统候选人、副总统哈里斯的竞选团队方面称，哈里斯暂时不会对其支持者发表演讲，"将于明天讲话"。据美国有线电视新闻网（CNN）11月5日报道，哈里斯竞选团队负责人迪兰（Jen O'Malley Dillon）当晚在发给员工的一份邮件中说，她预计大选结果不会在今晚出来。她说，投票结果要到几小时后才能揭晓。

美国总统选举采取选举人团制度，50个州按人口比例分配选举人票，获得538张选举人票中的至少270张即为获胜。（总台记者 张颖哲）

（资料来源：央视新闻．特朗普宣布在2024年美国总统选举中获胜[EB/OL]．(2024-11-06)[2024-12-03]．https：//news.cctv.com/2024/11/06/ARTI3yT3ZZwaFE5qVYJjfpcqj241106.shtml．）

例文二

"春节"列入人类非物质文化遗产代表作名录

北京时间12月4日晚，我国申报的"春节——中国人庆祝传统新年的社会实践"在联合国教科文组织保护非物质文化遗产政府间委员会第19届常会上通过评审，列入联合国教科文组织人类非物质文化遗产代表作名录。至此，我国共有44个项目列入联合国教科文组织非物质文化遗产名录、名册，总数居世界第一。

春节是我国内涵最为深厚、内容最为丰富、参与人数最多、影响最为广泛的传统节日。数千年来，春节寄托着中国人的人伦情感、家国情怀，体现了人与自然和谐共生、人与人和睦相处的价值理念，在促进家庭和睦、社会和谐、经济发展等方面发挥着重要作用。随着海外传播范围的日趋扩大，春节已成为世界普遍接受、认同和欣赏的中华文化符号。该遗产项目列入人类非物质文化遗产代表作名录，对增进海内外中华儿女的文化认同、践行全球文明倡议、推动构建人类命运共同体具有重要意义。

（资料来源：央视新闻．"春节"列入人类非物质文化遗产代表作名录[EB/OL]．(2024-12-06)[2024-12-13]．https：//ydyl.cctv.com/2024/12/06/ARTIn8RRVyrMTIpfEjfHllGc241206.shtml？spm＝C79239.PBtk3O0xRNPn.ECPNpmmgU0Jm.137．）

例文三

沈阳市荣获"国际友好城市杰出贡献奖"

央视网消息（记者 易博闻）11月18日至19日，由中国人民对外友好协会、中国国际友好城市联合会和云南省人民政府共同主办的主题为"共享共赢 共创未来"的2024中国国际友好城市大会举行。沈阳市荣获"国际友好城市杰出贡献奖"。

沈阳市参会代表在大会平行论坛上围绕"城市绿色发展惠及民生福祉"，从沈阳市大力开展北方特色公园城市建设，由工业文明时代装备制造的"优秀生"蝶变为生态文明时代绿色低碳高质量发展的"模范生"，绿色化、智能化、高端化推进产业转型升级等方面做了重点介绍，提出面向未来，沈阳市将在强化科技创新、加强公众参与、深化交流合作等方面持续发力，最后向参会中外嘉宾发出了来自沈阳的绿色之邀和冰雪之邀。

截至目前，沈阳市国际友城已遍布世界五大洲47个国家的102个城市，搭建起了一座让世界了解沈阳、让沈阳走向世界的友谊桥梁。下一步，沈阳市将以打造国际友城工作升级版为重点，以做优开放环境、做强开放平台、做好涉外服务为抓手，从挖掘友城工作深度、提升友城合作高度、增添友城交往热度、拓展友城交流广度四个维度做实友城工作，形成范围更广、质量更高的国际友城工作新格局。

（资料来源：央视网. 沈阳市荣获"国际友好城市杰出贡献奖"[EB/OL].（2024-11-21）[2024-1-03]. https://local.cctv.com/2024/11/21/ARTIWzcujU7rll78UYJGPcSn241121.shtml？spm=C01450.PqYsOMWziEUd.Es2Mlysou8jp.68.）

例文四

央视网评：江歌案一审判决，重申法理情的底线

备受关注的江歌案，终于等来了一审判决。

1月10日，山东省青岛市城阳区人民法院对原告江秋莲与被告刘暖曦（原名刘鑫）生命权纠纷案作出一审判决，刘暖曦被判决赔偿原告江秋莲各项经济损失496 000元及精神损害抚慰金200 000元，并承担全部案件受理费。

法院认定，刘鑫没有如实向江歌进行告知和提醒，在面临陈世峰不法侵害的紧迫危险之时，为求自保而置他人的生命安全于不顾，将江歌阻挡在自己居所门外致其被杀害，具有明显过错，应当承担相应的民事赔偿责任。

这笔总计不足70万元的赔偿，不仅是对江秋莲这些年来丧女之痛、维权支出的补偿，更重要的是亮明了司法态度：对这起影响广泛的公共案件作出明确是与非的评判，判决明确了对江歌无私救助同胞的行为予以褒扬，对刘鑫事后"以不当言语相激，进一步加重了他人的伤痛"的行为予以谴责。这既是弘扬人间正气，也是以司法判决鞭挞丑陋和自私。

刘鑫虽然不是杀害江歌的凶手，但江歌被杀却是由刘鑫而起，刘鑫不构成刑事责任，但刘鑫被法院认定为"被救助者和侵害危险引入者"，就需要承担相应法律义务，"负有采取必要合理措施以防止他人受到损害的安全保障义务"。

事实上，刘鑫为求自保而置他人生命安全于不顾，将江歌阻挡在自己居所门外被杀害，具有明显过错。这不是一般意义上的"见死不救"和冷漠，而是构成侵权法意义上的过错，就应该承担民事责任。

本案判决是对扶危济困、诚信友善、知恩报恩等朴素价值观的一次重申和宣示。好人有好报，不能让"英雄流血，母亲流泪"，江歌对身陷困境的同胞施以援手，并因此受到不法侵害而失去生命，应得到褒扬，其受到不法侵害，理应得到法律救助。

身逢难处，受朋友帮助，当有感恩之心；一味自私自利，将救助者置于门外，听凭其自生自灭，悖德违法。特别是悲剧发生后，刘鑫在网上发布一些刺激性、伤害性的言论，故意刺激死者家属，"有违常理人情"。不知感恩，不知敬畏，最终要受到道德上的谴责，也应承担法律责任。

本案在舆论场里扰攘多年，一度引发网民选边站队、拉踩引战。之前江歌母亲江秋莲已经提起刑事自诉。这次刘鑫被法院判决承担近70万元民事赔偿，是对这起事件做了一个法律上的了断：刘鑫该承担的法律责任是逃不掉的，用司法判决重申了法理情的底线。

愿逝者安息，亲人坚强，望自私者能良心发现，旁观者能明辨是非。（克鲜）

（资料来源：央视网. 江歌案一审判决，重申法理情的底线[EB/OL].（2022-01-10）[2024-12-03]. https：//opinion. cctv. com/2022/01/10/ARTI1mwknind2R5poLFJ0P0s220110. shtml？spm=C88965. P9ihFqPE3aGY. S54932.13.）

例文五

广西出台大国工匠人才培育方案

记者12月6日从广西壮族自治区总工会获悉，为提升广西工匠人才技能水平、让更多大国工匠涌现，广西日前出台了《广西大国工匠人才培育方案》（以下简称《方案》）。《方案》提出，广西将每年有计划、有重点地从"广西工匠"中遴选20名左右的工匠人才进行培育。

《方案》明确，培育对象需政治素质过硬，有5年以上一线工作经历，长期践行精益求精、执着专注、一丝不苟、追求卓越的工匠精神，具有突出技术技能素质。广西将对照大国工匠"工匠五力"能力标准，即引领力、实践力、创新力、攻关力、传承力，选拔具有突出发展潜力的人才进行培育。

《方案》提出，培育周期一般为两年。2025年起，相关单位将对进入培育周期的工匠人才进行重点跟踪培养。培育内容包括培训研修、交流学习等。

记者了解到，广西还鼓励以培育对象的名字命名其所在班组，创建以其领衔、命名的创新工作室。

"我们将设立大国工匠培育行动计划激励保障专项资金，还将加强与教育、科技等部门的沟通，助力形成多方发力、共同支持培育大国工匠的良好局面。"广西壮族自治区总工会相关负责人说。（记者 刘昊）

（资料来源：科技日报. 广西出台大国工匠人才培育方案[EB/OL].（2024-12-09）[2024-12-13]. https：//edu. cctv. com/2024/12/09/ARTIhHPSIsP3kobGtZoqNPjn241209. shtml？spm=C28820. P3HPGhIdS8bm. EJyqbH8zZcen.13.）

例文六

乒乓球混合团体世界杯：中国队卫冕夺冠

央视网消息：北京时间12月8日，在四川成都举行的2024年成都国际乒联混合团体世界杯决赛中，中国队以8比1的总比分战胜韩国队，以全胜战绩卫冕夺冠。

首场比赛，王楚钦/孙颖莎迎战赵大成/申裕斌，王楚钦/孙颖莎以11：9率先拿下一局。第二局，韩国组合展开反击，开局7：1领先，王楚钦/孙颖莎慢慢把比分追平，此后双方比分一直持续到17：17平，最终赵大成/申裕斌以19：17扳回一局。第三局，王楚钦和孙颖莎及时调整了状态，11：4结束战斗。

第二场比赛，王曼昱对阵金娜英，王曼昱以11：3、11：7和11：2连下三城，中国队大比分以5：1领先。

第三场比赛，林诗栋对阵吴晙诚，林诗栋火力全开，11：6，11：4，11：6连下3局拿下比赛，为国乒锁定胜局。

（资料来源：央视网. 乒乓球混合团体世界杯：中国队卫冕夺冠[EB/OL].（2024-12-08）[2024-12-13]. https：//sports. cctv. com/2024/12/08/ARTIGMUNnn5TZjKD4I9wqxet241208. shtml？spm=C73465. Ppv3JC65YXNF. S89804.2.）

例文七

香港最大规模人工智能超算中心启用

新华社香港12月9日电（记者陆芸）香港目前规模最大的人工智能超算中心9日起正式投入服务，为本地高校、研发机构、企业等提供算力支持，助力香港国际创科中心建设。

香港特区政府创新科技及工业局局长孙东当天出席在数码港举行的开幕典礼时说，人工智能是发展新质生产力的关键技术，有巨大潜力。面对这轮科技大潮，香港要与时俱进，积极布局，抢占人工智能发展先机。超算中心不仅提供先进的计算能力以推动产业发展，更将成为培育人工智能相关人才的摇篮，为香港经济高质量发展注入新动力。

数码港董事局主席陈细明介绍，人工智能超算中心首阶段设施将提供1300PFLOPS（每秒浮点运算1 300千万亿次）的算力，并于明年逐步提升至3 000PFLOPS的水平，以应对科技界对算力的迫切需求。数码港将以超算中心为核心引擎，构建人工智能生态圈，汇聚内地及海外人才创新资源，推动产业发展。

特区政府今年10月推出30亿港元的"人工智能资助计划"，向本地院校、研发机构及重点企业提供财政支持，帮助其用好超算中心算力资源，实现更多科研突破。目前，该计划已收到超过10份来自本地院校、初创企业、研发机构的申请。

当天，数码港人工智能实验室同步启用，展示人工智能应用解决方案，促进企业间合作。首批进驻实验室的香港初创公司Weitu AI创始人王历伟告诉新华社记者，特区政府对创新科技的支持措施吸引了许多海归科学家来港创业，公司在此背景下于今年初成立，研发的多模态大模型产品目前已有超过100个国家和地区的用户。

"我们希望抓住香港发展人工智能带来的机遇，善用香港国际化优势，立足本地，走向世界。"王历伟说。

（资料来源：新华网．香港最大规模人工智能超算中心启用［EB/OL］．（2024-12-09）［2024-12-13］．http：//www.news.cn/tech/index.html．）

例文八

有排面更有流量！哈尔滨"淘学企鹅"又上街了

央视网消息（记者 李文学）近日，黑龙江冰雪天使、哈尔滨极地公园原创文旅IP"淘学企鹅"，迈着小碎步打卡索菲亚教堂，召开今冬首场巡游粉丝见面会，48小时曝光量超13.3亿次，全网曝光量已超35亿次，助力黑龙江冬季旅游成为全国关注的焦点。

当天，"淘学企鹅"和TA的朋友们组成巡游车队空降闪亮登场。大明星"淘淘"背着小书包亮相红毯，现场立刻引起了粉丝的尖叫和欢呼。"淘学企鹅"对粉丝也有求必应，现场许愿有礼物、送明星周边，粉丝们热情高涨，现场氛围温馨而热烈。在活动临近结束，大家自发在巨型条幅上写下对"淘学企鹅"想说的话、对哈尔滨的祝福并留下签名，最后大明星"淘淘"在写着祝愿的巨型条幅下和粉丝们合影留念。

今冬冰雪季"淘学企鹅"的第一阶段城市巡游已正式启动，参与城市巡游的企鹅数量由每年的3只增加到10只，定制2辆专业保姆车，每次巡游有40余名工作人员随行保驾护航。巡游地点除索菲亚教堂、中央大街、大雪人等网红景区以外，还将增加亚冬会比赛场馆，吸引国内外游客关注亚冬，为亚冬盛会助力。

12月中旬，"淘学企鹅"将在极地公园的极地广场开启第二阶段免费巡游，届时将有20只、总价值超千万元的南极企鹅，每天与中外游客见面。值得一提的是，今冬将首次揭晓"淘学企鹅"书包里的秘密。

（资料来源：央视网. 有排面更有流量！哈尔滨"淘学企鹅"又上街了[EB/OL].（2024-11-29）[2024-12-03]. https://local.cctv.com/2024/11/29/ARTIVe4IMM2deuNAuekBZlrs241129.shtml.）

例文九

湾区升明月　天涯共此时
大湾区中秋电影音乐晚会唱响家国同圆

新华社深圳9月22日电（记者王丰、赵瑞希、丁乐）21日晚8点15分，"湾区升明月"2021大湾区中秋电影音乐晚会在深圳深情唱响，百名内地（大陆）、香港、澳门、台湾的电影人和音乐人齐聚一堂，深情演绎港澳和内地影视作品里的经典名曲，共同唱响新时代大湾区里的家国同圆之歌。

同根同源　同心同力

万里无云镜九州，最团圆夜是中秋。粤港澳大湾区文化血脉相通、地域情感共融、人缘相亲相近，一轮明月升，照亮人们心中对美好未来的共同祝福。

"我们想做的，也就是'温暖的相聚'。大家从四面八方赶来，然后聚在一起。这场晚会就像港珠澳大桥一样，架起一个沟通和交流的纽带。"晚会总导演段嵘说。

整场晚会以团聚团圆为主旋律，以电影和音乐为媒介，邀请内地观众、港澳台同胞、全球华人共享电影之美、和合之美，共同感受大湾区的文化氛围，欢庆这喜悦与温暖的团聚时刻。

《真的汉子》《一生何求》《狮子山下》《月半小夜曲》……一首首粤语歌曲唤醒人们记忆中香港电影里的光辉岁月；而从诗意描绘大湾区的主题曲《湾》到家国一体、心手相连的《国家》《民生》，从澎湃着中华声音的《我的中国心》到歌颂抗美援朝精神的《最可爱的人》……一众经典歌曲更是唤醒观众的家国情怀和思乡情愫。

"中秋是团聚和传承的节日，这场晚会也是一场团聚和传承的盛会。为了参加这场演出，香港中乐团很多成员从全世界各地飞回香港，高度重视。"段嵘说。

晚会现场，蹚过岁月河水的音符，将中秋夜的万家灯火化作璀璨星光，触动人们心底最柔软的地方。"比电影更暖的是生活，比中秋更暖的是陪伴，比明月更暖的是祖国。"段嵘说。

同根同源，同心同力——随着《横琴粤澳深度合作区建设总体方案》《全面深化前海深港现代服务业合作区改革开放方案》的正式发布，如今，粤港澳大湾区建设正迈入新的发展阶段。中秋一轮皓月，照耀的是粤港澳三地人民的团圆梦，更是大家共同建设大湾区的中国梦。

香港音乐人陈少琪形容,这是一场"用歌、用电影画面汇聚所有中国人的心"的特殊演出。他说:"我一直非常期待,在中秋节这个温暖的节日里,能有这样一个令人感动的节目。"

一脉相承　共同记忆

作为20世纪华语影视的先遣力量,香港电影和电视剧辉煌数十载,成为几代人的共同记忆。

《黄飞鸿》《新龙门客栈》《射雕英雄传》等武侠片的风格影响至今;《英雄本色》《纵横四海》《警察故事》中塑造的形象成为时代记忆;《大话西游》《重庆森林》《花样年华》早已被影迷奉为爱情圣典……

其中的经典歌曲更是印刻在每个人心中。大湾区中秋电影音乐晚会上,既有《男儿当自强》《敢爱敢做》中唱出的荡气回肠,也有《晚秋》《一生何求》《月半小夜曲》里的婉转悠扬,还有《世间始终你好》《喜欢你》里的情比金坚。

承载着港人成长记忆的《麦兜与鸡》和成为香港市民同舟共济、奋发图强象征的《狮子山下》,更反复拨动人们记忆深处的那根心弦,在歌声中品味经典,在经典中雕刻时光,在时光中找到自己。

回眸、牵手、相拥;美人、美食、美景;亲情、友情、爱情……伴随着音乐,香港电影中最美好的瞬间一一展现在人们脑海中。

段嵘说,晚会在曲目选择方面,既有经历过20世纪八九十年代香港流行文化的观众熟悉的歌曲,也有在当下通过短视频等方式重新被年轻人发现的曲目。此外,还有一部分普通话歌曲填上了粤语歌词,以及部分粤语歌曲重新填写了部分普通话歌词,更凸显出文化上的互通、情感上的交融。

"虽然不会讲粤语,但听着很亲切,唤起了很多回忆。港澳的前辈艺人就像亲切的亲人和朋友。"内地歌手周深说。

在互联网上,晚会激起了千万网民的强烈回响。有网民留言说,这场晚会"既熟悉又陌生";还有网民留言"耳熟能详,梦回儿时""深入人心,跟唱落泪";不少网民还送上"同赏一轮月,同在一大家""人和月圆,大湾区明天更好"等美好祝福。

段嵘说,"十四五"规划纲要提出,支持香港发展中外文化艺术交流中心,这是首次将香港的文化地位写入国家规划。这既能够挖掘香港自身的文化特质,促进中华文化在香港传承和弘扬,也有利于借助香港国际化平台,向世界讲好中国故事。

"大湾区充满希望,人才很多,尤其是艺人一定要加油。我会尽己所能,做好传承和发扬。"香港艺人钟镇涛说。

情暖中秋　前程似锦

"前看,从来未踏足过的风光""突破,为值得的未来奔波"……作为大湾区生活纪实主题曲,新填普通话歌词的《起跑线》响起,唱响香港年轻人逐梦大湾区的声音,青年们共同向着世界、向着未来启航。

从视觉设计引入港珠澳大桥元素,到出现在晚会现场的嫦娥五号探测器,再到用碑帖元素聚集而成的"湾区升明月"主题词……段嵘说,这场晚会追求时尚感、国际化、年轻化的表达,期盼大湾区美好的未来。

香港月饼、澳门糕点、佛山家电、东莞服装、广州美妆、深圳数码……作为产业集聚和创新发展高地,大湾区有引领全球的"湾区制造",也引领着生活消费风尚。

自9月2日起，首届"粤港澳大湾区购物节"已把湾区好物推荐到了全国各地。晚会现场，超过100名明星和淘宝主播在晚会现场深度联动，同步带货大湾区。

据统计，截至21日，大湾区购物节总参与消费者1.9亿人次，总销售超过1000亿元，有力带动了大湾区消费升级。主办方也宣布将每年的9月2日定为"粤港澳大湾区购物节"开幕日，持续推动粤港澳融合发展，为广大消费者提供丰盛的湾区好物。

湾区升明月，星光奏长歌。在中秋夜的光影斑斓中，粤港澳大湾区正朝向生态安全、环境优美、社会安定、文化繁荣的美丽湾区阔步迈进。

"大湾区很有发展前景，有得天独厚的资源，聚合了电影人才。希望未来一起为影视文化发展作出新的贡献。我们希望用优秀的影视文化作品反映、记录、带动大湾区建设的光辉历程，为大湾区发展献计献策。"电影《长津湖》出品人于冬说。

（资料来源：新华每日电讯12版. 湾区升明月　天涯共此时[EB/OL]. (2021-09-23)[2024-12-09]. http://www.news.cn/mrdx/2021/09/23/c_1310204962.htm.）

例文十

向假羽绒说不，别把消费者逼成质检员

连日来，假羽绒服事件引起社会持续关注，相关部门已经行动起来。市场监管总局已对重点地区的重点问题实行挂牌督办。针对相关经营主体的违法行为，地方监管部门也已采取固定证据、查封扣押、立案查处等措施，加大执法力度。

从媒体揭露和监管部门查处的情况看，五花八门的制假手段几乎成了行业的"公开秘密"，用"粉碎毛""短丝绒"冒充真羽绒，材料劣质甚至不符合卫生标准。一些厂家以假乱真、以次充好，部分店铺虚假宣传、知假售假，甚至呈现出从源头生产到终端销售的"链条式"制假售劣。

这些做法既直接侵害消费者权益，也严重扰乱市场秩序，"劣品驱逐良品"，坑苦守法经营的企业。

此前，行业协会向公众给出了甄别羽绒制品真假优劣的妙招。但与其教会消费者辨别假货的技能，不如监管部门亮出"牙齿"，在制假售劣源头端就强监管、出重拳，让假羽绒产品无所遁形，还消费者安心、放心。

对"链条式"制假售劣羽绒产品，监管部门应从源头着手开展系统治理，对原料生产、物料加工、产品销售全流程强化监管执法，对违法商家依法严惩，形成有力震慑。

与此同时，电商平台要充分履行监督管理义务，在遵守市场规律、价值规律的基础上优化展销机制，精准淘汰不良商家，切实维护健康的市场环境。

质检报告本该是产品质量的身份证，然而在近期披露的羽绒造假案件中，标明羽绒含量的检验检测报告、羽绒充气标，仅需一两元就可以成批采购。到底是谁在售卖质检报告，为假冒伪劣产品洗白？对易出问题的关键环节要一查到底，堵住市场漏洞。

期待当前对行业乱象的整顿肃清，能让羽绒市场恢复健康发展，让消费者买得放心、用得暖心。

（资料来源：新华每日电讯3版. 向假羽绒说不，别把消费者逼成质检员[EB/OL]. (2024-12-05)[2024-12-09]. http://www.xinhuanet.com/mrdx/20241205/c436a9033ff142c18779a5028b0b6fa4/c.html.）

思考题

1. 消息与信息有什么区别？
2. 消息的标题有几种？
3. 导语写作有哪些误区？请举例说明。

第二节 新闻专稿

必备知识

一、新闻专稿的含义

新闻专稿是一个集合概念，是指新闻媒体中除消息以外的所有报道性作品的总称。

二、新闻专稿的特点

(1) 形象性。生动形象的材料，除了要"用事实说话"，还要"用形象感人"。
(2) 主观意识与个人风格。
(3) 表现手法多样。

写作指南

由于新闻专稿属集合概念，包括通讯、特写、速写、深度报道、调查报告、人物专访等，也包括现场直播、录音专访、实况剪辑、广播讲话等报道形式。其中，通讯和特写两种文体较为常见。

一、通讯

（一）通讯的含义和特点

通讯，是运用多种表现手法，具体报道新闻事实的一种新闻体裁。

通讯在报纸、通讯社和广播电台中应用较为广泛，是新闻报道的重要文体。它和消息一样，要求及时、准确地报道新闻事实，但报道的内容一般要比消息更深入、更系统。通讯与消息相比，具有以下特点：

(1) 通讯的内容容量较大，涉及范围较广，取材全面；
(2) 通讯讲究结构的开阖变化，文意起伏；
(3) 通讯的表现手法多样，可以使用叙述、描写、说明、抒情和议论等形式，具有感情色彩或理论色彩；
(4) 通讯对时效性的要求较为宽松。

（二）通讯的种类

通讯一般有两种分类方法。一种是按照报道的内容，分为人物通讯、事件通讯、工通讯、风貌通讯；另一种是按照报道的形式，分为记事通讯、专访、特写、小故事（小通讯）、集纳（主题通讯）、巡礼、速写、侧记、采访札记等。前者较为常见。

▶ 1. 人物通讯

人物通讯以记人为主。将具有新闻意义的典型人物的言行事迹和思想作为报道中心，常取材于近期涌现出来的开拓者、改革家、先进人物、英雄模范、爱国人士、知名学者的先进事迹。

▶ 2. 事件通讯

事件通讯以记叙事件为主，一般围绕具有新闻意义的事件进行叙述。通过对典型事件的发生、发展、结局的描述，或反映国内国际的风云动态、重大科学发现，拓宽读者的胸襟、视野；或反映时代前进步伐、社会热点事件，为在社会生活中创造超凡业绩的人物讴歌颂扬；或揭露社会改革中的种种阻力，寻找解决矛盾的办法，推动社会改革的健康发展。

▶ 3. 工作通讯

工作通讯又称经验通讯，是报道先进工作经验，或某项工作成就的通讯。通过具体、生动的事例，形象地介绍某种典型经验，分析某项工作进展中的成败得失，概括出具有规律性的经验，因而具有较强的针对性、政策性和指导性。

▶ 4. 风貌通讯

风貌通讯也称概貌通讯、旅游通讯，是以介绍某一地域、某一行业、某一单位的基本面貌、风土人情、自然风光、现实生活为主要内容的新闻报道。

这类通讯形式通过点面结合、纵横对比的手法，报道一个地区、一条战线、一个单位、一个方面的风貌变化，来展示时代变化的社会风貌和人们思想境界的精神风貌，点面结合，给人以鸟瞰式的整体印象。

▶ 5. 主题通讯

主题通讯又称"集纳通讯"，即围绕一个主题，集中吸纳一组新闻材料而进行报道的通讯。主题通讯与只着重写某一典型人物或典型事件的人物通讯、事件通讯不同，主题通讯需要收集较多的人物和事件。

▶ 6. 小通讯

小通讯不仅篇幅短小，而且内容集中，情节性强，又称新闻小故事。小通讯可以通过某个具有连贯性的事件或人物活动的某个片段，生动地展现复杂的人情世态或时代大潮下充满趣味的生活浪花。

(三) 通讯的写法

▶ 1. 通讯标题的写法

通讯的标题一般与记叙文的标题比较接近，多数为单行式；有时也使用副标题，说明报道的对象和新闻的来源。通讯的标题可以追求新颖醒目。

▶ 2. 通讯正文的写法

通讯的正文可以分为开头、主体、结尾三部分。

(1) 开头。通讯正文的开头有以下几种常见写法。

① 直入式，是指开门见山地直接叙述人物、事件，以情节的尽快切入来吸引受众。

② 描写式，从新闻现场的环境氛围或人物的形象行为入手，在交代相关人物事件的

环境中展开对主体内容的详尽描述。

③ 引用式，通讯的开头，直接引用诗词典故、名人名言，可直接引用新闻事件中人物的语言，这种引用应简明且富有深意。

④ 介绍式，在通讯的开头，介绍新闻事件的缘起、结局或人物的生平、事迹等，能够对主体的展开起总领和铺垫的作用。

⑤ 评议式，通讯的开头，可以针对新闻事件或人物本身的价值、意义、影响等，先做出客观公正的评价，为下文主体新闻事实的叙写定下基调。

（2）主体。通讯正文是新闻报道的核心部分，是文章的主干。

从通讯的内容来看，叙述单一事实的通讯，多采用纵式结构；而叙述内容较为复杂的通讯，多采用横式结构或纵横结合式结构。

① 纵式结构，即按单纯的时间发展顺序、事物发展的顺序、作者对所报道事物认识发展的顺序、采访过程的先后顺序等来安排层次。在这种结构里，时间发展的顺序、情节展开的顺序、作者认识事物的顺序，成为行文的线索。采用这种结构时，应详略得当，布局巧妙，富有变化，尤其要避免平铺直叙。

② 横式结构，即用空间变换或按照事物性质来安排材料。这种结构概括面广，要注意不同空间的变换，恰当地安排通讯所涉及的各方面的问题。

③ 纵横结合式结构，即按时间顺序写的同时，可并列写出几个不同的侧面。采用这种形式，要以时空的变化组织结构。

（3）结尾。通讯的结尾，收束之笔应该言简意赅、耐人寻味。

通讯的结尾方式，常见的有评议式结尾、引用式结尾、展望式结尾及补充式结尾。

二、特写

（一）特写的含义

特写是截取新闻事实的横断面，进行形象化报道的一种新闻体裁。

特写是新闻通讯的文体之一，是报纸新闻形式的重要组成部分。特写是以描写为主要表现手段，对能反映人和事本质、特点的某个细节或片段，做形象化的"放大"和"再现"处理的一种文体。所以，新闻特写具有天然的镜头感，能以短小精悍的篇幅，展示出极具现场感的、生动活泼的新闻画面，因此具有较强的感染力。

（二）特写的种类

特写是以"新、短、快、活"而见长的新闻体裁，在增强报道的可读性方面，发挥着越来越重要的作用。特写适合的主题很广泛，主要有以下种类：

（1）事件特写，再现重大事件的关键性场面；
（2）场面特写，再现新闻事件的重要或精彩场面；
（3）人物特写，再现人物的外貌肖像、行为动作及心理状态；
（4）景物特写，再现有特殊意义或价值的景物；
（5）杂记性特写，再现各种具有特写价值的新闻事实。

（三）特写的特点

特写由于借鉴了影视的表现手法，将对象镜头化，能产生很强的可视性，所以常被称为"视觉新闻"。

特写的特点有以下三个：
(1) 再现个性细节，具有以小见大的聚焦性；
(2) 再现直观反应，具有如临其境的描绘性；
(3) 再现情理交融，具有生动传神的感染性。

例文赏读

例文一

上海中心的空中园林，上海大剧院邀请观众感受"节气之美"

5月21日，是农历二十四节气中的小满，也是入夏后的第二个节气。周末上海的陆家嘴人流如织。作为上海新的城市地标，上海中心大厦是一座巨型摩天大楼，但其37楼的宝库艺术中心，却是一方分外宁静的天地。一个仿明代园林风格的江南文人庭院在37楼临空而建，名为"半亩园"。这个深藏在摩天大楼里的东方美学园林，今后将成为上海大剧院首个传统艺术教育基地。

上海大剧院在这一天举行了"小满·消夏雅集"，并正式推出传统艺术教育品牌"节气之美"。据悉，"节气之美"自立春开始、至大寒结束，贯穿全年，将推出一系列有关传统文化的开放日、主题讲座、节气沙龙及公益演出等，为更多观众提供传统文化体验。

2016年11月，二十四节气被正式列入联合国教科文组织人类非物质文化遗产代表作名录。上海大剧院选择以"节气"作为标志性符号，也是对中国民俗文化与非遗文化的保护与传承。

上海大剧院总经理张笑丁介绍说，这些年，以京剧、昆曲、民乐为代表的中国传统艺术拥有了一批忠实观众，诸如上海大剧院与上海芭蕾舞团联合制作的芭蕾舞剧《长恨歌》、与上海张军昆曲艺术中心联合制作的当代昆曲《春江花月夜》等，都受到广泛好评和市场佳绩。明年是上海大剧院院庆20周年，上海大剧院因此特别策划推出"节气之美"艺术教育系列活动。

此前的2月，上海大剧院就曾尝试举行了"情话·元宵"主题日，在元宵这天汇集了有关汉礼汉乐、节庆民俗等传统文化的主题活动。

作为"节气之美"的首个活动，当天的"小满·消夏雅集"包括了节气、昆曲、古琴、园林等非遗主题。活动中，上海华师大教授、民俗学家陈勤建和观众分享了"节气"之美的文化传统。

一曲古琴《流水》之后，来自江苏省昆剧院的两位昆剧年轻偶像施夏明和单雯则在古典的亭台间表演了一段《牡丹亭》，并和所有人分享了昆曲的传统之美。

而在6月芒种前夕，"节气之美"将举行"夏日艺术体验日"。此后还将陆续推出用中英两种语言和文化风格演绎《论语》的主题讲座，以及将京剧、昆曲、民乐、评弹、国画等传统艺术和现代生活结合的节气沙龙。

(资料来源：澎湃新闻·文艺范. 在上海中心的空中园林，上海大剧院邀请观众感受"节气之美"[EB/OL].(2017-05-21)[2024-12-03]. https://www.thepaper.cn/newsDetail_forward_1690454.)

例文二

铁路春运志愿者：寒冬里的温暖使者

在熙熙攘攘的铁路春运大军中，有这样一群志愿者，他们如同一簇簇温暖的火苗，在冰冷的冬日里跳动。

清晨，当第一缕曙光还未完全穿透寒冷的薄雾，志愿者们已身着醒目的制服，精神抖擞地站在车站广场。小张，一名年轻的大学生志愿者，眼神里透着朝气与热情。他穿梭在人群中，主动帮助拖着沉重行李的老人提箱，那用力的双臂和坚定的步伐，仿佛在告诉每一位旅客："有我在，您放心。"

售票大厅里，小李正耐心地为一位满脸焦急的中年妇女解答购票疑问。她的声音清脆而温和，手指熟练地在售票系统界面上比画着，详细地解释着不同车次的时间、票价和余票情况。妇女原本紧锁的眉头逐渐舒展，最后连声道谢。

候车室内，小王留意到一位独自带着孩子的年轻妈妈，孩子因为长时间候车而哭闹不止。小王赶忙上前，变戏法似的拿出一个可爱的小玩具递给孩子，还陪着孩子玩耍起来。年轻妈妈感激地看着小王，疲惫的脸上露出欣慰的笑容。

他们是铁路春运的幕后英雄，虽不驾驶列车，却用自己的爱心与奉献铺就了旅客们温馨的回家路。无论是在寒风凛冽的站台，还是在人头攒动的候车大厅，这些志愿者们始终坚守岗位，用微笑和行动诠释着"奉献、友爱、互助、进步"的志愿精神，为春运这幅宏大画卷增添了一抹抹动人的亮色。

（资料来源：本案例由笔者根据相关资料整理所得。）

例文三

一名护士长的"速度与激情"

江城清晨的第一缕阳光洒进窗户，湖北省妇幼保健院光谷院区感染十四科护士长李晓莉开始了一天的忙碌。她麻利地穿戴防护装备，即将奔赴她的战场："红区"。

收治新冠肺炎患者的病房污染区，因其感染风险极高被称作"红区"。这里，就是李晓莉每天奋斗的地方，是她演绎"速度与激情"的战场。

来自火箭军某医院的李晓莉，个头娇小，短发齐耳，说话如蹦豆，走路带阵风，干事就一个字：快！她说，这是在部队一点点练出来的。

当兵31年，从事临床护理26年，参加过国际维和，执行过抗震救灾、泥石流抢险等军事任务，见过了太多的"生死瞬间"，李晓莉更加清楚："救人如作战，胜负分秒间，多出一秒，我们就多出一份救治胜算。"

速度就是生命，救治就是打仗！战疫月余，李晓莉经历着一次次"生死时速"。

一天上午，李晓莉查房时发现85岁的郑大爷目光有些呆滞，生命体征检查却基本平稳，她便叮嘱当班护士多留意。不出所料，晚饭时郑大爷突然并发症急性发作，血钾减至正常人一半，血氧饱和度急速下降到56%。李晓莉结合医嘱立即实施急救：静脉补钾、高流量吸氧、通知重症病房做好插管治疗准备。

一连串有序的救治操作，把郑大爷从死亡边缘拽了回来。郑大爷的儿子也在同屋治疗，见证了这惊险一幕，激动得不知说啥是好，只是一个劲儿地致谢。

"作为护士，不是量体温、测血压、打针送药那么简单，关键时候要有与死神拔河的本领。"李晓莉说。

李晓莉的父亲是一位参加过抗美援朝的老兵，在她离家当兵时送了她一句话："真的勇士，上了战场应该兴奋，这样才能打胜仗。"这些年来，父亲的"精神衣钵"在她身上得到很好的传承。

此次支援湖北前，李晓莉虽然已上报了退休，仍带领科里护士集体递交请战书。到了武汉，她担任感染十四科护士长，是全科护士中年纪最大的。主管护师乔惠霞与李晓莉一起共事13年，对她的印象就是："一穿上防护服就像充满了电，投入工作就有使不完的劲儿。"

在护士站，有个小小"督导栏"，里面每天贴着不同的纸条，这是李晓莉查房后列出当天存在的问题和不足，次日逐条逐项"挂账销账"。

采访中，李晓莉拿起一张纸条，上面写着12条"提示"：首次入院评估有缺项、手消毒液开瓶日期未填、62床深静脉置管需重点监护……李晓莉逐一检查，又开始记下当天的"问题清单"。她说："别看问题小，弄不好都会'针尖大的窟窿刮起斗大的风'。"

采访中，记者发现一个现象，护士进病房从不叫床号，而是叫爷爷奶奶、叔叔阿姨，患者听了喜笑颜开。护士移情倩说，李晓莉的这个"特殊规定"，已经坚持10多年了。

92岁的王奶奶，是李晓莉重点护理的患者，出院当天，李晓莉惦记着临别前跟她说上几句话。一进病房，发现王奶奶已坐在床边等她："闺女，我今天出院啦，老婆子就想看你一眼。"（《光明日报》(2020年03月27日 04版）

（资料来源：光明日报记者 温庆生 光明日报通讯员 李永飞 许溟. 一名护士长的"速度与激情"[EB/OL].(2020-03-27)[2024-12-09]. https://news.gmw.cn/2020-03/27/content_33689472.htm.）

思考题

1. 通讯和消息有什么区别？
2. 通讯有哪些类型？
3. 特写的本质特点是什么？

在线测试题

扫描二维码，在线答题。

第六章 经济文书

经济文书是比较重要的专业文书或称专用文书。专业文书是与通用文书相对而言的，是指在不同的社会行业或专业领域中应用的文书。概括地讲，经济文书是在经济工作中，为直接体现党和国家的方针、政策，解决经济工作中突出的问题，以事实为依据，以科学理论为指导，直接阐明作者或作者所代表的主体的目的、主张、观点或者对某一事物或现象予以说明、分析、议论等的文书。

第一节 经济合同

必备知识

一、合同的含义

合同又称为"契约"，英文为 contract。我国一般将合同定义为：得到法律承认的关于债的协议；英美法系则一般将合同定义为：可以依法执行的诺言。

《中华人民共和国民法典》（以下简称《民法典》）所称合同，是指民事主体之间设立、变更、终止民事法律有关的协议，但不包括婚姻、收养、监护等有关身份关系的协议。

合同是当事各方依据法律或政策在充分协商、达成一致后所签订的文书。签订合同是一种法律行为，可以监督当事各方共同承担义务。合同可以降低各种风险，从而保障当事各方的共同权益，更为当事各方真诚合作，实现管理科学化等方面起到积极的作用。

二、合同的种类

合同可以按照不同的标准划分类别。

（一）按合同的内容分类

依据《民法典》，合同可分为以下十五种：买卖合同；供用电、水、气、热力合同；赠与合同；借款合同；保证合同；租赁合同；融资租赁合同；保理合同；承揽合同；建设工程合同；运输合同；技术合同；保管合同；仓储合同；委托合同；物业服务合同；行纪合同；中介合同；合伙合同。

（二）按合同的有效期限分类

按合同的有效期限划分，合同可分为长期合同、中期合同、短期合同和一次性合同。

（三）按合同的主体分类

按合同的主体划分，合同可分为双边合同和多边合同。

(四) 按合同的写作形式分类

按合同的写作形式划分，合同可分为条文式合同、表格式合同和条文表格式合同。

(五) 按合同的表现形式分类

按合同的表现形式划分，合同可分为书面形式、口头形式、默示合同。口头形式和默示合同是日常生活中常见的合同形式，因其没有文面凭证，难以取证，极易引发争议，因此要尽可能地使用书面形式订立合同。

三、合同的特点

合同可以有效地约束当事人的行为，保证国家、集体和个人的合法权益不受损害，是强化管理体制的有力工具，还可以促进社会主义法治建设的进一步完善和深入发展，有利于提高全民的法律意识，加快社会生活和经济建设的节奏。合同的基本特点如下。

微课视频 6-1
关于合同违约责任和
有效性的两点说明

(一) 合法性

合同是以设立、变更或终止民事权利义务关系为目的的民事法律行为。签订合同是当事人之间符合法律规范要求的合法行为。合同的订立，合同的有效或无效，合同的履行、变更、解除、保全等问题，是我国民法的重要组成部分。合同的订立只有符合国家法律法规的要求，才具有法律约束力，并受到法律保护。任何人都不得利用合同进行违法活动，扰乱经济秩序，损害国家利益。

(二) 制约性

合同是确立当事人之间法律关系的法律行为。合同依法成立，即具有法律约束力。当事人在享受合同规定的经济权利的同时，必须全面履行合同约定的经济义务，任何一方不得擅自变更或解除合同。一方若有变故应及时通知对方，根据合同的规定，除必须承担违约责任外，双方应尽可能协商把损失降到最低。

(三) 平等性

合同是平等主体之间的民事法律行为，是基于双方或多方的意思而成立的。合同是当事人基于平等的法律地位达成的，订立合同时，合同当事人应当遵循平等的原则，充分协商，合同各方的权利义务要公平合理、大体相当，责任风险共担、权利利益平分。一方不得将自己的意愿强加给另一方，更不能以命令、胁迫手段签订合同。

(四) 合意性

合同是双方或多方当事人之间经过探讨取得意愿一致的民事法律行为。合同以平等主体之间的意思一致为出发点，须经当事人之间依法在合同各项条款上自愿合作、意见协商一致后签订成立并共同遵守。合同订立的目的是为设立、变更或终止债权、债务关系，实现各自的利益，任何因欺诈、胁迫、乘人之危、重大误解、显失公平等意思表示不真实而成立的合同，在法律上均属无效或可撤销合同。

四、合同的要素

《民法典》中规定：合同的基本要素包括：当事人的名称或者姓名和住所；标的；数量；质量；价款或报酬；履行期限、地点和方式；违约责任；解决争议的方法。

写作指南

一、合同的内容与写法

合同文本的书面结构模式一般由首部、正文、尾部和附件四部分构成。

(一) 首部

首部由标题、合同编号、当事人基本情况及合同签订时间、地点构成。

▶ 1. 标题

标题是合同的性质、内容、种类的具体体现，写在第一行的中间，应写明合同的主旨和业务性质，如"水路运输合同""旅游合同""劳务承包合同"等。

▶ 2. 合同编号

合同编号主要是为了方便管理与查收，位置一般在标题下方或右下方，包括分类编号（由合同类型前两个大写字母的简写组成，如劳动合同简写 LD，贷款合同简写 DK）、日期编号（即签订合同的日期，如 2016 年 10 月 1 日签订的合同，为 20161001）、份额编号、明责编号（负责签订合同的员工工号）、部门编号（部门名称拼音首字母简写，如市场部 SCB）等，各级编号间采用短线"-"连接。

▶ 3. 当事人基本情况及合同签订的时间、地点

当事人的名称及合同签订的时间、地点在标题之下正文之上，空两格分行并列，当事人基本情况即写明双方在合同中的关系，如"甲方""乙方"（或"买方""卖方"）。当事人是法人或其他组织的，写明该法人单位全称和代表人名称和住址，当事人是自然人的写明该自然人名称和住址。

(二) 正文

正文是合同的核心部分，又可以分为下两部分：第一是合同缘由，写明签约合同的基本依据和主要目的，一般是合同正文的第一自然段，此部分的表述要简明扼要，切忌详述或引述过多；第二是合同双方议定的主要条款，即合同要素。

▶ 1. 标的

标的是指合同当事人各方的权利与义务所共同指向的对象。合同标的可以是货币，可以是货物，也可以是工程项目、智力成果等，是足以供人们支配的具有使用价值的客观实体。合同的标的要写明标的的名称，以便确定当事人的权利和义务。买卖标的可以是现实存在的物，也可以是将来产生的物，如《美国统一商法典》第 2 条～第 105 条就规定，货物可以包括尚未出生的动物幼仔、生长中的农作物。建设工程施工合同其标的是建筑产品，施工合同的标的是施工承揽关系，委托合同的标的是劳务。

标的所涉及的标的物，必须符合国家的法律、法令、法规及方针政策，以国家准许市场流通的种类物或特定物为限；否则，视为无效或非法合同。合同的标的要具体、明确、肯定，写明产品的型号、规格、牌号等，不能含混。

▶ 2. 数量和质量

数量是以数字和计量单位来衡量标的的尺度。它关系到合同所产生的经济效果。数量的多少一般是以国家规定的度、量、衡为计算单位，基本的要求是数字准确。质量是

标的内在素质和外观形态的综合，包括标的名称、品种、规格、型号、等级、标准、技术要求、物理和化学成分、款式、感觉要素、性能等。凡有法定标准可依的，要指出遵循的是国家标准、部颁标准，还是企业标准；没有法定标准可依的，要明确双方合同的具体标准以及检验方法。数量和质量条款是合同的主要条款，要给予明确、具体的规定。

▶ 3. 价款或报酬

价款是根据合同取得财产的一方当事人向另一方当事人支付的以货币表示的代价，酬金是根据合同取得劳务的一方当事人向另一方当事人支付的货币，又称为报酬，两者又简称为价金。价款或酬金是有偿合同的必备条款，合同中要说明价款或酬金的数额及计算标准、结算方式和程序。除国家允许使用现金支付外，必须通过银行办理转账结算。经济合同中必须写明付给价金的结算方式、结算银行账号、结算程序等。

▶ 4. 履行的期限、地点及方式

履行的期限是当事人议定的履行合同的时间范围，即享有权利一方要求对方履行义务的期限，而不是指合同的有效期。履行的期限要明确写出起止年、月、日；履行的地点是一方当事人履行合同规定的义务和另一方当事人接受这一履行的地点；履行方式是指合同当事人一方履行义务的具体方法和途径，履行合同的地点和方式是确定验收、费用、风险和标的物所有权转移的依据。

▶ 5. 违约责任

违约责任是指违反了合同义务的当事人应当承担的法律责任，又称罚责。承担违约责任的方式主要是支付违约金、赔偿金，在该条款中必须明确具体地表述，这有利于督促当事人自觉履行合同，发生纠纷时也有利于确定违约方所承担的责任，是维护合同双方当事人合法权益的有效措施。

▶ 6. 解决争议的方法

合同发生争议时，其解决方法包括当事人协商、第三者调解、仲裁、法院审理等几种。当事人在订立合同时，应当约定争议解决的方法。

同时，在正文的结尾处还应注明合同的份数，正副本情况。若属涉外合同还需说明文本和书写文字的不同等。正文大都采用数码条款顺序标写法，以求条理清晰，便于表述，也便于查阅。

(三) 尾部

尾部即合同的结尾，一般包括以下内容：当事人签名、盖章、单位地址、电话号码、电报挂号或图文传真号、邮政编码；当事人各方的银行开户名称、开户银行账号。经过公证的合同，同时尚需加盖公证单位的印章，加注公证单位意见，写明签订合同的年、月、日全称。另外，组织的法人代表(负责人)若不能前往议约或签约，可以委托代理人来执行合同的签订，但是代理人需要有法人代表的委托书或授权书。

(四) 附件

附件主要是对合同的条款或有关条款的说明性材料及相关证明材料。如技术性较强的商品买卖合同，需要用附件或附图形式详细说明标的的全部情况。合同附件是合同的共同组成部分，同样具有法律效力。

二、合同写作的注意事项

(一) 用语准确精练，逻辑思维严谨

合同中不可以出现含混不清或模棱两可的词句，以避免在合同的履行中出现不必要的争执和纷争。合同中使用的概念，当事人应该有一致的理解，忌用模糊概念，以防歧义产生。经济合同的语义应该准确，应避免使用"希望""尽可能""争取"等模糊性用语，不说空话、套话。

(二) 文字书写规范，标点符号正确

合同文字书写规范，原文不得涂改，确需变动的部分，可用补充条款另外行文。原文落款书写和签字时要用钢笔和水性笔，金额数量应以汉字来大写。同时还要注意正确使用标点符号，防止句号、逗号用错或点错而造成不必要的纷争或损失。

例文赏读

供 需 合 同

合同编号：WSDSM-120130-003090

签订日期：2023 年 1 月 3 日　　　　签订地点：沈阳市和平区青年大街××号

供　方：辽宁××商贸有限公司

需　方：××(上海)有限公司

根据《中华人民共和国民法典》及有关法律法规的规定，经充分友好协商，双方本着诚实守信、平等互利的原则，就供方向需方销售　淀粉　，达成如下合同条款。

一、产品名称、品牌、型号、单价、数量、税率及总金额

产品名称	商标牌号	规格型号	计量单位	数量	单价(元/吨)	总金额(元)
玉米淀粉	新世界	830kg	吨	900	2 965	2 668 500
合计人民币(大写)：贰佰陆拾陆万捌仟伍佰元整(含17%增值税)						

二、交货时间、地点

交货地点：宁波港　　　　　　　联系人：刘健 12312345678

三、质量要求

产品的质量要求为：按国家标准《食用玉米淀粉》(GB/T 8885—2017)执行。

四、运输及费用负担

供方负责代办，海运至宁波港，并负担此前运输费用。

五、包装物标准及要求

包装标准：830kg 塑料编织袋，不计价，不回收。

六、验收标准、方法及提出异议的期限

按照本合同第三条标准验收，需方在货到 7 日内未提出书面异议，则视为所交商品符合本合同约定。

七、支付方式及结算期限

支付方式：银行电汇

结算期限：货到10日内结清全部货款。

八、违约责任

按《民法典》的有关规定执行。

九、合同期限

本合同的期限自2023年1月30日至2023年2月25日。

十、保密协议：

供需双方在合同期限内均不得将该产品相关信息及合同所涉部分向第三方泄露。

十一、合同的变更、终止和续签

合同履约过程中，供需双方可以书面形式提出变更、终止合同，但须提前以书面形式通知对方。合同的变更部分构成合同的有效组成部分，与合同具有同等效力。合同到期双方商议续签；双方无意继续续签，则合同到期终止。

十二、解决合同纠纷的方式

双方协商解决，如协商不成向合同签订地的有管辖权的人民法院提起诉讼。

十三、合同生效

本合同一式两份，修改无效，传真件有效；双方盖章后此合同生效。

供方	需方
单位名称(公章)：	单位名称(公章)：
单位地址：	单位地址：
法定负责人：	法定负责人：
委托负责人：	委托负责人：
电　话：	电　话：
传　真；	传　真；
开户行：	开户行：
账　号：	账　号：

（资料来源：本案例由笔者根据相关资料整理所得。）

思考题

1. 根据《民法典》，合同条款中应具备哪些要素？
2. 简述合同写作的注意事项。

第二节　商务信函

必备知识

一、商务信函的含义

商务信函是企、事业单位之间为联系业务、洽谈生意或磋商与买卖相关的问题时使用的一种函件。

商务信函已成为现代商务活动惯用的书信体裁,其作用可以使企、事业单位之间在不直接见面的情况下进行交易,处理与交易相关的问题。

二、商务信函的分类

商务信函可以按照不同的标准划分类别。

(1) 以商务信函的功能为标准,可分为建立商务关系信函、询价商务信函、报价商务信函、订购商务信函、信用调查商务信函、装运商务信函、付款商务信函、索赔商务信函和理赔商务信函等。

(2) 以商务信函的文书形式为标准,可分为外贸商务信函和境内商务信函。

三、商务信函的特点

(一) 简洁性

在繁忙纷扰的现代商务处理中,从商贸往来各方的角度着想,商务信函应言简意赅,直接切入正题,避免复杂晦涩而毫无实际意义的语言句式,以增进商贸各方的关系往来。

(二) 准确性

商务信函体现了贸易活动的博弈过程,商务信函要使用正确的商务交往术语、标准的商务信函格式,清楚连贯阐明各方的立场和意见,对实现自身的商业利益至关重要。

(三) 礼仪性

商务信函是商务谈判的重要形式,各方商务信函守信准时、措辞及表达方式非常重要,尤其是在国际贸易中,由于时差关系以及各国礼仪不尽相同,各方商务信函更要注意准时往来,礼仪规范,减少分歧。

(四) 完整性

商务信函内容和格式的完整,一方面可以避免由歧义导致的经济纠纷,为企业赢得经济利益;另一方面体现对商业对手的尊重,互增好感,为商业合作带来契机。

写作指南

一、商务信函的内容与写法

(一) 标题

商务信函的标题应写在第一行的中间,常见的写法有以下两种。

(1) 由发函单位、事由和文种构成,如《××公司订购服装商务信函》。

(2) 由事由加文种构成,如《询价商务信函》。

(二) 发函字号

发函字号的代字加上该单位本年度所发函件的序号,一般写在标题正下方。

(三) 收函单位(或收函人)

收函单位(或收函人)写在标题下面,须顶格书写,后附加冒号。

（四）正文

商务信函的正文一般先写明发函缘由。如是复函，则需简明扼要引述对方来函，然后针对洽商的问题发表自己的意见或看法，表明希望。最后附写祝颂语，如"特此函达""顺祝商安"等常规结语。

（五）落款

商务信函的落款写在正文右下方，由发函单位名称（加盖公章）及发函日期构成。

二、商务信函写作的注意事项

（一）一事一函，叙事简明

商务信函为开展商务而写作，目标明确。函文内容应围绕这一目标展开，做到一事一函，不要涉及其他事务，避免冲淡主题。商务信函往来涉及经济责任，写作时必须简明清楚。向对方提出问题要明确，回答对方询问也要有针对性，不能答非所问，回避要害。

（二）态度诚恳、谦恭有礼

商务信函写作要求实事求是，维护企业与个人的信誉，态度诚恳，不得蓄意欺骗对方，谋求不正当利益。要尊重对方，讲究文明礼仪，遵守行业道德。若对方提出的要求暂不接受，应用委婉的语气加以解释，以求保持良好往来关系。

（三）结构严谨、首尾圆合

写作时，首先把所要写的内容有条不紊地组织起来，列成提纲或打草稿，以免结构松散，首尾脱节。商业信函首尾写作有固定的规范格式。可在信的开头直接进入主题，在信函的结尾可提出各种希望等，使信函结构完整。

例文赏读

例文一

询 价 函

××食品有限公司：

  我公司对贵公司生产的沙拉鸡胸肉很感兴趣，欲订购咖喱味、烧烤味、新奥尔良味的鸡胸肉（独立包装，每包100克）。

  望贵厂能就下列条件报价：

  （1）单价；

  （2）交货日期；

  （3）结算方式。

  如果贵方报价合理，且能给予最优惠折扣，我公司将考虑大批量订货。

  希速见复。

××商贸公司
2023年4月28日

例文二

磋商业务函

××食品有限公司：

你方 5 月 17 日关于 100 克鸡胸肉的报价函已收悉，我方对产品质量、价格、支付方式、交货日期、交货地点等均感满意，只是希望包装能进行调整。

为了方便顾客携带和销售方进行运输，希望将单品聚乙烯袋包装改成硬纸盒包装。运输包装改用瓦楞板纸箱。

顺祝商安。

××商贸公司
2023 年 5 月 19 日

思考题

1. 商务信函的特点有哪些？
2. 商务信函的内容有哪些？
3. 商务信函的写作要求有哪些？

第三节　商 品 广 告

必备知识

广告的概念有狭义和广义之分。狭义的广告是指盈利性的经济广告；广义的广告泛指一切营利性和非营利性广告，即商业广告和商品广告。在现实生活中最常见的就是商品广告，本节将重点研究商品广告的含义、特点及商品广告文案的写作结构。

一、商品广告的含义

商品广告是指通过各种媒介将商品信息传递给大众，从而达到促进商品销售的一种信息传递方式。商品广告是广告中最常见的形式，其目的是提高商品的知名度，扩大商品销售，实现商品利润的最大化。

二、商品广告的特点

商品广告的特点主要表现在以下几个方面。

（一）宣传性

商品广告的宣传性是指商品广告通过向公众宣讲、说明商品信息来推广商品。宣传性要求商品广告的推介要采取消费者乐于接受的、感兴趣的方式进行，这样才能达到促进商品销售的目的。

(二) 说服性

商品广告的说服性是指商品广告要使人对商品产生浓厚的兴趣,相信广告的宣传内容,进而产生购买商品的欲望。需要强调的是,不同种类、性质的商品,说服的重点也应该有所不同。

(三) 信息性

商品广告的信息性是指作为商品信息的承载形式,商品广告可以使公众获得商品的各方面信息。成功的商品广告,就是把商品形象地介绍给公众,让消费者去感知、识别和挑选商品,继而众口相传,使商品的信息不胫而走,产生连锁反应,达到促进销售的目的。

(四) 盈利性

商品广告的盈利性具体表现为广告主为宣传商品支出的广告费用,会附加在商品的价格上。企业在选择商品广告的策略和测定广告效果的时候,都是以广告的盈利大小作为准则。

(五) 寄生性

商品广告的寄生性是指商品广告离不开媒体,它总是依附于某种媒体,通过媒体使商品的内容传播开去。

(六) 艺术性

广告是一门艺术,在创作广告文案时要采用多种艺术形式,巧妙构思,富于创新,把真实性、思想性与艺术性结合起来,在给人以知识信息的同时,更应以较强的艺术感染力给广告受众以美感,通过独特的艺术魅力陶冶受众的思想和情操。

三、商品广告的种类

商品广告的分类方式多种多样,按照传播媒介可以分为以下几类。

(1) 平面广告,主要是指通过报纸、杂志、传单等形式发布的商品广告。
(2) 广播广告,是指通过广播向外发布的商品广告。
(3) 电视广告,是指通过电视这种媒介向外发布的商品广告。
(4) 网络广告,是指在互联网上发布的各种商品广告。

写作指南

一、商品广告文案的内容与写法

无论是平面广告还是立体广告,都要通过文字材料对广告内容进行文字表达,这就形成了商品广告文案。商品广告文案是商品广告内容的文字化表现,在结构上一般由标题、正文、广告语和广告随文四部分组成。

(一) 标题

标题是商品广告文案的主题,也是广告内容的诉求重点。广告的标题应写在第一行的中间。标题的作用在于引起人们对广告文案的阅读兴趣。只有当受众对广告标题产生兴趣时,才会阅读正文。

广告标题的设计形式有情报式、问答式、祈使式、新闻式、口号式、暗示式、提醒式等。

广告标题可分为直接标题、间接标题和复合标题三种。

▶ 1. 直接标题

直接标题是以简明的语言直接表明广告内容的一种标题样式，它会使消费者一看就知道广告要推销的商品种类。例如，中意电器集团的冰箱广告标题为"中意冰箱，人人中意"。

▶ 2. 间接标题

间接标题是通过暗示和诱导的方式引起受众的好奇心然后促使消费者去关注广告内容的一种标题样式，如"钻石恒久远 一颗永流传""一切皆有可能"。

▶ 3. 复合标题

复合标题是将直接标题和间接标题结合起来使用的广告标题形式。一般由"引题＋正题＋副题"构成。引题居于标题之首，起到引出正题的作用；正题是复合标题的核心，不可或缺；副题位于标题之尾，对正题内容起到补充或说明作用。复合标题可有"正题—副题""引题—正题""引题—正题—副题"三种形式，例如，中华长效防蛀牙膏的广告标题为：

  牙齿健康好卫士 全新中华长效防蛀牙膏 氟＋钙＋强齿素三重长效保护

撰写广告标题时，语言要简明扼要，易懂易记，语义要传递清楚，新颖而富有个性，广告标题的文字数量一般控制在 14 个字以内为宜。

(二) 正文

正文是商品广告文案的核心部分，它详细地介绍商品的信息及服务，使受众对商品的特点、性能、价值等方面有一个确切的了解，从而使消费者产生拥有该商品的欲望。广告正文内容要实事求是，通俗易懂。不论采用何种题材式样，广告正文要抓住主要信息叙述，言简意明，生动有趣，实事求是，避免套话。

广告正文分为开头、主体、结尾三部分。开头部分要承前启后，既要与广告标题有衔接关系，同时又必须尽快吸引目标受众阅读下文；主体部分进一步论证、解释广告标题，介绍产品特色功能、效用及带给消费者的服务与利益；结尾部分应简明扼要，若有必要，可对文中重点再次总结强调。

广告正文在表述上可以采取以下三种形式。

▶ 1. 直述式

直述式，是指直接介绍商品的表述方式。例如，广西永福制药厂的广告正文："永福县是罗汉果之乡，罗汉果味甜、性凉，具有清热润肺、止咳化痰、生津止渴、益肝健脾等功效"。

▶ 2. 描述式

描述式，是指对商品的特点进行重点描述，以达到给消费者留下深刻印象的表述方式。例如，一则咖啡广告的正文："哥伦比亚安第斯山脉，那里有肥沃的火山土壤、温和的气候以及适量的阳光和雨水，保证了每一粒咖啡豆的完美成长。待到咖啡豆成熟时，人们采用手工摘取，精心挑选最好的咖啡豆……"

3. 问答式

问答式，是指通过一问一答的形式，激发消费者的好奇心，以达到宣传商品的目的。例如，一则健脑保健品广告的正文：

能够连续畅销六年的真正秘密是什么呢？
一、高科技配方，专为学生设计；
二、权威部门认证；
三大功效，切实有效……

(三) 广告语

广告语又称广告标语，是广告公司为商品设计的战略口号。广告语的作用是通过在媒体中的长期反复强调，使消费者了解商品的性质，以达到塑造企业和商品形象的目的。广告语是广告文案中的特定宣传用语，是广告文案中最富有吸引力和感染力的部分，是推广商品不可或缺的广告要素，便于消费者了解商品或服务的个性。广告语可以揭示商品的特点，加深受众对商品品牌的印象，还可以传达企业精神和理念，为树立企业和商品的良好形象发挥作用。例如，雀巢咖啡的广告语为"味道好极了"；再如，海尔集团的广告语为"海尔，真诚到永远"。

广告语常见的形式有联想式、比喻式、许诺式、推理式、赞扬式、命令式等。广告语的撰写要注意简洁明了、语言明确、独创有趣、便于记忆、易读上口、情感亲切、用词朴素。

(四) 广告随文

广告随文又称广告附文，是向消费者说明商品有关附属信息的文字部分，是对广告内容的进一步补充说明。随文的写作旨在强化企业、商品的某些特征，或者是想向消费者提供咨询购买的联系方式。广告随文通常包括企业标识内容、商品标识内容、权威机构的认证标识或获奖证明资料、商品价格、优惠办法、银行账号、赠券、抽奖办法、联系方式等。报纸、杂志、广播等广告文案，附文内容较为全面。电视广告文案，通常只说出企业名称即可，例如，某药品的电视广告随文为"本市各大药店均有销售，市区免费送药，订购电话××××××"。

由于广告种类较多，为适应不同渠道的传播特点，所以广告的写法也灵活多样。例如，电视广告文案常需要写出拍摄脚本，网络广告会采用软文。

二、商品广告文案写作的注意事项

( ) 准确规范，点明主题

准确规范是商品广告文案写作最基本的要求。要实现商品广告主题和广告创意的有效表现和广告信息的有效传播，商品广告文案创作应表达规范完整、准确无误，避免语法错误，避免歧义或误解。广告语言还要符合一般表达习惯，尽量通俗化、大众化，不可生搬硬套，避免使用过于冷僻或过于专业化的词语。

(二) 精练新颖，表明创意

商品广告文案在文字语言的使用上，要简明扼要、生动活泼地表达出广告创意。要以尽可能少的语言和文字表达出广告产品的精髓，实现有效的商品广告信息传播。只有富于创意个性的商品广告文案，才能吸引广告受众的注意力。写作时还要注意尽量使用简短的句子，以防止受众因繁长语句而产生反感。

(三) 动听流畅，便于识记

商品广告文案是商品广告的整体构思，是诉之于视觉、听觉的广告语言写作，要注意优美、流畅和动听，使其易识别、易记忆和易传播，从而凸显广告定位，完美表现商品广告主题和商品广告创意，取得良好的商品广告效果。商品广告文案忌过分追求语言美和音韵美，牵强附会，因文害意。

例文赏读

例文一

不要告诉我做什么才是对的

正文：我逛二手店

我吃棒棒糖

我看 NBA

我穿马汀大夫

广告语：自信？固执？永不妥协

随文：（略）

(资料来源：张冰. 广告文案写作理论与实务[M]. 重庆：重庆大学出版社，2016：4.)

例文二

2023 年 8 月 9 日，比亚迪第 500 万辆新能源汽车下线。作为全球第一家达到该成就的车企，比亚迪将这份里程碑式的荣光延伸，变成中国汽车发展脉络的一环，发布短片《在一起，才是中国汽车》。

在一起，才是中国汽车

今年，是中国一汽成立的第 70 年

当第一辆"解放"问世

中国在世界汽车行业上标注了自己的名字

东风汽车在芦席棚中用双手敲出这个名字

长安汽车用第一辆微车为这个名字扬起新的旗帜

上汽集团用来之不易的体系为它打开全新局面

广汽集团用新生为这个名字写下新的注脚

奇瑞汽车用第一辆风云为它增添新的标志

吉利集团在一次次大胆尝试中写下这个名字的万丈豪情

长城汽车在皮卡市场留下这个名字的脚印

比亚迪和这个名字一起踏上新的征程

小鹏汽车、蔚来汽车、理想汽车

不断为这个名字创造新的可能

70年，我们的故事各不相同
但方向却又如此相通
从源头的第一滴水开始
在艰难中涌出山缝，聚流成溪
在险峻中穿出山谷，交融成川
奔流于每寸热土，挺立于新能源潮头之上
从一滴水到一方水土
这个名字不断交织，不断壮大
越过汹涌的巨浪，迎向更辽阔的大海
在那里，我们不分你我
在那里，我们乘风破浪
打破旧的神话，踏出新的长空，成就世界级品牌

这个名字，将由你、由我
由每一位中国汽车人共同书写
这个名字叫 一汽、东风、长安、上汽、广汽、
奇瑞、吉利、长城、比亚迪、小鹏、未来、理想……

中国汽车
在一起，才是中国汽车

（资料来源：数英网. 在一起，才是中国汽车[EB/OL].（2023-08-09）[2024-12-03]. https://www.digitaling.com/projects/258537.html.）

思考题

1. 狭义的广告指什么？
2. 商品广告在结构上由哪几部分组成？
3. 商品广告写作要求有哪些？

第四节　商品说明书

必备知识

一、商品说明书的含义

商品说明书有时也被称为使用说明书。它是生产单位以说明的方式向用户介绍商品的成分构成、特点、规格、性质、性能、质量、用途、主要参数、使用方法、保养维修和注意事项等，以帮助人们了解和正确使用商品的一种实用性文体。内容可根据商品及用户的实际需求有选择或侧重地说明。

商品说明书是沟通生产者与消费者的纽带，具有宣传与推销的作用。从本质上而言，商品说明书的主要目的就是面向用户宣传商品的有关知识，以及质量保证、义务服务等内容，以便用户从科学与实用角度正确、迅速地了解商品知识，掌握有关使用方法。商品说明书还是对商品诸多基本情况或大概情况的说明，把深奥复杂的商品知识简要明确地介绍出来，从而指导用户购买和使用商品，是现代商品流通中不可缺少的重要工具。一般而言，任何商品都要有说明书。

二、商品说明书的分类

商品说明书可以按照不同的标准划分类别。

（1）以写作方式为标准，可分为条款式商品说明书、概说式商品说明书和复合式商品说明书。

（2）以表达方式为标准，可分为说明式商品说明书和文艺式商品说明书。

（3）以包装角度为标准，可分为外包装式商品说明书和内装式商品说明书。

三、商品说明书的特点

（一）科学性

科学性是商品说明书最本质的特点。商品说明书以传播知识为目的，在介绍产品时，必须以事实为依据，进行科学的说明。实事求是、恰如其分地表述，才能向用户说明产品工作原理、介绍发明创造、推广革新技术、传播科学知识。撰写时，概念使用务必准确，数据必须精确，成分、程序要清楚，一定要注意符合商品的实际情况和客观规律，要具有科学性。

（二）条理性

商品说明书直接指导用户研读并使用产品。所以，商品说明书要把握商品自身结构和逻辑性，找出其确定的内在规律。针对用户最为关心的方面做简要介绍，按照用户容易识记的表述顺序，进行条理分明、逻辑清晰的逐项说明。使用户阅读商品说明书后，能迅速、清晰、透彻地掌握内容。

（三）实用性

实用性是商品说明书的基本特点。商品说明书具有解说与宣传的作用，通过向用户介绍、宣传产品的相关科学知识，使用户认识和使用该产品，实现商品的实用价值。商品说明书必须明白细致、具体精确地把产品说明得通俗易懂，使购买者易于接受，力求语言深入浅出，达到规范化、通俗化，使用户按照说明书即可学会使用，便于操作。

（四）说明性

从题材上讲，商品说明书是说明文；从语言上讲，它运用的是说明性文字，说明是它的主要表达方式。商品说明书虽然具有宣传广告的作用，但它重在说明和介绍商品，说明性是商品说明书的显著特点。

写作指南

一、商品说明书的内容与写法

由于商品的多样性，以致商品说明书的格式、写法也不尽相同。篇幅短的商品说明书只有几行字，就印在商品或商品包装上；篇幅长的商品说明书常常装订成册。下面重点介绍一下单页式商品说明书。

（一）标题

商品说明书的标题应写在第一行的中间，常见的写法有以下四种。

（1）商品标准名称加文种或简介构成，如"藿香正气丸（浓缩型）商品说明书""童趣装饰灯305型简介"。

（2）只写商品名称，或只写文种"商品说明书""使用说明书""使用指南"，如"大宝SOD蜜"。这种标题常用于印在商品或商品包装上的说明书。

（3）注解式标题，即由商品名称和相应的简明注释构成，以提高宣传力度，如"Dior迪奥之韵淡香水——流动的华服"。

（4）由品牌名称、商品名称和文种构成，如"LG KX500手机商品说明书"。

（二）正文

正文是商品说明书的主体部分，要详细介绍产品的产地、原料、功能、特点、原理规格、使用方法、用量、储藏、保管、注意事项等内容，便于用户阅读和使用。正文篇幅的长短，要根据产品的复杂程度、市场投放的情况而定。

商品说明书正文的写作没有固定结构。通常有以下三种写法。

▶ 1. 条款式

条款式，即把商品的相关情况分条列款，逐项介绍说明。药品、服装、电子商品，一般都用条款式。这种说明书的优点是内容醒目、突出，条理分明，层次清晰。

▶ 2. 概说式

概说式，即针对商品主要情况或推介侧面，如对商品的性能、规格、特点、使用方法等进行概括的介绍与说明。它相当于一篇说明文，特点是文字简明扼要，完整连贯。

▶ 3. 图文综合式

图文综合式，即把商品的情况以文字、图像、表格等综合使用的方式进行介绍。既有详尽的文字说明，又有照片或图样加以解释，还可以辅以分子式、构造图、电路图等。这种说明书多用于比较复杂的商品。

（三）附文

附文是附在正文后面的必备内容，包括商品生产企业和经销商企业的全称、注册商标、企业地址、主要联系电话、邮政编码、电传、网址、标准代码、联系人、生产日期、保质日期等，以便用户识别与联络。

生产日期、保质日期的位置通常不确定，或在说明书中，或在内外包装检验条上，还可以在产品本身。商品一定要注明生产日期、保质日期，否则用户无法判定产品是否有效。

（四）外文对照

有些商品要进入国际市场，就会涉及出口问题，为达到更好地流通销售的目的，部分商品说明书要有相应对照的标准外文附在中文商品说明书之后，内容结构与之相一致。

二、商品说明书写作的注意事项

(一) 实事求是，真实可靠

撰写商品说明书一定要严格遵守实事求是的原则，以诚信认真的科学态度写作，才能提升企业、商品信誉度，换得消费者的好感，最终提升市场份额。切忌夸大其词、弄虚作假，欺骗消费者，适得其反。

(二) 简明准确，通俗易懂

商品说明书专业性较强，面对广泛的消费人群，写作时应注意简洁明了，符合逻辑，层次清楚，结构完整。对专业性很强的名词术语要加以解释，做到表达清晰，通俗易懂，不能含混不清，令消费者费解。

(三) 指导消费，权责凭证

商品说明书写作时，既要考虑商家信誉，也要顾及消费者利益；既要确定生产经营者质量保证义务，也要确定消费者责任自负范围。商品在使用过程中出现退货、赔偿等纠纷时，商品说明书是唯一的责权凭证。

例文赏读

鞋类产品使用说明

【选购提示】

选择运动鞋的正确方法是：

1. 按照运动本身的需求而选择相对应的运动鞋种类，根据喜欢的款式进行挑选。鞋的功能是为了符合它的使用目的而设计的，如果穿着在不适合的场地，不仅鞋的功能会发挥不出来，还有可能会使您的脚部疼痛受伤。

2. 选择运动鞋的号码时，一定要两脚亲自试穿，才能确保鞋的舒适合脚：

(1) 试鞋时应双脚着地，采用直立姿势，以手的食指能在脚后跟与鞋之间上下活动为合适，鞋不宜过大或过小；

(2) 如选择高帮鞋，最好采用下蹲姿势确认帮口与脚踝合贴舒适。

【鞋的日常保养】

1. 在穿着运动鞋时，如沾染灰尘及污渍，请及时清洁，不可置之不管。

2. 为了确保鞋的穿着舒适性，避免因超负荷而使鞋的功能性和耐久性损耗，建议不要长期穿着同一双运动鞋，而应有两双或两双以上交替穿着。这样，既可以延长鞋的使用寿命，又可以保证穿着的舒适性。

3. 在日常穿着时，请务必将鞋带松开再进行穿脱，以免多次直接踩踏鞋后跟，导致其变形破损，影响您的穿着，并有可能在运动中使您动作变得不稳定，而使脚部受伤。

4. 在日常穿着时，请避免湿滑、油污地面。

【鞋的特殊情况保养】

1. 因雨水内含有酸碱性物质，在淋雨后势必会对鞋有所损害。遇此情况，要采取紧急补救措施，及时使用干布将雨水吸干，并将鞋放置在通风处自然吹干，切不可急速烘干，否则鞋极易损坏、变形。

2. 因为季节变换，我们在保存暂不穿着的鞋时（包括已穿和未穿着的），最好将鞋先清洗干净，然后在鞋内里填充防潮纸，以保持鞋不变形，最后放入鞋盒内，同时最好能加入干燥剂，并置放于阴凉通风处保存。请切勿放在高温、潮湿及阳光直射的地方，以免缩短鞋的使用寿命。

【清洗和穿用提示】

1. 使用真皮、反毛皮、植绒类合成革等材质的产品不可水洗，请尽量避免在雨、雪天穿着。当有污渍或灰尘时，请使用干燥的软毛刷去除，之后，请使用皮革护理剂、反毛皮清洁剂等对应护理剂进行护理。

2. 除上述真皮、反毛皮、植绒类合成革等不可水洗的材质外，鞋子清洗时，请勿浸泡。请使用干净的软布蘸水擦拭脏污或使用中性洗涤剂并用软毛刷刷洗，清洁后应选择阴凉通风处晾干，切忌暴晒（对于织物类产品，洗后建议在鞋面包裹白纸后晾干）。

3. 对于采用如反光材料或热切、热帖工艺的产品，在鞋子清洁过程中，请勿用力擦拭或刷洗这些部件，避免造成破损。

4. 对于使用深/艳色真皮、反毛皮、植绒合成革等材质的鞋面/内里/领口/鞋舌的产品，由于其材质的特性，在穿用时可能会对裤脚造成轻微染色，建议着深色袜子，选用对应色系的裤子进行搭配。

思考题

1. 什么是商品说明书？有哪些特点？
2. 商品说明书的内容与写法有哪些？
3. 商品说明书的主要目的是什么？

在线测试题

扫描二维码，在线答题。

第七章 诉讼文书

第一节 民事起诉状

必备知识

一、民事起诉状的含义

民事起诉状是指公民、法人或者其他组织,因自己所享有的或者依法由自己支配、管理的民事权益受到侵害,或者与他人发生民事权益争议时,依据事实和法律,按照法定程序,向人民法院提起民事诉讼时制作并使用的法律文书。

《中华人民共和国民事诉讼法》(下文简称《民事诉讼法》)第23条规定:"起诉应当向人民法院递交起诉状,并按照被告人数提出副本。书写起诉状确有困难的,可以口头起诉,由人民法院记入笔录,并告知对方当事人。"

对于民事原告而言,起诉状是其为维护民事权益提起诉讼的前提条件;对于人民法院而言,起诉状是其受理和审理民事案件的重要依据之一。

二、民事起诉状的特点

(一)实用性极强,使用频率极高

民事起诉状是实用性最强、使用频率最高的一种诉状。民事纠纷在当今社会较为普遍,自20世纪80年代以来,民事诉讼案件一直位于三大诉讼(民事、刑事和行政诉讼)之首,这同时反映了民事起诉状使用率之高。

(二)案由的多样性

民事诉讼的案由,可以从生老病死到衣食住行,从传统的婚姻、赡养、债务、房产、继承、契约(合同)、财务、伤害赔偿纠纷,到新兴的著作权、专利权、名誉权、肖像权以及计算机网络域名纠纷等,多种多样,起因复杂。但概括而言,主要有确认之诉、变更之诉和给付之诉三种。主要表现为纠纷起因的复杂性、是非的交错性等特点。

(三)诉讼主体的广泛性

民事诉讼的主体可以是公民,也可以是法人,还可以是其他组织。但是,原告必须是与本案有直接利害关系的人。

写作指南

《民事诉讼法》第124条规定，起诉状应当记明下列事项：

（1）原告的姓名、性别、年龄、民族、职业、工作单位、住所、联系方式，法人或者其他组织的名称、住所和法定代表人或者主要负责人的姓名、职务、联系方式；

（2）被告的姓名、性别、工作单位、住所等信息，法人或者其他组织的名称、住所等信息；

（3）诉讼请求和所根据的事实与理由；

（4）证据和证据来源，证人姓名和住所。

下面将分别介绍。

一、当事人基本情况（原告、被告和第三人）

（一）原告基本情况

原告自己对自己当然是相当了解，所以要写得详尽。

（1）原告为自然人的应当写明姓名、性别、年龄（或出生年、月、日）、民族、职业、工作单位和住所、联系方式（如手机）等；

（2）原告为法人或者其他组织的应当写明单位名称、住所和法定代表人或者主要负责人的姓名、职务、联系方式等。

（二）被告基本情况

原告对被告的一些情况可能不会非常了解，当然其最基本的信息是必须写明的。

（1）被告为自然人的应当写明姓名、性别、工作单位、住所等基本信息（联系方式要尽可能写明，以方便法院送达）；

（2）被告为法人或者其他组织的应当写明单位名称、住所等基本信息（当然法定代表人或者主要负责人的姓名、职务、联系方式等也能够写明是最好不过的）。

（三）第三人基本情况

同"被告基本情况"。如原告、被告和第三人为多人，按原告、被告和第三人这一顺序分别列出。原告如委托代理人，代理人是否在起诉状中写明可视具体情况而定。如果需要列出（如原告无诉讼行为能力而由法定代表人起诉，或者由委托诉讼代理人代理诉讼等情况），代理人应列在原告之后，所应写明的事项同"原告基本情况"。

二、诉讼请求

诉讼请求部分是起诉状的主要内容。诉讼请求要分项列明。诉讼请求必须具体、明确、扼要，该写的一定要写，因为其事关法院审查的范围。民事诉讼本着"不告不理"的诉讼原则，原告不在诉讼请求中提出的请求，法院不会主动审理和保护。所以，事前应尽可能想全、想透（当然也不能胡乱地要求，如果无相应的证据来支持所提的主张，势必得不到法律保护却要分担诉讼费用），以避免事后变更或增加诉讼请求等麻烦，更要杜绝合法权益没有得到法律保护的情形发生。另外，不要遗漏诉讼费用承担项，要明确提出诉讼费用由被告承担的请求。

三、事实与理由

事实与理由部分至关重要。事实和理由要在简明扼要的基础上尽可能真实详尽、理由充分。这一部分是为诉讼请求服务的，要做到有的放矢，切不可不着边际地洋洋洒洒上万言却未提案件的核心要害，更不能犯"下笔千言，离题万里"的错误。

四、证据和证据来源，证人姓名和住所

除法律特别规定的"举证倒置"情形外，《民事诉讼法》规定了原告的举证责任，即"谁主张谁举证"原则。所以，原告对提出的诉讼请求和提出这种请求的事实和理由，有提供证据予以证明的法律义务。

证据如果是证人证言以外的书证、物证、视听资料和其他证据，要列明证据名称和来源。如系证人证言，须注明证人姓名和住所，以备人民法院查对证言和通知其出庭做证。

证据来源是指获取证据的地点、时间和途径。当事人提供证据比较多时，为了便于自己在庭上举证和便于法官了解，应当依据一定的标准进行分类、编号，例如，依据证明的对象不同而分类、编号，这样有助于法官更清晰地了解当事人所提的主张。

五、起诉状结尾部分

起诉状除应证明上述法律规定的事项外，还应写明收受起诉状的人民法院的名称和起诉的年、月、日，并由起诉人签名和盖章。

起诉状中的"人民法院"的名称要顶格，以示对人民法院的尊重。

六、相关提示

起诉状是公民打官司时向法院递交的重要诉讼文书，因此制作起诉状是一件严肃的事，要求按起诉状的格式叙述清楚，要忠于事实真相，有根有据，合理合法，防止虚构捏造。起诉状记载如有欠缺，接受起诉的人民法院应通知原告进行补正。

起诉状要求用毛笔或钢笔书写，由于科技的发展，现在的起诉状应以打印为好，以便人民法院审阅、整卷和归档保存。

向法院提交起诉状时，同时按被告及第三人数量提交起诉状副本。

民事起诉状的范式如下。

民事起诉状

原告：_____

住所地：_____　　邮编：_____

法定代表人：_____　　职务：_____

联系人：_____　　联系方式：_____

被告：_____

住所地：_____　　邮编：_____

法定代表人：_____　　职务：_____

第三人：_____

住所地：_____　　邮编：_____

法定代表人：_____　　职务：_____

诉讼请求

一、××××××××××××××××××××××××××；

二、××××××××××××××××××××××××××××××××；

三、判决本案全部诉讼费用由被告承担。

事实与理由

××。

证据和证据来源，证人姓名和住所

1. ××××××××××××××××××××；

2. ××××××××××××××××××××；

3. ××××××××××××××××××××；

4. ××××××××××××××××××××。

此致

××省××县人民法院

起诉人：（签名并按指印）

××××年××月××日

附：本起诉状副本叁份

例文赏读

例文一

民事起诉状

原告：孙××，男，汉族，19××年×月××日生

　　住址：沈阳市铁西区×××街××号4-2-1，

　　身份证号：21010619＊＊＊＊＊＊＊＊＊

　　电话：12312345678

被告：沈阳××××服务有限公司

　　住所地：沈阳市和平区×××乡××村

　　法定代表人：路×

　　电话：12341234567

诉讼请求

一、判令被告立即给付原告2018年1月1日至2023年7月31日未依法应该由被告为

原告缴纳的社会保险费用 73 266.76 元整；

二、判令被告承担本案诉讼费用。

事实与理由

原告于 2018 年 1 月 1 日入职被告（沈阳××××服务有限公司），工作岗位为保安，月工资 2 130 元，每月 21 日被告发放上月工资，工资支付方式为银行转账支付。原告在被告处工作期间，被告未与原告签订正式的书面劳动合同，也未给原告缴纳应该由被告缴纳的社会保险费用（期限为 2018 年 1 月 1 日至 2023 年 7 月 31 日）。

《中华人民共和国劳动法》

第七十二条　社会保险基金按照保险类型确定资金来源，逐步实行社会统筹。用人单位和劳动者必须依法参加社会保险，缴纳社会保险费。

请人民法院支持原告的合法诉讼请求，以保护原告的合法利益。

依据事实与法律起诉如上。

此致

沈阳市和平区人民法院

起诉人：（签名并按指印）
2024 年 3 月 20 日

附：本起诉状副本壹份

例文二

民事起诉状

原告：张××，男，汉族，19××年×月××日生
　　　住址：沈阳市铁西区×××街××号 1-4-1
　　　身份证号：21110219＊＊＊＊＊＊＊＊＊
　　　电话：12312345678

被告：黄××，男，汉族，20××年×月××日生
　　　住址：辽宁海城×××镇××村××屯 2 号
　　　身份证号：21142220＊＊＊＊＊＊＊＊＊
　　　电话：12341234567

诉 讼 请 求

一、判令被告立即给付原告治疗费 1 498 元整；

二、判令被告承担本案诉讼费用。

事实与理由

原告于 2024 年 10 月 11 日骑电动自行车，在沈阳市铁西区××北街×××路处与被告所骑电动自行车发生碰撞，造成原告受伤。原告因此入院治疗花费治疗费 2 996 元整。根据沈阳市公安局交通警察支队，铁西大队第×××××号《道路交通事故认定书（简易程序）》的认定，原被告各负同等责任，因此原告要求被告支付因此次交通事故造成原告受伤

而产生的治疗费用的一半,即1 498元整。

《道路交通安全法》

第七十六条 机动车发生交通事故造成人身伤亡、财产损失的,由保险公司在机动车第三者责任强制保险责任限额范围内予以赔偿;不足的部分,按照下列规定承担赔偿责任:

(一)机动车之间发生交通事故的,由有过错的一方承担赔偿责任;双方都有过错的,按照各自过错的比例分担责任。

(二)依据事实与法律诉至法院,请求法院依法支持原告的合法诉讼请求,以保护原告的合法利益。

此致

沈阳市铁西区人民法院

起诉人:(签名并按指印)

2024年12月20日

附:本起诉状副本壹份

思考题

1. 民事起诉状由哪几部分构成?
2. 民事起诉状的"事实与理由"中的"理由"主要是指什么?
3. 当事人基本情况的具体内容有哪些?

第二节 民事答辩状

必备知识

一、民事答辩状的含义

民事诉讼中的被告收到原告的起诉状副本后,在法定期限内,针对原告在起诉状中提出的事实理由及诉讼请求,进行回答和辩驳的书状,称为民事答辩状。

二、民事答辩状的特点

(1)必须是民事案件被告提出的。
(2)必须在法定期限内提出。
(3)必须针对起诉状的内容进行答辩。

写作指南

一、民事答辩状的结构和写法

民事答辩状一般包括首部、答辩的论点和论据、尾部和附项三部分。

（一）首部

▶ 1. 标题

标题为"民事答辩状"。

▶ 2. 当事人栏

标题之下，直接列写答辩人的基本情况，包括答辩人姓名、性别、年龄、民族、籍贯、职业或职务、单位或住址。

▶ 3. 案由部分

案由部分主要写明对原告某人为什么案件起诉进行答辩，对何时收到起诉状副本，可写可不写。具体写法如："答辩人因原告×××提起××××（案由）诉讼一案，现答辩如下："或者写"答辩人于××××年×月×日收到你院转来原告×××提起××××之诉一案的起诉状副本，现提出如下答辩："。

（二）答辩的论点和论据

答辩的论点和论据是答辩状的主体部分，或者说是关键部分，大体包括以下三方面的内容。

▶ 1. 就事实部分进行答辩

对原告起诉状中所写的事实是否符合实际情况表示意见。如果所诉事实全部不能成立，就全部予以否定；部分不能成立，就部分予以否定。提出符合客观实际的事实来加以证明。就事实部分进行论证，要着重列举出反面的证据来证明原告起诉状中所述事实不能成立，并且要求反证确实、充分，不能凭空否认原告起诉状中所叙述的事。这里所说的反面证据，一种是直接与原告所提的证据相对抗的证据；另一种是足以否定原告所述事实的证据。

▶ 2. 就适用法律方面进行答辩

（1）事实如果有出入，当然就会引起适用法律上的改变，论证理由自然可以从简，这叫事实胜于雄辩。

（2）事实没有出入，而原告对实体法条文理解错误，以致提出不合法要求的，则可据理反驳。

（3）在程序方面，如果原告的起诉违反民事诉讼法的规定，没有具备引起诉讼发生和进行的条件，则可就适用程序法方面进行反驳。

▶ 3. 提出答辩主张

在提出事实、法律方面的答辩之后，引出自己的答辩主张，即对原告起诉状中的请求是完全不接受，还是部分不接受，对本案的处理依法提出自己的主张，请求法院裁判时予以考虑。

（三）尾部和附项

（1）致送机关，分两行写"此致""×××人民法院"。

（2）右下方写"答辩人：×××（签名或盖章）"，并注明年、月、日。

(3) 附项：写明"本答辩状副本×份"和"物证或书证×××（名称）×件"。

二、民事答辩状的写作注意事项

(1) 必须注意答辩状的针对性；
(2) 举出证据要说明证据的来源，证人要交代姓名、住址；
(3) 答辩请求必须合情合理；
(4) 答辩请求必须明确、具体、完整。

例文赏读

例文一

民事答辩状

答辩人（被告）：贺×× 男 汉族 19××年×月××日生
　　　　　　　住所地：沈阳大东区××路××号
　　　　　　　身份证号：21110219＊＊＊＊＊＊＊＊＊＊
　　　　　　　电话：12312345678

被答辩人（原告）：孙×× 女 汉族 19××年×月××日生
　　　　　　　　住所地：沈阳沈河区×××路××号
　　　　　　　　身份证号：21110219＊＊＊＊＊＊＊＊＊＊
　　　　　　　　电话：12341234567

答辩人就离婚纠纷一案，具体答辩如下：

1. 答辩人与原告的婚姻感情并未破裂，答辩人坚决不同意离婚。

答辩人与被答辩人于2019年4月登记结婚，婚后感情一直很好，并于2021年6月9日生育了一子。孩子出生后，双方的感情越发深厚。后来由于经济问题双方偶尔发生争吵，但从未向被答辩人所述殴打过被答辩人。答辩人认为双方的夫妻感情并未破裂，坚决不同意离婚。

2. 如果法院判决离婚，答辩人要求孩子随答辩人生活并抚养，由被答辩人每月支付孩子抚育费1 500元至孩子独立生活时止，或由被答辩人一次性支付孩子抚育费18万元；

答辩人与被答辩人于2021年5月9日生有一子，取名贺××。由于被答辩人常年在外，与孩子相处较少，为了不影响孩子的生活和成长，孩子应随答辩人生活为宜。

孩子现在每月的生活费、教育费已高达1 000元，随着孩子的成长，各方面费用都要增加。被答辩人的收入较高，而答辩人是一名普通的工人，收入较低，根据《最高人民法院关于人民法院审理离婚案件处理子女抚养问题的若干具体意见》第7条："子女抚育费的数额，可根据子女的实际需要、父母双方的负担能力和当地的实际生活水平确定。有固定收入的，抚育费一般可按其月总收入的百分之二十至三十的比例给付。负担两个以上子女抚育费的，比例可适当提高，但一般不得超过月总收入的百分之五十"，原告每月应支付孩子抚育费1 500元至孩子独立生活时止或由被答辩人一次性支付孩子抚养费18万元。

综上，答辩人认为与被答辩人的夫妻感情并未破裂，坚决不同意离婚。请求法院驳回被答辩人的诉讼请求，以维护答辩人的合法权益。
此致
沈河区人民法院

答辩人：（签名并按指印）
2024 年 5 月 16 日

附：本答辩状副本贰份

例文二

民事上诉答辩状

答辩人（被上诉人）：蒋×　男　汉族　19××年×月××日生
　　　　　　　　　住址：沈阳市和平区××路××号 3-5-2
　　　　　　　　　身份证号：21110219＊＊＊＊＊＊＊＊＊＊
　　　　　　　　　电话：12341234567

被答辩人（上诉人）：赫×　男　汉族　19××年×月××日生
　　　　　　　　　住址：沈阳市和平区××路××号 1-6-4
　　　　　　　　　身份证号：21110219＊＊＊＊＊＊＊＊＊＊
　　　　　　　　　电话：12312345678

答辩人因被答辩人人身伤害赔偿纠纷一案不服和平区人民法院（2024）和民初字第×××号民事判决书提出上诉，现答辩如下：

答 辩 事 项

原审认定事实清楚，适应法律准确，被答辩人的上诉理由不能成立，请求二审法院驳回上诉，维持原判。

事 实 与 理 由

一审法院认定答辩人和被答辩人之间是雇佣关系是正确的，并非被答辩人所称的承揽关系。

被答辩人在 2023 年 10 月 13 日和答辩人在给雇主答辩人修窑洞时出现意外，致使被答辩人严重受伤，就被答辩人人身伤害赔偿一案和平区人民法院对答辩人雇主地位的认定是错误的，理由如下：

1. 答辩人和被答辩人 2023 年 10 月 8 日受答辩人的邀请在给其修旧窑时出现意外，致使答辩人受伤，对于被答辩人人身伤害赔偿应由谁来承担，现在被答辩人以双方是承揽关系不承担赔偿责任的说法是在推卸责任。究竟答辩人和被答辩人是雇佣关系还是承揽关系，我们要看谁是雇主，为谁的利益工作。答辩人经常在农闲时出去做雇工，在哪里干活，都是只提供劳务，不提供工具，也就是我们农村人说的管吃管住，给谁家干活都得管吃管住，干泥水活除了瓦刀是自己的，其他都由雇主提供，在本次雇佣活动中，是被答辩人提出让答辩人给其找几个人盖房子，工钱多少没说，意思是平时给别人干工钱挣多少就给多少。应其邀请，2023 年 10 月 5 日被答辩人等 4 人前往做工，去了以后，由于被答辩人没有准备好盖房子的材料，被答辩人于是安排答辩人为其修旧窑洞，雇工的食宿以及劳动工具都是被答辩人提供，工作场地是其指定的，结果在工作中发生了意外。事实非常清楚，被答辩人是雇主，答辩人和其他人都是雇工，上述事实在一审中被答辩人和答辩人都予以认可，被答辩人在上诉中称答辩人带架板、架杆去施工纯属捏造事实，构成法律关系。

2. 我国司法界通常界定雇佣合同与承揽合同的判断标准就在于是否存在隶属关系。承揽合同是平等主体之间发生的，不存在相互的隶属关系。但是，由于实践的复杂性，二者往往容易混淆，可以根据以下标准加以判断。一是看工作场地，生产条件（如工具、设备、原料等）由谁提供。雇佣关系中，工作场地，生产条件一般由雇主提供，雇员只负责提供劳务。而承揽关系中，工作场地，生产条件一般由承揽人负责提供，承揽人向定作人支付的是工作成果。二是看报酬支付方式。雇佣关系中，雇主一般按星期、日、时向雇员支付报酬，该报酬相当于劳动力的价格。而承揽关系中，定作人因承揽人完成某项工作成果或做完某件事而支付报酬，该报酬不仅包括劳动力价格，还包括其他的一些工本费等。三是看工作的内容。雇佣关系中，雇员的工作对雇主而言是不可或缺的，是雇主所从事的行为整体的一部分；而承揽关系中，承揽人的工作通常不受定作人所从事的工作内容的限制，是定作人工作的附属部分。在实践中，并非任何合同关系都会同时满足上述三个标准，而且后两个标准往往较为模糊，难以认定。这时应遵循以下原则进行判断：只要某个合同关系中的工作场地、生产条件是由雇主提供，而不管是否满足其他两个标准或其中一个标准，都视为雇佣关系，否则视为承揽关系。因为上述判断标准中，第一个标准是主要标准或者说是本质标准，而其他两个标准则为次要标准或者说辅助标准。依据此判断标准，被答辩人在这次雇佣活动中，一是其安排答辩人和其他4人为其修旧窑洞，二是劳动工具和场地以及食宿是其提供的，三是工资报酬由其结算，因此答辩人和被答辩人等4人同被答辩人形成的是雇佣关系。答辩人不是所谓的"雇主"，相互之间是雇佣关系，不存在谁领导谁和谁管理谁的问题，施工的安全都是由雇主保证，因此一审法院认定答辩人在这次事故中所处的地位是雇工是正确的。同时答辩人也是其中的受害人之一，只是受到的伤害不怎么严重，但也存在人身伤害赔偿的问题。

3. 综上，答辩人认为，根据《最高人民法院关于审理人身损害赔偿案件适用法律若干问题的解释》的第十一条："雇员在从事雇佣活动中遭受人身损害，雇主应当承担赔偿责任"之规定，答辩人不具备雇主法律地位，故原审认定事实清楚，适用法律准确，请求二审法院依法确认被答辩人和答辩人之间的雇佣关系，依法驳回被答辩人的上诉请求，维持原判。以维护当事人的合法权益。

综上所述，请法院驳回上诉。
此致
沈阳市中级人民法院

答辩人：（签名并按指印）
2024年12月15日

附：本答辩状副本壹份

思考题

1. 民事答辩状由哪几部分构成？
2. 民事答辩状应就哪些方面进行答辩？
3. 答辩人署名的形式是什么？

第三节　行政起诉状

必备知识

一、行政起诉状的含义

行政起诉状是公民、法人或者其他组织，认为行政机关和行政机关工作人员的具体行政行为侵犯其合法权益，向人民法院提起诉讼，要求依法裁判所递交的书状。

二、行政起诉状的特点

（一）起因的单一性

行政诉讼引起争议的对象专指国家行政机关或其工作人员的具体行政行为，其他的不能提起行政诉讼。原告只能是行政管理行为的相对人，即认为具体行政行为侵犯其合法权益的公民、法人或者其他组织。

（二）起诉权的专属性

起诉人，即原告是专指受国家行政机关或其工作人员具体行政行为侵害的公民、法人或其他组织，被告的国家行政机关不能提出起诉。原告必须是以自己的名义向人民法院提起诉讼。被告只能是做出具体行政行为的行政机关或者法律、法规授权的组织。

（三）起诉程序的规范性

行政诉讼的起诉有两种程序：一种是申请行政复议，对复议决定不服才向人民法院起诉；另一种是原告直接向人民法院起诉。

（四）受理权限的专属性

行政诉讼必须属于人民法院受案范围和受诉人民法院管辖。

行政起诉状主要适用于以下案件范围。

依据《中华人民共和国行政诉讼法》的第12条，人民法院受理公民、法人或者其他组织提起的下列诉讼：

（1）对行政拘留、暂扣或者吊销许可证和执照、责令停产停业、没收违法所得、没收非法财物、罚款、警告等行政处罚不服的；

（2）对限制人身自由或者对财产的查封、扣押、冻结等行政强制措施和行政强制执行不服的；

（3）申请行政许可，行政机关拒绝或者在法定期限内不予答复的，或者对行政机关做出的有关行政许可的其他决定不服的；

（4）对行政机关做出的关于确认土地、矿藏、水流、森林、山岭、草原、荒地、滩涂、海域等自然资源的所有权或者使用权的决定不服的；

（5）对征收、征用决定及其补偿决定不服的；

（6）申请行政机关履行保护人身权、财产权等合法权益的法定职责，行政机关拒绝履

行或者不予答复的;

(7) 认为行政机关侵犯其经营自主权或者农村土地承包经营权、农村土地经营权的;

(8) 认为行政机关滥用行政权力排除或者限制竞争的;

(9) 认为行政机关违法集资、摊派费用或者违法要求履行其他义务的;

(10) 认为行政机关没有依法支付抚恤金、最低生活保障待遇或者社会保险待遇的;

(11) 认为行政机关不依法履行、未按照约定履行或者违法变更、解除政府特许经营协议、土地房屋征收补偿协议等协议的;

(12) 认为行政机关侵犯其他人身权、财产权等合法权益的。

除前款规定外,人民法院受理法律法规规定可以提起诉讼的其他行政案件。

写作指南

行政起诉状包括首部、正文、尾部三部分。

(一) 首部

▶ 1. 标题

标题即文书名称,在上部正中写"行政起诉状"。

▶ 2. 当事人的基本情况

以原告、被告、第三人的顺序,分别列写诉讼参与人的称谓和基本情况。

原告是公民的,写明其姓名、性别、出生年月日、民族、籍贯、职业或工作单位和职务、住址等。原告是法人或者其他组织的,写明其名称、所在地址,法定代表人或代表人姓名、职务、电话,企业性质、工商登记核准号、经营范围和方式,以及开户银行、账号。

如果有权提起诉讼的公民死亡了,其近亲属可以提起诉讼;有权提起诉讼的法人或者其他组织终止了,承受其权利的法人或者其他组织可以提起诉讼。

被告的基本情况,写明被告的名称、所在地址,以及法定代表人的姓名、职务、电话。

行政诉讼的被告,必须根据行政诉讼法的规定来确定。

与诉讼标的有法律上利害关系的其他公民、法人或者其他组织,可以作为第三人列入当事人栏。原告、被告及第三人为两人以上的,应当分别写明各自的基本情况。诉讼参与人有代理人的,紧接被代理人之后,列写代理人的称谓、姓名和基本情况,律师只列写姓名、工作单位和职务。

(二) 正文

▶ 1. 诉讼请求

诉讼请求是正文的第一项内容,即原告提起行政诉讼要解决的问题、要达到的目的。在行政诉讼中,原告的诉讼请求一般有三种类型:一是请求人民法院判决撤销或部分撤销违法的具体行政行为,称为"撤销之诉";二是请求人民法院判决变更不当的具体行政行为,称为"变更之诉";三是请求人民法院判决被告在一定期限内履行法定职责,称为"履行之诉"。

如果由于错误的具体行政行为或不履行、拖延履行法定职责侵犯原告合法权益而造成财产损失的,在请求法院撤销、变更或履行具体行政行为的同时,原告有权要求行政机关赔偿,在请求事项中一并列出。例如,"一、请依法撤销××××(被告单位名称)〔年度〕第×

号××××处罚决定；二、请依法判令××××（被告单位名称）赔偿原告损失×××元"。

▶ 2. 事实与理由

事实与理由部分要写清楚提出诉讼请求的事实根据和法律依据。

事实是人民法院审理案件的依据，起诉状必须写明被告侵犯起诉人合法权益的事实经过、原因及造成的结果，指出行政争议的焦点。如果是经过行政复议后不服提出起诉的，还要写清楚复议行政机关做出复议决定的过程和结果。

行政起诉状的事实主要包括以下三个方面：原告引起被告做出具体行政行为的具体事项，即原告在何时何地何因实施了何种行为；被告做出具体行政行为的经过情况，以及具体行政行为的主要内容和依据；原告对具体行政行为是否申请过行政复议，复议机关是否改变原具体行政行为，以及改变的具体内容。

理由是在叙述事实的基础上，依据法律法规进行分析，论证诉讼请求合理合法。例如，对被告侵犯起诉人人身权和财产权的案件，原告要着重论述被告实施的具体行政行为所依据的事实不真实、证据不充分；或者违反了法定程序，所适用的法律有错误；或者被告纯属超越职权范围、滥用职权的行为；或者该行政处罚过重，侵害了原告正当权益等。其理由应根据案件的不同而有所侧重，但引用法律、法规条文必须准确，理由务必充分。

理由部分首先要提出对具体行政行为的不服之点，然后以事实和法律为论据，论证是非责任，得出行政机关具体行政行为不当的结论。与民事诉讼"谁主张，谁举证"不同，行政诉讼采用"被告负举证责任"的原则，一般不写证据材料。当然，原告可以向人民法院提供支持其诉讼请求的有关材料，人民法院在审理案件的过程中，也有权要求当事人提供或者补充证据。

(三) 尾部

(1) 写明诉状所送达的人民法院的名称；

(2) 附项，写明"本诉状副本×份"等内容；

(3) 起诉人署名，如是法人或其他组织，写明其全称，加盖单位公章；

(4) 注明起诉日期。

例文赏读

例文一

行政起诉状

原告：何××，男，满族，19××年×月××日生

　　　住址：沈阳市铁西区×××街××号 4-5-2

　　　身份证号：21110219＊＊＊＊＊＊＊＊＊

　　　职业：失业

　　　电话：12312345678

被告：沈阳市××区××××局

　　　住所地：××区×××路××号

　　　电话：024-12345678

法定代表人：吕×

诉 讼 请 求

1. 判令被告沈阳市××区××××局依法完善原告的就业和失业信息并能在互联网上正确显示以及在《就业失业登记证》上正确打印；
2. 判令被告承担本案全部诉讼费用。

事实与理由

原告2024年5月13日因个人原因从沈阳××科技有限公司辞职，于是原告在沈阳市××区××社区登记了失业信息并于被告处办理《就业失业登记证》。但被告却不依法在《就业失业登记证》上打印正确的原告就业失业信息以及在辽事通就业创业证信息网上不显示原告正确的就业失业信息，从而导致原告根本无法再就业至今。由于原告无法再就业而丧失生活来源，现生活陷入严重的困顿，而且原告的精神因此受到极大的创伤。

根据《中华人民共和国行政诉讼法》：

第十二条 人民法院受理公民、法人或者其他组织提起的下列诉讼：

……

（六）申请行政机关履行保护人身权、财产权等合法权益的法定职责，行政机关拒绝履行或者不予答复的；

……

现诉至贵院，请法院依法保护原告的合法权利。

依据事实与法律起诉如上。

此致

沈阳市浑南区人民法院

起诉人：（签名并按指印）

2024年10月10日

附：本起诉状副本壹份

例文二

行政起诉状

原告：吕××，男，汉族，19××年×月××日生
住址：沈阳市××县××路××号5-1-2
身份证号：21110219**********
电话：12312345678

被告：沈阳市××县××××局
住所地：××县××路
电话：024-12345678
法定代表人：李××

诉 讼 请 求

1. 依法撤销××县×××××局×××字(2024)××号《××县×××××局关于限期搬迁的通知》；
2. 诉讼费由被告承担。

事 实 与 理 由

原告与被告2021年5月成立口头土地租赁合同关系，口头约定原告租赁被告位于××县农业经济技术开发区的土地15亩，租赁期限为不定期，原告也向被告交付了至2024年度的相应租金。原告租赁该土地后，平整土地、购买设备、修建厂房、架设高低压线路等投资200万元，进行生产经营。

2024年5月，原告向被告提出继续使用和同等条件下优先出让该土地使用权的请求。2024年6月7日，被告发×××字(2024)××号《××县×××××局关于限期搬迁的通知》，要求原告在7月30日前全部搬迁，逾期不搬，将申请法院强制执行。原告后到××县政府查询，得知被告已经将该宗租赁土地以挂牌形式出让给了他人。

原告认为，被告将该宗租赁土地未经公开程序出让给他人的行为违反了国家法律规定，侵害了原告权利。被告的行政处罚程序违法，行政处罚前并未告知原告行政处罚决定的事实、理由及依据，未给原告进行陈述和申辩的机会，未告知依法有要求举行听证的权利。被告错误的行政处罚决定，将导致原告停产停业等重大经济损失。特提起行政诉讼，请求法院依法裁判，以维护原告的合法权益。

此致
××县人民法院

起诉人：（签名并按指印）
2024年6月10日

附：本起诉状副本壹份

思考题

1. 行政起诉状由哪几部分构成？
2. 行政起诉状应提供哪些方面的证据材料？
3. 行政起诉的被告有什么特点？

在线测试题

扫描二维码，在线答题。

第八章 科技文书

第一节 学术论文

必备知识

一、学术论文的含义

学术论文是某一学术课题在实验性、理论性或预测性上具有的新的科学研究成果或创新见解和知识的科学记录，或是某种已知原理应用于实际取得新进展的科学总结，用以提供学术会议上宣读、交流、讨论或学术刊物上发表，或用作其他用途的书面文件。

二、学术论文的特点

（一）学术性

所谓学术性，就是指研究、探讨的内容具有专门性和系统性，即以科学领域里某一专业性问题作为研究对象。当然也有的学术问题，仅凭一个专业的知识解决不了，就会由两个或几个专业的专家联手合作研究，运用各自的专业知识，解决一个学术问题，撰写学术论文。从内容来看，学术论文更是富有明显的专业性。学术论文是作者运用系统的专业知识，去论证或解决专业性很强的学术问题。有时候，单纯从题目上还难以判断是否是学术论文，必须从内容上加以辨别。从语言表达来看，学术论文运用专业术语和专业性图表符号表达内容，它主要是写给同行看的，所以不在乎其他人是否看得懂，而是要把学术问题表达得简洁、准确、规范，因此，专业术语用得较多。

（二）科学性

学术论文的科学性，是指要求作者在立论上不得带有个人好恶的偏见，不得主观臆造，必须切实地从客观实际出发，从中引出符合实际的结论。在论据上，应尽可能多地占有资料，以最充分、确凿有力的论据作为立论的依据。在论证时，必须经过周密的思考，进行严谨的论证。

（三）创造性

科学研究是对新知识的探求，创造性是科学研究的生命。学术论文的创造性在于作者要有自己独到的见解，能提出新的观点、新的理论。这是因为科学的本性就是"革命的和非正统的""科学方法主要是发现新现象、制定新理论的一种手段，旧的科学理论就必然会不断地为新理论推翻"（斯蒂芬·梅森）。因此，没有创造性，学术论文就没有科学价值。

（四）理论性

学术论文在形式上是属于议论文的，但它与一般议论文不同，它必须有自己的理论系统，不能只是材料的罗列，应对大量的事实、材料进行分析、研究，使感性认识上升到理性认识。一般来说，学术论文具有论证色彩，或具有论辩色彩。论文的内容必须符合历史唯物主义和唯物辩证法，符合实事求是、有的放矢、既分析又综合的科学研究方法。

三、学术论文的分类

（一）按研究的学科分类

按研究的学科，可将学术论文分为自然科学论文和社会科学论文。每类又可按各自的门类进行细分，例如，社会科学论文又可细分为文学、历史、哲学、教育、政治等学科论文。

（二）按研究的内容分类

按研究的内容，可将学术论文分为理论研究论文和应用研究论文。理论研究，重在对各学科的基本概念和基本原理的研究；应用研究，侧重于如何将各学科的知识转化为专业技术和生产技术，直接服务于社会。

（三）按写作目的分类

按写作目的，可将学术论文分为交流性论文和考核性论文。交流性论文，目的只在于专业工作者进行学术探讨，发表各家之言，以显示各门学科发展的新态势；考核性论文，目的在于检验学术水平，成为有关专业人员升迁晋级的重要依据。

写作指南

一、学术论文的写作步骤

（一）选定论题

正确选定论题意义重大，它关系到能否完成研究任务。如果论题过大，到时可能会由于多种因素的影响而难以完成；如果论题过小，就不能达到研究的水平。选定论题的前提是选择研究主题，即确定研究对象，选择所要解决的问题。狭义地说，是指选定写文章或者创作的题目。广义地说，是选择科研领域，确定科研方向。需要注意与选定论题有关概念上的区别。

与论题相比，课题是指某一学科重大的科研项目，它的研究范围比论题大得多，如"面对经济全球化环境的中国会计规范体系建设问题"。

（二）收集资料

按照确定的论题和内容，通过各种方法收集大量的资料，才能为科学研究打下坚实的基础。有了丰富的资料，才能研究客观事物的历史发展和现实状况，揭示其影响因素、发展趋势和规律，并预测未来可能出现的变化。同时，大量的资料能为科学研究提供可靠的依据。科学研究所需的资料，不仅有数量要求，而且有质量标准。只有收集的资料是真实的，才能为研究成果也具有真实性提供可靠的依据。

(三) 拟定提纲

拟定提纲的作用很关键。现实中，专业研究人员都有这样的感受：当某种思想在头脑中奔涌，感觉已经酝酿成熟，满怀激情地拿起笔想写出来，但是一旦动笔，思绪却在笔头上凝固起来，写不出来或写不下去；或者是在一项科研任务行将结束时，脑子里装着许多材料，观点已经形成且有价值，想写但就是无从下手。凡此种种，并非由于"懒"，而是由于感到"难"。拟定提纲，是让作者有一个整体的写作思路和框架，让写作有的放矢。

(四) 撰写初稿

论文的初稿要按照论文的组成部分和拟订的提纲分层次编写，原则上要按照论文的先后逻辑顺序完成论文引论、本论和结论的拟稿工作以及主要参考文献的列示工作。撰写初稿时要求做到：尽量提高撰写初稿的质量，切实做到以论为纲、观点与材料统一、逻辑思维严谨、论文层次清晰、文字表达精练。初稿的写作方式有手写与机写两种，目前一般均采用机写方式，但不同的方式各有其优势与不足。

(五) 修改初稿

修改初稿是提高认识和提高论文质量，以便更好地完成科研任务的一个重要程序。修改初稿的步骤如下：

(1) 通读初稿，以找出存在的问题和缺点；

(2) 修改与调整结构；

(3) 进行内容上的修改、补充与调整；

(4) 进行语言修饰，逐一审读和修饰论文内容的段落、句子、字、词和数字等，以使其符合相应论文规范的要求。

(六) 论文定稿

编写的初稿按照拟订提纲的要求反复修改、补充与核对后方可定稿。作者判断定稿的标准：论文的观点——中心论点、基本观点和具体论点正确；论据——理论和实践依据合理；结构文章体系严谨，文字通顺，资料真实。论文定稿后，还要认真做好誊正、校对和署名等技术性工作。

二、学术论文的结构

学术论文一般由题名、作者、目录、摘要、关键词、正文、致谢、参考文献和注释等部分组成。其中，有些部分(如附录)可有可无。论文各组成部分的排序为：题名、作者、目录、摘要、关键词、英文题名、英文摘要、英文关键词、正文、注释、致谢和参考文献。下面对主要部分进行简单介绍。

(一) 题名

题名应简明、具体、确切，能概括论文的特定内容，有助于选定关键词，符合编制题录、索引和检索的有关原则，简明扼要，提纲挈领。

(二) 作者

作者署名置于题名下方；团体作者的执笔人，也可标注于篇首页脚位置；有时作者姓名也可标注于正文末尾。

(三) 目录

目录是论文中主要段落的简表，短篇论文不必列目录。

(四) 摘要

摘要是文章主要内容的摘录，要求短、精、完整。字数少可几十字，多不超过三百字为宜。

(五) 关键词

关键词是从论文的题名、摘要和正文中选取出来的，是对表述论文的中心内容有实质意义的词汇。关键词是用作计算机系统标引论文内容特征的词语，便于信息系统汇集，以供读者检索。每篇论文一般选取3~8个词汇作为关键词，另起一行，排在"摘要"的左下方。关键词的一般选择方法是：由作者在完成论文写作后，从其题名、层次标题和正文（出现频率较高且比较关键的词）中选出来。

(六) 正文

论文的开头首先是引言，引言又称前言、序言和导言，一般要概括地写出作者意图，说明选题的目的和意义，并指出论文写作的范围。引言要短小精悍、紧扣主题。其次是论文正文，正文是论文的主体，应包括论点、论据、论证过程和结论。主体部分通常包括提出问题、分析问题、解决问题和结论。为了做到层次分明、脉络清晰，常常将正文部分分成几个大的段落。这些段落即所谓逻辑段，一个逻辑段可包含几个小逻辑段，一个小逻辑段可包含一个或几个自然段，使正文形成若干层次。论文的层次不宜过多，一般不超过五级。

(七) 致谢

一项科研成果或技术创新往往不是独自一人可以完成的，还需要各方面的人力、财力、物力的支持和帮助。因此，在许多论文的末尾都列有"致谢"，主要对论文完成期间得到的帮助表示感谢，这是学术界谦逊和有礼貌的一种表现。作为一名研究者，应该尊重为形成学术论文所进行的研究所提供帮助的单位和个人，肯定他们在形成学术论文过程中所起的作用。

(八) 参考文献

论文参考文献是将论文在研究和写作中可参考或引证的主要文献资料列于论文的末尾。参考文献应另起一页，标注方式按《GB/T 7714—2015 信息与文献　参考文献著录规则》进行。著录参考文献可以反映论文作者的科学态度和论文具有真实、广泛的科学依据，也可以反映该论文的起点和深度。各参考文献应按其在正文中出现的先后顺序用阿拉伯数字连续排序。

(九) 注释

注释不同于参考文献。参考文献是作者写作论著时所参考的文献书目，集中列于文末。而注释则是作者对正文中某一内容做进一步解释或补充说明的文字，不需要列入文末的参考文献，而要作为注释放在页面下部，用①②…标识序号。

三、学术论文的发表

(一) 发表论文的过程

学术论文发表的步骤一般是投稿—审稿—用稿通知—办理相关费用—出刊—邮递样

刊。一般作者先对各期刊进行了解，选定期刊后，找到投稿方式，部分期刊要求书面形式投稿，大部分采用电子稿件形式。

(二) 发表论文的审核时间

一般普通刊物(省级、国家级)审核时间为一周；高质量的杂志审核时间为 14～20 天；核心期刊审核时间一般为 4 个月，须经过初审、复审、终审三道程序。

(三) 发表论文的有效问题

国家规定，论文必须发表在正规的 CN 期刊正刊上才有效，但也有一部分高校有更低的要求，如研究生答辩之前的论文可以发表在增刊上。

(四) 期刊的级别问题

国家从来没有对期刊进行过级别划分，但各单位一般根据期刊主管单位的级别来对期刊进行划分，可分为省级期刊和国家级期刊。省级期刊的主管单位是省级单位，国家级期刊的主管单位是国家部门或直属部门。

拓展阅读 8-1
应用文写作课程思政教学的改革创新路径

思考题

1. 学术论文的含义是什么？
2. 学术论文的特点和分类有哪些？
3. 学术论文由哪几部分构成？

第二节　毕　业　论　文

必备知识

一、毕业论文的含义

毕业论文，是指需要在学业完成前写作并提交的论文，是教学或科研活动的重要组成部分之一，也是高等学校对学生整个学习过程的一个综合性考查。毕业论文通常是一篇较长的有文献资料佐证的学术论文，是高等学校毕业生提交的有一定学术价值和学术水平的文章。毕业论文是大学生从理论基础知识学习到从事科学技术研究与创新活动的最初尝试，泛指专科毕业论文、本科毕业论文(学士学位毕业论文)、硕士研究生毕业论文(硕士学位论文)、博士研究生毕业论文(博士学位论文)等。

二、毕业论文的准备过程

一篇较好的毕业论文通常是一篇较长的有文献资料佐证的学术论文，一般需要经过较长时间的准备过程。要完成一篇毕业论文，一般需要经过以下两个准备过程。

(一) 毕业论文选题

选题应与自己所学专业相关，选题应符合专业培养目标和教学要求，以学生所学专业课的内容为主，不应脱离专业范围，要有一定的综合性，以及一定的深度和广度。选题有三个原则：一是价值性，选题要有科研价值、有社会需求；二是创新性，选题应是新领域探索、空白填补、通说的纠正、前说的补充；三是可行性，要考虑到个人条件、实践性调查、资料占有条件、指导教师条件等多种因素。

总之，要根据自己所具备的能力选择大小、深浅、适度的课题。题目太小则不利于展开理论上的探讨，题目太大则不利于抓住重点展开论述。此外，还有一种获得自己观点的方法，即先大量阅读某个方面的学术文章，了解别人在这方面的见解，经过一定的阅读就会在这方面积累足够的知识，自己的见解也可能慢慢形成。

（二）毕业论文材料的收集与整理

毕业论文不同于一般的论文，专业的毕业论文是某一学科领域的科研成果的描述与反映，没有研究，写作就无法进行。研究的前提是必须掌握尽可能多的文献信息资料。一个人读的书越多、查找的资料越全面，专业水平就越高，创造性的思考可能性就越大，写出来的论文质量就越高。因此，大学生在撰写毕业论文时，首先要学会如何检索文献资料，懂得文献查找的方法与技巧。

文献资料的查找也就是文献资料的检索，它是现代科技人员获取文献和信息的主要手段之一，同时也是大学生撰写毕业论文获取资料的主要方法。图书馆及其他文献信息机构收藏的文献资料有很多种类，随着互联网的流行，现在图书馆有很多电子期刊数据库可供选择。电子期刊数据库不但检索种类齐全，而且速度快，是当今科技人员资料查找的首选。

下面简单介绍几种目前用得较多的电子期刊数据库。

（1）中国知网（CNKI）。它是由同方股份有限公司和清华大学中国学术期刊（光盘版）电子杂志负责牵头发起的。它涵盖了我国自然科学、工程技术、人文与社会科学期刊、博硕士论文、报纸、图书、会议论文等公共知识信息资源，还包括统计数据、学术图片等。

（2）万方数据知识服务平台。它是由中国科学技术信息研究所、万方数据（集团）公司开发的建立在互联网上的大型中文网络信息资源系统。

（3）中文科技期刊数据库。它是由重庆维普咨讯有限公司开发的一种综合性数据库，也是国内图书情报界的一大知名数据库。它收录了中国境内历年出版的中文期刊 14 000 余种，全文 5 700 余万篇，引文 4 000 余万条。

电子期刊文献资料的查找可以分为两个层次：基本查找和追踪查找。基本查找是指文献的题目或内容一般无从知道，只知道该文献大致属于哪一个学科或者属于某一方面，或者只知道某些关键词；追踪查找则大致知道文献的题名、出处或者作者等相关信息就可以查找相关的学术论文。

通过所收集材料的目录或索引，找出与毕业论文题目有关或紧密相连的章节。通过泛读，大致了解与本论题有关的研究现状和前景，避免重复别人的工作。在这些过程中，需要概括与毕业论文题目有关的研究现状，整理毕业论文提纲或大致思路，并熟悉基本的毕业论文格式与写作规范。

写作指南

在撰写毕业论文的过程中,需要经过开题报告、论文写作、论文答辩,以及论文评分四个过程。本书对前三个过程进行介绍。

一、开题报告

开题报告是论文撰写过程中最重要的一个环节,也是论文能否进行的一个重要指标。开题报告包括以下几个方面的内容。

▶ 1. 论文名称

论文名称就是课题的名字,名称要准确、规范、简洁,一般不超过20个字。

▶ 2. 论文研究的目的和意义

首先,从现实需要方面去论述,指出现实当中存在相关的学术问题需要去研究和解决,即论文研究的实际作用;其次,再介绍论文的理论和学术价值,主要内容有研究的相关背景,为什么要研究该课题、研究的价值,以及要解决的问题。

▶ 3. 本论文国内外研究的历史和现状(文献综述)

这部分是要求毕业生掌握研究课题的广度、深度、已取得的成果,寻找有待进一步研究的问题,从而确定本课题研究的平台、研究的特色或突破点。

▶ 4. 论文研究的指导思想

指导思想就是在宏观上应坚持什么方向、符合什么要求等,这个方向或要求可以是哲学、政治理论,还可以是政府的教育发展规划,也可以是有关研究问题的指导性意见等。

▶ 5. 论文写作的目标

论文写作的目标也就是课题最后要达到的具体目标,要解决哪些具体问题,即论文写作的目标定位,确定目标时要紧扣课题。

▶ 6. 论文的基本内容

基本内容一般包括对论文名称的解说,以及对研究对象、研究问题、研究方法的介绍。还包括与论文写作有关的理论、名词、术语、概念的解说。

▶ 7. 论文写作的方法

论文写作的具体方法包括观察法、调查法、实验法、经验总结法、个案法、比较研究法、文献资料法等。

▶ 8. 论文写作的步骤

论文写作的步骤,也就是论文写作在时间和顺序上的安排。

二、论文写作

(一)拟写论文提纲

拟写论文提纲是论文写作过程中的重要一步,这是论文进入正式写作阶段的标志。

(1)要对学术论文的基本类型有概括性了解,并根据自己掌握的资料考虑论文的构成形式。对于初学论文写作者可以参考杂志上发表的论文类型,做到心中有数。

（2）要对掌握的资料做进一步的研究，通盘考虑众多材料的取舍和运用，做到论点突出、论据可靠、论证有力，各部分内容衔接得体。

（3）要考虑论文提纲的详略程度。论文提纲可分为粗纲和细纲两种，前者只是提示各部分要点，不涉及材料和论文的展开。但对初学论文写作者来说，最好拟一个比较详细的写作提纲，不但提出论文各部分要点，而且对其中所涉及的材料和材料的详略安排以及各部分之间的相互关系等都有所反映，写作时即可得心应手。

（二）正文各要素的写法

▶ 1. 摘要与关键词

摘要一般为300字左右，位于作者署名之后，正文之前。关键词，结合标题和正文内容一般选取3~5个。

▶ 2. 引论

常写作"引言""引论""绪论"。引论的内容一般是交代选题背景、课题来源、本课题在国内外的研究进展状况、已有的研究成果、存在的问题、选题的意义，以及讨论的问题。论文分几部分，从哪些方面进行讨论，以及指导思想、论证方法等，均可根据内容的需要写在引论中。

▶ 3. 正论

正论常分几部分写，分别标示"一""二""三"等，有的加小标题，或以分论点的形式出现，以凸显论述的观点或主要内容。这部分是对研究过程及其分析、归纳、概括的表达，体现分析方法与思路，以及充分有力的论证。正论还要体现出明确的指导思想。

结论一般用"结语""小结""余论"等标示。在毕业论文格式中，结论是对整个研究工作的归纳、综合或概括，也可以提出进一步研究的建议。若在正论之后，对相关联的问题还想简短论述一下，或是对较为重要的问题再说一些想法，可写成"余论"。

在写作时，有以下几点需要注意。

（1）注意段落与章节之间的逻辑性。对于理论方面的毕业论文还应当注意理论论证的严密性和知识的系统性，同时论述要以论题为核心展开。

（2）论文的阐述宜客观，一般采用第三人称叙述，尽量避免使用第一人称。

（3）文章内容的叙述要详略得当，要注意避免重复。对于有新意、有争论的观点，则要讲透，绝不能吝惜笔墨。

▶ 4. 致谢

简述自己撰写毕业论文的体会，并对指导老师以及有关人员表示感谢。

▶ 5. 注释与参考资料

注释专指"本文注"，即作者对论文有关内容所做的解释，属于毕业论文格式的非必备项。参考文献专指"引文注"，即作者对引用他人作品的有关内容所做的说明，在引文结束处右上角用"[1]""[2]"等标示，序号与文末参考文献列表一致。同一著作或文章被多次引用时只著录一次。

三、论文答辩

▶ 1. 要熟悉内容

参加论文答辩的同学,必须对自己所著的毕业论文内容有比较深刻的理解和比较全面的熟悉。这是为回答毕业论文答辩委员会成员就有关毕业论文深度及相关知识提问所做的准备。所谓"深刻的理解"是对毕业论文有横向的把握。

▶ 2. 要紧扣主题

对于毕业论文答辩委员会成员来说,他们不可能对每一位同学的毕业论文内容有全面的了解。因此,在整个论文答辩过程中能否围绕主题进行,能否最后扣题就显得非常重要。另外,委员们一般也容易就论文题目所涉及的问题进行提问,如果能自始至终地以论文题目为中心展开论述就会使评委思维明朗,对你的毕业论文给予肯定。

▶ 3. 语速适中

进行毕业论文答辩的同学一般都是首次,说话速度往往会越来越快,以致毕业答辩委员会成员听不清楚,影响了毕业答辩成绩。故毕业答辩学生一定要注意在论文答辩过程中的语速,要有急有缓,有轻有重。

思考题

1. 收集毕业论文的材料有哪些渠道?
2. 整理毕业论文的材料要注意什么?
3. 什么是开题报告?开题报告包括哪几个方面的内容?
4. 撰写论文一般分哪几个步骤?

在线测试题

扫描二维码,在线答题。

第九章 申 论

第一节 申论与申论考试概述

必备知识

申论是我国公务员资格考试的一个科目,通过对设定资料的阅读,回答有关问题,考查应试者阅读理解、综合分析、提出和解决问题、文字表达、政策的贯彻执行等能力。作为一种应试文体,申论最早出现于2000年中央国家机关公务员录用考试之中。经过多年的改进与完善,申论现已成为国家公务员录用考试的一门基本科目,日益受到人们的重视。

一、申论的含义

"申论"一词从字面来理解,"申"为引申、申述,"论"为议论、论证,"申论"则指对特定材料进行分析、概括,展开论述,提出自己的观点、对策。

从考试大纲规定及历年实际出题情况来看,申论考试为应试者提供了一系列反映特定实际问题的文字材料,要求考生仔细阅读这些材料,概括出它们反映的主要问题,并提出解决此问题的实际方案,最后再对自己的观点进行比较详细的阐述和论证。

申论形式上是测试考生写作水平的一种考试方式,但实际上与传统的中高考写作有所不同。传统的中高考作文只是要求考生根据给定题目或材料写作,侧重考核的是学生的语言文字的运用能力,学生在写作中只要能够根据给定题目或材料完成一篇作文,作文中学生所持观点均有一定的方向性,表明学生对待事物的认识或看法即可,考查的重点在于学生对语言文字的掌握情况以及升入上一级学校的学习能力。而申论则是侧重对应试者综合分析能力、提出问题尤其是解决实际问题的能力的考查。申论考试是为选拔国家机关工作人员服务的,具有较强的现实针对性。

二、申论的特点

作为一种专用于选拔录用国家公务员的应试文体,申论不同于明清时期的八股取士,而是对传统写作的进一步拓展,在写作内容上更具有现实针对性,在形式上更为灵活。与传统的写作相比,申论具有鲜明的特点。

(一) 资料的广泛性

申论是为了选拔国家公务员而进行的测试,因此十分注重对考生分析、判断、解决问题的能力等综合素质的考核。为体现这一要求,申论所给定的背景资料涵盖了政治、经济、法律、教育等诸多方面的内容,涉及范围极其广泛,所给资料既有理论性质的,又有官方文件；既有背景素材，又有评论文章。

申论背景资料所反映的问题大部分已有定论，也有一些问题尚无定论或存在争议，需要考生自己去理解、分析和判断，并做出结论。一些难以定论的问题，特别是一些争议激烈的前沿问题，一般不会作为背景材料。

（二）测试的针对性

申论考试是具有模拟公务员日常工作性质的能力测试。作为公务员，对社会生活的方方面面都应当有所认识和有所思考，并且具备较高的思想水平和较强的分析问题、解决问题的能力。因此，申论考试所提供的一般都是社会性较强的背景材料，能够考查考生处理公务员日常事务的潜能。

申论测试考查的目的明确，针对性很强，即主要考查考生阅读、分析、概括、解决问题的能力。这些能力主要通过对背景材料的分析、概括、论述体现出来，从所提出的方案对策是否具有针对性和可行性体现出来。从这一角度来看，考查的目的与测试的命题是密切相关的有机整体：目的具有针对性，试题也具有针对性；试题为测试的目的服务，目的则是试题设计的指导思想。

（三）作答的灵活性

申论测试除了所给出的材料部分外，其答卷一般由四部分组成：概括部分、分析部分、对策部分和综合部分。就文体而言，作答涉及记叙文、说明文、议论文和应用文等文体，表达方式也比较灵活。申论测试既考查了文体写作的能力，也考查了分析、理解、解决问题的能力，测试形式非常灵活、实用。

考生回答问题的空间虽然受到了一定的限制，如给定资料、文字容量等，但考生可以根据自己对资料的理解，按照自己习惯或喜欢的方式作答。

（四）答案的相对性

申论测试没有也不可能有一个确切、固定、唯一的标准答案。从资料背景来看，都是与当前政治、经济、法律、教育等有关的社会问题，有的已定论，有的尚未定论，完全要考生自己来解决。从这个角度来看，无论是提出对策或是对对策进行论证，都不会有一个标准的答案。

正因为申论测试没有确定的答案，这给了考生发挥的空间，考生完全可以充分地展现自己的能力和水平，同时也有利于选拔者挑选到满意的人才。

（五）对策的前瞻性

申论测试注重考查考生综合运用所掌握的知识解决实际问题的能力。社会在不断地发展变化，申论的命题也会与这种发展趋势相适应，在资料的选择上会体现出一定的不可知特点，可能涉及公众较为关注的、尚未达到公众认同或社会发展方向中某些悬而未决的问题。

申论对策的提出要适应这种变化，有针对性地解决实际问题，所提对策既要切实可行，又要具有前瞻性，要从长远、发展的角度进行思考。

三、申论考试

申论考试的试卷比较规范，总体上分为三大部分：注意事项、给定资料和作答要求。

（一）注意事项

注意事项部分主要说明答卷的要求、时间，并提出指导性建议，具体内容如下：

(1)本题本由给定资料与作答要求两部分构成。考试时限为180分钟。其中,阅读给定资料参考时限为50分钟,作答参考时限为130分钟。

(2)请在题本、答题卡指定位置上用黑色字迹的钢笔或签字笔填写自己的姓名和准考证号,并用2B铅笔在准考证号对应的数字上填涂。

(3)请用黑色字迹的钢笔或签字笔在答题卡上指定的区域内作答,超出答题区域的作答无效!

(4)待监考人员宣布考试开始后,方可开始答题。

(5)所有题目一律使用现代汉语作答。未按要求作答的,不得分。

(6)监考人员宣布考试结束时,应立即停止作答,将题本、答题卡和草稿纸都翻过来留在桌上,待监考人员确认数量无误、允许离开后,方可离开。

(二)给定资料

给定资料是题本的主体,也是考生作答的依据。所给材料一般由数段组成,每段材料之间没有必然的逻辑关系,其长度一般为5 000~10 000字。从给定资料内容来看,通常围绕近几年来的社会问题和热点问题,选取来自官方、民间、媒体、学者或国内外经验等方面的认识或看法,也包括一些具体事例。

(三)作答要求

作答要求也称申论要求,是考生答题的题目。近年的申论考试一般设四个问题,问题基本围绕对给定材料进行理解、分析、整理、归纳、概括、综合,并用限定的篇幅概括出所给背景材料的主题;用限定的篇幅对主要问题提出见解,提出具有可操作性的解决方案;用限定的篇幅对见解、方案进行论证等。例如:

我国改革开放四十多年来,取得了巨大的成绩,也面临许多问题。请概述"给定资料"反映的我国当前经济发展要解决的主要问题。(20分)

要求:要紧扣给定资料,全面,有条理,不必写成文章,不超过300字。

四、材料阅读与综合分析

(一)材料阅读

材料阅读,是指对给定材料进行阅读分析,以把握给定材料内容的整个过程。材料阅读是申论应试的基础性环节,是概括要点、提出对策等环节的前提。只有读通且弄懂全部材料,才能把握给定材料所反映的问题,区分问题的主次轻重地位,概括出主要问题。

材料阅读的基本要求是全面理解和掌握材料的内容。首先把众多事实材料分类,再总结归纳出其中的内在联系,将具体问题上升为反映普遍现象的观点,并联系到给定材料以外的其他事物进行思考与分析。

▶ **1. 材料阅读的基本原则**

(1)整体原则。在阅读材料过程中必须把握整体性原则,即整体把握给定资料的主题和层次,找出给定材料的真实内涵。只有全面掌握了给定材料的内容,才会找到不同段落之间表述的关联性,进而掌握材料的主旨,挖掘出材料反映的本质。

(2)重点原则。强调重点原则,既包括整个给定的资料,也包括给出的每一个段落。具体来说,就是要对给定材料深入分析,概括出所给材料每个段落的基本观点,从整体和局部两个角度兼顾，找到材料强调的重点。

（3）过滤原则。过滤原则就是要求要从总体上去概括材料的"寓意"。给定资料中某些段落与材料的主题关联性不大，或是一些铺垫性的资料，或是描述性的语言，具有一定的迷惑性。若只抓给定材料的"只言片语"，往往容易断章取义，偏离主题。

（4）普遍原则。普遍原则就是要求不能偏离材料提供的基本倾向和基调，突出材料所蕴含的普遍原则，即主流意识或社会普遍认同的思想方向。个人的认识水平有所不同，应该站在材料的基础上，从普遍认识的角度把握材料。

（5）时效原则。申论的给定材料内容丰富且无序，集合了政府、专家、媒体等多方面的观点，而且材料的内容相对专业、文字量较大，材料与材料之间无必然的逻辑关系，这对材料阅读提出了十分严格的时间要求。

▶ 2. 材料阅读的步骤与方法

（1）材料阅读的步骤。阅读材料要认真细致，不要过于强调阅读速度，否则只会囫囵吞枣，对资料一知半解甚至对材料的理解出现偏差。材料阅读可采用三步阅读法。

第一步，通读，即找出哪些是重点段落，哪些是次重点段落，哪些是枝节，哪些是鱼目混珠的段落。

第二步，细读，即细读重点段落与次重点段落。在细读的过程中简单概括段落大意，标出重点段落中的关键词句。

第三步，精读，即精读自己圈定的重点段落、关键词句，从这些重点段落、关键词句中分析、归纳出主题。

（2）材料阅读的方法。应从总体上把握材料内容，厘清给定材料反映的主要问题。可按照如下模式对材料进行思考。

第一，材料的性质是什么？即材料属于哪个类别，材料来自民间还是政府，是政府的倾向、专家的观点还是媒体声音等。

第二，材料的主要倾向是什么？即材料反映的基本观点，材料的倾向反映了命题者对材料涉及问题的基本态度。

第三，材料的主要内容是什么？即在整体上把握材料的主要内容的基础上，找到材料反映的最主要的问题。这样才能对材料从总体上有个把握，分析问题出在哪里，问题的关键是什么。要透过材料的现象抓住其蕴含的本质。阅读就是要透过现象看本质，而不是简单地就事论事，要善于概括材料的要点。概括要点是一个承上启下的重要环节。一方面，它是阅读材料环节的小结；另一方面，如果这个环节完成得不好，就会直接影响对策的针对性。概括要点应力求全面、准确、深刻，突出主旨就是要抓住材料的中心思想，突出重点。

（二）综合分析

综合分析是指在准确理解材料主要内容的基础上，全面分析问题所涉及的各个方面，再把握材料主旨和精神，形成并提出自己的观点、思路或解决方案，准确流畅地用文字形式表达出来。

▶ 1. 材料综合分析的基本原则

（1）把握矛盾普遍性原理。把握矛盾普遍性原理即承认矛盾的普遍性与客观性，敢于承认矛盾，揭露矛盾，这是综合分析的前提。

矛盾普遍性原理的基本内容如下。

① 矛盾存在于一切事物中。世界上任何事物都有矛盾，不包含矛盾的事物是不存在

的。无论是在自然界、人类社会还是在人们的思维领域，矛盾都是普遍存在的。

② 矛盾贯穿于每一事物发展过程的始终。一切事物从产生到灭亡，时时刻刻都存在着矛盾。

总之，矛盾存在于一切事物中，并且贯穿于事物发展过程的始终，即矛盾无处不在，矛盾无时不有，这就是矛盾的普遍性。

(2) 要善于全面分析矛盾，坚持两分法，防止片面性。两分法是全面地看问题的观点，既看事物的这一面，又看事物的那一面。既要分析两方面之间的对立，又要分析两方面之间的统一。坚持两分法、两点论，就能正确地分析矛盾，有效地解决矛盾。

(3) 坚持事物都是一分为二的基本观点。矛盾既对立又统一。对立统一规律即矛盾规律，是唯物辩证法的实质和核心，是唯物辩证法的最根本的规律，也是矛盾的两种基本属性。所谓的对立，是指矛盾双方互相排斥，互相争斗。所谓的统一，有两种情形：一是矛盾的双方在一定条件下互相依存，一方的存在以另一方的存在为前提，双方共处于一个统一体中；二是矛盾双方依据一定的条件，向自己相反的方向转化。

▶ 2. 材料综合分析的基本方法

材料的阅读与概括是了解申论题目的基础工作，接下来对材料的分析是针对作答要求而进行的最重要的工作，申论材料综合分析主要有四个基本方法。

(1) 问题与原因分析法。问题与原因分析法即根据问题的表现，找出相应的应对策略的方法。首先查找具体的问题表现；其次是从这些问题出发，寻找形成问题的原因；最后根据问题的表现形式及具体原因找出相应的对策。其具体步骤如下。

第一步，界定问题。首先必须针对作答要求中的问题，界定其所指向的特定问题。

第二步，在给定材料中查找相关问题的阐述。根据问题在给定材料中寻找与此有关的段落，找到关于问题的表达内容，综合形成关于某个问题的具体表现方面的条理性陈述。

第三步，寻找问题的内外原因。原因分析是申论考试答题中最重要的方法，在分析问题类题目中这一方法尤其重要。一般来说，考生可通过推理来分析问题的原因，一般有直接原因和间接原因，内因和外因等。

第四步，概括问题的实质，形成答案。

(2) 供需分析法。供需分析法即通过对问题的供给和需求进行分析，找出问题的实质和关键的方法。社会在发展过程中，供给与需求之间必须保持适度的均衡发展关系，即平衡比例关系，一旦失衡，问题不可避免。

供需分析法的实质是矛盾分析的方法，无论是工业产生、商品流通还是现实生活，都存在供给与需求的矛盾，供需分析就是从供给与分析两个方面寻找问题产生的原因与解决问题的方法。

(3) 可行性与合理性分析法。可行性与合理性分析法是指对题目所提出的问题、观点、措施，进行合理性、可行性方面的分析，并据此提出自己观点的分析方法。可行性与合理性分析需要考生具有一定的常识判断与行政管理方面的知识。

可行性是指具体的对策或解决问题的具体措施是否具有可操作性，即对策能否落实，能否切实解决材料中反映的实际问题。

合理性是指具体的对策或解决问题的具体措施是否符合国家的基本方针、政策，是否符合民情、民意，是否与给定材料所指向的基本方向相一致。

（4）概括与对比分析法。概括与对比分析法是指从问题出发，概括给定材料中的相关内容，运用对比分析的方法进行逻辑推理，最后得出结论的综合分析方法。概括与对比分析法可按以下步骤综合分析。

第一步，弄清题干内容，找准问题。这个环节的实质是审题的过程，这是概括与对比分析法的基础，就是精确理解问题的题意。

第二步，针对问题，概括材料。根据问题的指向，概括材料表达的基本观点。这个步骤强调的材料表达的基本观点可以理解为具体的某段材料表达的观点，即在问题指向的基础上的段落题旨。

第三步，对比研究，分析综合。就是在准确地概括材料的基础上，对材料局部表达的含义进行对比分析，形成整体上的对材料的理解。这里的对比分析应权衡不同材料表达的基本观点，寻找问题产生的原因与表现，解决问题的思路与办法。

第四步，总结成文。总结成文就是按一定的逻辑关系把问题产生的原因、解决问题的对策用文字表达出来的过程。在这个环节里，提出问题、分析问题、解决问题是最基本的思维模式。

第二节　申论写作与例文赏析

写作指导

一、申论写作

申论写作是一个人的知识基础、能力水准、思维品质、文字表达的全面展示，要求写作者充分利用给定资料，切中主要问题，全面阐明、论证自己的见解。申论的写作也是申论考试的核心环节。

（一）指导思想和站位角度

申论写作要求在论证角度选择上要从小处着眼，从大处着手，从具体事实或现象入手，在有限的篇幅内提出具有普遍意义或具有针对性的观点或对策。因此，在写作的指导思想上要贴近现实生活，能为社会所关注，符合社会普遍的价值观念，所持观点要新颖，不落俗套，有创新，在解决问题的对策和处理意见方面可以具体阐述。站位角度应立足于机关工作人员，从全局的高度思考问题，密切联系给定材料，提出的具体对策要切实可行，针对性强。

（二）谋篇与布局

谋篇与布局是申论写作首先要考虑的问题。谋篇与布局，就是要根据文章各部分的地位和作用，合理地确定它们在整体结构中的位置，把材料组织得严密周详，无懈可击。一篇好的文章，层次要明确，条理要清楚，让人一目了然。在谋篇布局的时候，首先要确定中心思想与材料之间、整体与部分之间、部分与部分之间的内在逻辑联系，精心安排好各部分、各要素在整个结构中的位置。由于文章的内容不同，作者的角度各异，文章的结构形式也必然是多姿多彩的。不过，结构严谨、逻辑清晰，是申论的最基本要求。

(三) 申论的结构与写法

申论从结构上可分为标题、开头、主体、结尾四个部分。

▶ 1. 标题

申论考试大都是自拟题目,但要解决的主要问题却是由给定材料限定的。在拟定题目论证问题时必须充分利用给定的材料,紧紧抓住主题或主要问题,突出主旨进行论证,不应天马行空、任意挥洒。

标题是一篇文章的旗帜。一个醒目的标题,往往能够给人一种先声夺人的气势,一下子吸引住读者的目光,引起读者进一步阅读和评论的兴趣。一个好的论文题目必须旗帜鲜明,必须准确精当、生动贴切地表明作者论述主要问题的基本立场。

确定文章标题时应注意以下三点。

(1) 文章标题必须与文章内容相契合,不能让人看后不知所云,甚至产生歧义;

(2) 文章标题应当简明、精练、生动、贴切,不仅读来起铿锵有力、朗朗上口,而且能够言简意赅地点出作者的鲜明态度和文章所要论述的基本内容;

(3) 文章的标题应当体现丰富的意蕴和哲理,不能流于大而无当、空泛乏味。

▶ 2. 开头

俗话说万事开头难,写作也是一样。一篇好的申论文章应该是"凤头""猪肚""豹尾"。所谓"凤头",就是指文章的开头要有一个好的起笔。可以采用一些震撼性的事例和理论论述打造第一印象,也可以引用一些名言警句、历史典故为文章增添亮色。总之,文章的开篇应有特色。

申论的开头一般可采用以下三种方式。

(1) 开门见山。直接提出主题,表达自己的观点,即"开门见山,落笔扣题",增强文章开篇的亮色。

可以引用领导人的权威论述,这样就占领了理论与道义的制高点,将全文的指导思想提升到一定的高度,随后引入问题、进入正文,起到先声夺人的作用。也可以以经典名著、格言警句或者是历史典故开篇,引出话题,阐述自己的观点,为自己的文章增添亮色。还可以采用文学式开篇,就是在文章的开头采用感叹句、排比句等方式起笔,可以增强申论的文学色彩和文章的吸引力。另外,也可以采用设问开篇,即自问自答的开篇方式,所设问题是申论最核心的问题,然后在回答中直接点明申论的中心论点,这样的开头可以增强文章的气势。

(2) 设喻。即在申论开头用比喻的方式提出基本观点。这样的开头形象生动,说理明确易懂,容易使人接受。

(3) 对比。对比是一种修辞手法,它通常把优与劣、好与坏、善与恶、美与丑这样的事物并列提出,鲜明地揭示矛盾的两个方面,在比较中强调个人所持的观点。

▶ 3. 主体

主体部分是申论写作的核心和重点,即所谓的"猪肚",要有料,充实丰满。这部分的内容可按照提出问题、分析问题与解决问题的思路来安排。

主体部分中提出解决问题的对策是写作的重点。

提出解决问题的对策,是对所给定材料加工、处理后,全面地对所给材料,有针对性地寻找解决问题的思路与办法,克服问题产生的原因,使对策合理、具体,便于落实。提出对策的前提是准确地概括出给定材料反映的主要问题。没有对给定材料所反映问题的正确分析与概括综合，提出对策根本无从谈起。如果说概括部分是提出问题，那么提出对策则是解决问题。

提出解决问题的合理对策是建立在对材料综合分析、正确理解基础之上的，因此，其前提是吃透材料，然后再进行合理的构思，有针对性地提出问题解决的对策。在这个过程中，理性思维起着至关重要的作用。

提出解决问题的对策，应注意把握以下几点。

（1）主次分明，重点突出。紧紧抓住材料所反映的主要问题，突出重点，按照一定的解决问题的逻辑关系与次序安排对策的内容，进而提出解决问题的对策方案，不能不分主次，枝枝蔓蔓、胡子眉毛一把抓。

（2）合乎情理，顺应法规。即提出的对策要合情、合理、合法。所谓"合情、合理、合法"，是指解决方案要合一定之规，这一定之规中既包括社会伦理道德规范，又包括国家的法律法规、党和国家的路线、方针、政策。当然，在具体解决问题时一定要具体问题具体分析，不能只是生搬硬套。

（3）明确身份，设定角色。申论写作与一般作文的一个重要区别就是命题者预先都给了考生一个确定的公务员角色。这就要求考生在根据主要问题提出对策方案时，首先必须明确自己的这个虚拟身份，即自己处在一个什么样的职位上提出方案。

（4）依托材料，针对性强。针对给定材料中所反映的问题提出解决方案，既要具有合理性，还要具有针对性。明确方案的针对性，也就是要针对问题提出方案，所提对策方案必须具有很强的针对性。这种针对性包括两个方面的含义。

① 对策方案应该与所给定材料的倾向性相吻合。申论给定的材料都反映了某种社会问题，并设定了解决问题的倾向。考生所提供的对策方案必须结合给定材料涉及的范围和条件，与这种倾向性相一致。

② 对策方案要紧紧围绕前面所提供的材料，并且概括材料所提出的主要问题，切中要害。提出对策方案的前提，是阅读分析材料之后概括出来的要点。如果说概括材料是提出问题的话，那么，提出对策方案实际上就是要解决前面所提出的问题。所以，一般来说，前面概括了几个方面和层次的问题，这一部分就应当体现几个方面或层次的对策和方案。当遇到给定材料反映的问题比较复杂时，首先要根据题目给定的角色进行认真筛选，抓住核心问题，切忌平均使用力量，甚至本末倒置。

（5）措施明确，方便落实。即对策应具有可操作性。所提对策如果不具有可操作性，就失去了对策设计的意义。一般而言，对策的可操作性含义如下。

① 对策要明确执行主体，即制订出来的方案由谁去执行。也就是说，"问题"要有明确的"归口"，对策要有直接解决问题的政府部门或职能机构去处理与落实。

② 对策要明确执行步骤，即制订出来的对策怎样执行。也就是说，对策不能只是大的原因，让人感到无所适从，而是要有解决这些问题的具体步骤、办法，要能够付诸实施。

③ 对策要明确执行的时效，即制订出来的对策方案何时实施，在什么条件下实施。也就是说，对策要认真对待其时效性，它不是遥遥无期的许诺，而是解决当前问题的切实可行的办法。

④ 对策要明确执行的条件，即制订出来的对策在什么条件下实施。也就是说，对策方案的提出必须充分考虑到解决问题所需要的主客观条件。如果提出的对策方案在现实中

不具备实施的主客观条件，也只能是一纸空文。

▶ 4. 结尾

"豹尾"即是文章的结尾。其实跟文章的开头一样，结尾的首句也应该引用一些格言警句和历史典故，或者是一些理论上的论述，从而深化文章的主旨，达到余音绕梁、令人回味的效果。

文章的结尾有以下三种方式。

（1）总结深化。就是对文章的观点进行总结概括，以达到点明主旨、深化主题的目的，这是最常规的一种结尾方式。

（2）发出倡导、号召，展望未来。就是在对文中问题解决、对策实施后取得效果的基础上展望未来，升华文章的主题。例如，可以采用呼吁、感叹、反问等句式加重语气，号召全民上下团结一心，为建设和谐的社会共同努力奋斗，以此增强文章的艺术感染力。

（3）首尾呼应。就是结尾要与文章的开头相呼应，并且要与文章的题目相关联，这样可以避免偏题、跑题、主旨不明确等现象的发生。

二、申论的语言特点

申论属于公务文体，其语言与公文相似，写作以叙述、说明和议论为主要表达方式。概括起来讲，申论语言的主要特点包括庄重、准确、严谨、精练等几个方面。

（一）庄重

庄重，不用冷僻字，较少使用外来词汇，多使用专业词语；语法严谨，讲求格式，多用陈述句式和祈使句式，行文中力避方言俚语，力避个人用语风格。例如：

习近平总书记说过，"没有意识到风险是最大的风险"。如今的互联网，早已不是当年的飞鸽传书那么简单，已经覆盖了我们生活的方方面面，稍有不慎，就会让自己陷入泥沼。我们不可能要求每个人都成为"武林高手"，但至少，每个人都应具备一定的防身技能。更重要的是，国家相关部门应该未雨绸缪，做好应对最坏情况的预案。网络安全的弦绷紧一分，网络的隐患才会远离一分；及时更新安全观念，漏洞的风险才会少一分。

又如：

百余年前，梁启超根据中国与世界的交流程度，将中国历史划分为中国之中国、亚洲之中国和世界之中国。今日中国，在网络的作用下时时刻刻与世界同此凉热，中国不仅是"东西往来"的"世界之中国"，更是"互联互通"的"世界之中国"。互联互通的机遇我们不能失去，但风险共担的局面也必须面对。从上到下警钟长鸣，安全才不会成为互联网发展的"阿喀琉斯之踵"。

（二）准确

准确，即用最确切、最恰当的词、句，表达概念和判断，使之准确无误地反映客观实际及作者的认识理解。例如：

有学者曾总结，不文明现象之所以屡屡出现，根源于耻感的缺失。事实上，如果人们对不文明行为一味隐忍，不拿出较真劲儿与其"宣战"，耻感文化如何才能得以形成？有朋友曾讲述这样一个故事，一次，在超市冷柜选购冷冻食品，挑选完后，转身就走，把关闭冷柜推拉门的事忘得一干二净，一位眼尖的老大爷看到，远远就喊道，"冷柜门咋不关啊?"超市里的消费者纷纷把目光聚焦到朋友那儿。一时间，朋友只觉得脸上火辣辣的"挂不住"。自此，随手关冷柜门成了他每次去超市都十分在意之事。"礼者，理也。"人人争当那位"上海老大爷"，社会实现共同治理，才能激发文明的耻感，让文明素养在人心里拔节生长，也才能让道德感如空气一样充盈社会。

"一个国家的繁荣，不在于其国库的富足，不在于其城池的坚固，也不在于其公共建筑的华丽气派，而在于其公民的教养，在于人的文明、教化和品格，这才是它实际利害之所在、主要实力之所在、真正威力之所在。"文明的养成，不可能一蹴而就，但"人能弘道，非道弘人"，只要人人葆有"相善其群"的意识，以共治来治理不文明，用行动擦亮精神名片，文明观念的水位自然会随时间的推移，慢慢升高。

(三) 严谨

严谨，就是要注意语法规范，要求用词规范、语序顺畅、句子完整。例如：

这个土生土长的"国之重器"，激荡着亿万人民内心深处的民族自信和爱国情怀，彰显着中国国家整体力量的提升。

阳光下国歌声雄壮嘹亮，舰舷上五星红旗迎风招展。4月26日，第一艘国产航母正式出坞下水。一瓶香槟酒摔碎舰艏，两舷喷射绚丽彩带，周边船舶一起鸣响汽笛，按照国际惯例举行"掷瓶礼"之后，国产航母缓缓移出船坞，停靠码头。这历史性的一刻，被定格为永恒的民族记忆。

如果说现代文明由海洋文明开启，那么航母则是现代海军的标配，是一个民族海洋力量的象征。正因此，建设国产航母，不仅是捍卫国家利益、维护海洋权益、开发海洋文明的重要举措，更是中华民族几代人念兹在兹的百年梦想，是强军梦、强国梦的重要组成部分，寄托着中国人的民族情感。下水现场，不少人慕名而来、驻足观看；网络上，网友点赞"展示了中国速度、中国力量、中国智慧"；电视节目中，有嘉宾谈到海军发展历程喜极而泣……这个土生土长的"国之重器"，激荡着亿万人民内心深处的民族自信和爱国情怀。

(四) 精练

精练，就是要求语言简洁。例如：

"不能制海，必为海制。"作为一个拥有1.8万多千米大陆海岸线、300万平方千米主张管辖海域的海洋大国，需要建设一支以航母为核心的强大海上力量。建设航母属于巨系统的设计、建造与集成，考验着一个国家的技术、资金、工业化水平等综合实力与整体意志。从1987年提出建设航母规划，中国仅仅用了30年的时间，就自行研制出第一艘国产航母，从外壳到内在都贯彻着自己的理念设计，这不仅体现出中国海军装备水平的跃升，更彰显着中国国家整体力量的提升。

同时也要看到，与世界先进水平相比，国产航母仍然还有不小的差距。无论是排水量，还是核心技术，抑或是未来可期的作战能力，国产航母与一些发达国家相比仍有距离。这一方面说明，那种把航母与"中国威胁"相联系的论调并没有现实依据；另一方面也说明，国产航母依然任重道远，应该在第一艘国产航母的基础上继续努力，争取早日具备自主完成大中型、新型航母建造全过程的能力。

铸剑不是为了战斗，而是为了和平。中华民族是爱好和平的民族，对和平有着孜孜不倦的追求，国产航母将更有助于中国维护和平发展、捍卫世界和平。近年来，通过在亚丁湾、索马里海域的护航和人道主义救援行动，中国向世界展示出负责任的大国形象。国产航母肩负的使命更是义不容辞，"维护海上通道安全，维护海外利益""更好地承担大国责任和义务"……从港湾迈向深海，中国航母将为中国的和平发展提供坚实保障，为世界和平贡献力量。

（资料来源：国家公务员考试网。）

例文赏读

2024年度国家公务员录用考试申论真题及答案（省级）

一、注意事项

1. 本题本由给定资料与作答要求两部分构成。考试时限为180分钟。其中，阅读给定资料参考时限为50分钟，作答参考时限为130分钟。

2. 请在题本、答题卡指定位置上用黑色字迹的钢笔或签字笔填写自己的姓名和准考证号，并用2B铅笔在准考证号对应的数字上填涂。

3. 请用黑色字迹的钢笔或签字笔在答题卡上指定的区域内作答，超出答题区域的作答无效！

4. 待监考人员宣布考试开始后，方可开始答题。

5. 所有题目一律使用现代汉语作答。未按要求作答的，不得分。

6. 监考人员宣布考试结束时，应立即停止作答，将题本、答题卡和草稿纸都翻过来留在桌上，待监考人员确认数量无误、允许离开后，方可离开。

二、给定资料

1. 造型各异的景观灯，规模庞大的灯具城和鳞次栉比的灯具店……走进M市星河镇，就仿佛走进一个灯的世界。40年前，敏锐的星河人察觉到灯饰行业的巨大潜力，他们从一根电线、一只灯泡、一座灯架制成的简易台灯起家，家家做灯、户户销灯，无数小工厂在这里生根发芽。

耀然灯饰是星河镇一家颇具代表性的灯饰骨干企业。看到"耀然"荣获国际大奖的"天鹅灯"后，大家才知道灯还能这样制作。那灯从中心垂下来一条链子，周围360度环绕着一群天鹅，以不同姿态美丽定格。天鹅造型是人工吹制出来的，要在6秒内快速定型，对工人的肺活量和技术都有严苛要求，每一盏灯都凝聚着匠人之心。很多人问耀然灯饰的方经理："怎样才能做好一盏灯？"方经理说："要让灯得到消费者的认可，就需要有我们自己对原创的理解。"他认为对"灯饰"的含义可以分开理解："灯"即照明，"饰"即艺术设计。

厨房、卧室、客厅、展厅……在不同的场景下，消费者对照明的要求不尽相同，灯饰产品也需要体现创意、时尚和现代人文理念。"玉叶灯"和"星光灯"是耀然灯饰的明星产品。方经理介绍，"玉叶灯"的设计灵感来源于树叶的形状，具有无极调光和三色温切换功能，适用于不同的场合。"星光灯"则是定制系列，用户可以自由组合打造出自己喜欢的效果，还可以实现语音智能控光。"照明只是消费者对灯的基本要求，我们还要赋予它更多的价值。"方经理说，"过去灯丝、玻璃加一个铁质底盘就是一个简易台灯，现在灯里面用的铝材都是航空级的。最新款的台灯甚至还能给手机无线充电。"

"从爱迪生发明了电灯开始，人类就开启了电气照明时代。在LED灯引领的照明新时代，我们的品牌战略又该从哪里破局？对此，耀然灯饰提出了"用照明科技创造美好生活"的品牌主张。方经理说，"我们特别注重产品研发，不仅聘请了国内外的电光源专家、灯具专家和顶尖设计团队作为顾问，还与国内领先的照明领域科研机构深度合作。"2019年，耀然灯饰与S大学合作建立了半导体照明技术研究中心，依托S大学的人才和科技资源，将科研成果转化为产品，进一步提升产品的技术含量。今年，耀然灯饰将战略重点放到了"全屋光环境"项目上，这一全新概念以智能技术为手段，强调全屋灯光的协调性和设计感，力图打造健康、智慧、舒适的人居光环境。

即使拥有品牌，发展之路也并不容易。照明工程本身具有复杂性，针对全新的趋势，耀然灯饰开始深耕博物馆照明、酒店照明、商业空间照明和户外照明等细分市场，建立全面、多元的产品体系。让光在博物馆"讲故事"、在酒店"变魔术"、在商场当"引导员"，这就是耀然灯饰为自己找到的品牌定位。

目前，耀然灯饰在许多线上平台布局做直播，主要负责年轻消费者的触达和单品的销售。线下门店则主要负责服务与体验，积极向服务中心和体验中心转型。公司在今年推出了40家全屋光环境体验店，全力打造提供服务价值、体验价值、情绪价值的场景。"渠道的创新提高了我们的消费者触达能力，不仅提升了业务增量，还成功宣传了我们的价值理念。"方经理说，"以前，大家觉得灯饰企业是比较传统、老气的，它的价值就是老老实实制灯、卖灯。现在，我们要赋予灯饰企业新的品牌形象，让大家感受到我们提供的不单单只是能亮的灯，还是健康的、智能的、能够满足人们对美好生活向往的产品和服务"。如今，作为星河镇灯饰骨干企业，耀然灯饰已经成为行业的领先者，在流光溢彩中呈现出勃勃生机。

2. 近年来，很多民乐人努力尝试将各种潮流方式与民乐结合进行创新，开创了"新民乐"这一全新的民乐表现形式。从各大晚会到各类综艺，再到影视剧配乐、游戏音乐……"新民乐"已经成为"常驻嘉宾"，在短视频的配乐中，"新民乐"也已成为一种"流量密码"。通俗来说，"新民乐"是以民族音乐元素为基础，用现代理念、手段进行创作和演绎的音乐新形式。"新民乐"走红的同时，也引发了网民的诸多议论。

甲：新民乐在网络上的走红是国人文化自信的反映，也是国力上升的结果，有利于我国音乐文化多样性发展，其更为深远的意义在于为民乐提供了更大的舞台、更多的机会。

乙："走红"是一种急速发展的形式，观众可以去欣赏，但是演奏者或者从业者，心里应该非常清醒，创新不等于媚俗。这就对从业者的审美和艺术修养提出了比较高的要求，需要从业者坚持一种引领——我要让你听到你喜欢的音乐，这种音乐，是引领你向更高、更好、更深远、更民族、更中国的地方。

丙：新民乐更像是顽皮儿童的一些奇思妙想，还没来得及长大和懂得权衡完善，并没有太大的价值。民乐的发展不能走这样的道路，否则会丧失民乐原本的味道，是民乐的悲哀和末路。

丁：对于"走红"这个问题，我认为应该积极看待。我们的民乐应该随着时代的发展，奏出时代所需要的声音，所以进行大胆的改编、移植或者创新是值得提倡的。

戊：谁都无法回答中国民乐到底有多少种可能性，但更多的人加入进来，就会有更多的可能性，传统文化的传承和创新永无止境。铁打的文化内核，百变的个性追求。这些年轻人或许不是专业出身，没有足够的创作能力，但对我们的民族音乐充满热爱，又很有创意，这种自发的能动性，非常可贵。他们通过翻奏热门作品，与更多有相同爱好的年轻人快速联结，一起玩起来，这样的民乐才是有生命力、有活力的，是对传统文化最好的传承。

己：我们有很多优秀的传统音乐、民族民间音乐，滋养着当代音乐以及国人的精神世界。民乐的发展，守本最重要。只有树根稳固，树叶才会葱郁，要不就会飘零。

庚：一个时代有一个时代的印记，所以我们的艺术同样也要与时代接轨，要反映这个时代的特色，不能仅仅就是简单的传承，民乐要跟不同的文化和科技进行碰撞。

辛：新民乐的定义十分模糊，它的界限到底在哪里，很难说清。名不正则言不顺。比如很多年前的流行歌曲中已有二胡伴奏的编配方式，算不算新民乐呢？

壬：越是民族的，越是世界的。相信有了这批时代弄潮儿的努力和创新，未来我们定能看到中国民乐走出国门，成为新的世界潮流，这也是新民乐在当今时代的价值体现。

癸：新民乐是在现代社会潮流下，民乐界迎合市场的一种举动。但手法多半很简单，显得热闹张扬有余而沉静不足，少了传统文化的中正平和。如何保持传统民乐的真正韵味，是一个值得研究的问题。

子：长期以来学院派民乐代言了传统音乐，而民间的传统音乐则基本被晾着自生自灭。今天新民乐的兴起，是民间传统音乐复兴的标志。新民乐并不是用来取代传统民乐的，不能用传统民乐的优势来与新民乐的短处相比较，更不要在概念上做文章。对新民乐作太多太细的界定会使音乐门类产生排他性，不利于其繁荣发展。

丑：实际上，随着时代的变迁，民乐的革新从未停止过。新民乐是一种应时而动的现象，势不可当。冠之以"新"，就是因为人们注意到了它的成长势头。

寅：优秀的音乐作品，作曲家是一度创作，演奏者是二度创作，听众的参与是三度创作。只有经过这样的过程，一个作品才能得到最完美的展现。所以民乐发展的道路有很多，不必求同，而应百花齐放、百家争鸣。

3. 随着汽车智能化技术的发展，越来越多的机械控制转向电子控制，过去以机械见长的工程部门迎来巨大的挑战。2014年，大学刚毕业的小李和6名同学从近千名竞聘者中脱颖而出，加入了一家合资发动机生产企业A公司。A公司是国内某家头部合资主机厂主力发动机型的供应商，当时这家主机厂年销量超过百万台，A公司根本不怕没有业务和营收。小李说，他第一年的收入就远高于同专业毕业的同学。同时，公司为他们提供了系统的培训，不到3年小李就成了储备干部。当时的他感到人生充满希望，觉得自己已迎来事业的春天。

第一次变化发生在2018年。中国车市结束了高速增长，汽车产销量首次下降，A公司的业务也开始出现下滑。同一时间，一些造车新势力崛起，不惜以翻倍的价格在汽车行业大肆招揽人才。不过即便如此，那一时期离开A公司的人也并不多。"当时大部分人认为新能源汽车只是政策产物，短时间内很难替代燃油汽车，内燃发动机仍有较好的发展空间。"已升为部门经理的小李说道。

真正的巨变出现在2021年前后。随着新能源汽车市场规模的快速扩大，A公司所背靠的合资车企面临较大的销售压力，业务单一的A公司也"一损俱损"。2021年开始，与小李同批入职的同事们纷纷离职,其中不少人去了新势力车企。小李感觉头顶的职业荣光黯然褪色,这份工作已不再是自己心目中的"香饽饽"。

小李的同学小沈于2022年下半年从A公司跳槽进入W公司,转型至自动驾驶测试相关的工作,但短短3个月之后,他便主动离职。因为他实在适应不了W公司内卷的工作氛围,尽管薪酬提升了30%,但工作量增加了不止300%。近来,汽车供应链企业频繁被曝裁员或关停,不少技术类的供应商正在加速向新能源汽车三电乃至自动驾驶方向转型。"A公司最近这几年肯定是倒不了的,而且这里的收入相对还是比较稳定,工作氛围也比较宽松,但的确业务已经出现较为明显的萎缩,也不知道什么时候裁员会轮到我头上。转型到新能源相关的企业,也会有适合的职位,但实在是担心适应不了内卷的工作。"时至今日,小李依旧没有下定决心离开,他感觉自己陷入了"两难"境地。

和小李这种纠结不同,小王并没有因为新能源汽车的快速发展而感到焦虑。2013年硕士毕业的小王曾有机会进整车企业,但因为有可能从事的工作和自己的内燃机专业不对口,最终他选择就职于某外资汽车零部件供应商,10年的工作从未脱离过内燃机。"也曾羡慕人家整车企业的薪资待遇,可我还是觉得搞自己感兴趣的专业更有价值。"小王说。对于当前的形势,他有自己的判断:"从整个行业的趋势来看,内燃机并不会在这5年或者10年之内就完全消失。而且,尽管内燃机和电动机是两种不同的动力形式,但是其中很多理念和技术还是相通的。如果能够在现在这家公司把相关的技术吃透,对于之后的择业百利而无一害。"小王认为,除了乘用车外,在商用车领域,内燃机存在的时间或许会更久。商用车普遍较重,如果采用纯电的方案,需要更大的电池组来保证行驶和续航,但这给车辆的安全性、成本等都带来了巨大的挑战。再加上氢燃料电池成本居高不下,目前国内多家商用车公司、动力总成供应商等,都已开始联手布局氢内燃机。所以说,内燃机仍然具有其独特的价值。

小王认为,传统内燃机汽车的控制逻辑会比纯电汽车更加复杂,有内燃机相关工作经验的人士对于整车和传动系统的理解会更深,如果转到新能源汽车行业的话,接受程度会更快。他表示:"虽然新能源汽车是大势所趋,但是面对产业的转型升级也不必过分焦虑。与其被周遭的变化推动前行,不如看清楚接下来要走的路,主动地去付诸实践。困住自己的往往是自己,而不是外围。"

4. 我国自古以来就是一个农业大国,农田种植是我国传统农业中最广泛的种植方式。但是,传统农业生产方式资源消耗较大、生产效率较低且产量不稳定。建设集中连片、旱涝保收、节水高效、稳产高产、生态友好的高标准农田,是推动传统农业向现代农业发展,巩固和提高粮食生产能力、保障国家粮食安全的关键举措。习近平总书记强调,建设高标准农田是一个重要抓手,要坚定不移抓下去,提高建设标准和质量,真正实现旱涝保收、高产稳产。

近年来,C市在高标准农田建设中全面落实藏粮于地、藏粮于技战略,截至目前,全市高标准农田上图入库面积约400万亩。为深入了解全市高标准农田建设情况,C市农业农村局的高标准农田建设督导调研组深入辖区开展了实地走访调研。

"政府帮我们修好水利、完善田间配套设施,现在种田轻松了、产值提升了,大家种粮的积极性也高了。"南里县正清村的种粮大户丁大哥对调研组说。据他介绍,在正清村农田灌溉薄弱区域未实施灌溉工程之前,每年农田灌溉都是大家最烦心的事。经过高标准农田改造,他们的烦心事解决了。调研组了解到,该县利用高标准农田建设项目资金,对田间沟、渠、桥、涵、路进行修复重建，把原来只能种植玉米等作物的旱田，改造成为能种植水稻的水浇田。通过高标准农田改造，亩均效益增加了200多元。

长平县农业农村局刘局长向调研组介绍，在土地整理之前，有村里想搞土地流转，每亩700元的租金也无人问津。经过高标准农田建设改造后，分散的土地被统一整合，租金一下子涨到了每亩1 000元，很快就被种粮大户承租，成功搞起了规模化种植。现在村民们除了固定的土地租金，还可以通过务工增加工资收入。自高标准农田建设以来，长平县农田基础设施条件得到显著改善，各乡因地制宜推进产业结构调整，稻油、稻鱼、稻虾、稻蛙等特色优势产业稳步向前，农业综合效益明显提升。

高标准农田建设给农村、农业和农户们带来翻天覆地的变化。不过，调研组也发现个别地方在高标准农田建设过程中还存在一些问题。

在凤溪县福树村，村民林大叔指着自家屋后的果园告诉调研组："这些苹果树已经种了二十多年了，也不知道为什么要将这块地划为高标准农田，总不能让我把这些树都砍了吧？"在《凤溪县2022年高标准农田建设项目工程规划图》上，林大叔屋后的果园所占地块，恰好是标号为325的高标准农田。上级文件要求，高标准农田原则上全部用于粮食生产。图上明明是高标准农田，为何实际是果园呢？调研组沿着福树村村道逐一查看，发现至少有30处标号地块"图文与实际不符"。

"高标准农田建设项目是上面给划分区域、分派任务的，实际和规划有出入很正常。"凤溪县农业农村局负责规划工作的小周解释说，"我们最终确认建成的高标准农田，就是以我们最终实施的地块为准。这个项目已经过县级验收，现在市级验收还没有结束，市级验收结束后我们才正式上图入库。"

高标准农田的建设地块，真的如小周所说的那样，可以随意变更吗？根据C市农业农村局的批复文件，凤溪县2022年高标准农田建设项目区涉及福树村等7个行政村4 530户，建设任务达1.6万亩。文件要求严格执行批复的初步设计，不得随意调整和变更，要严格按照《高标准农田建设通则》及相关政策规定组织施工。如果有变更的，必须先上报变更申请。待上级批复同意以后，才可以调整。

据小周所说，目前该项目已通过凤溪县级审核验收。那么这样的项目，究竟是如何通过县级审核验收的？"图片仅供参考，以实物为准，建设项目中大多数都是这样实施的。"凤溪县农业农村局赵局长表示，"只要完成数与规划数是一致的就行，此前好像都是这样做的，大家可能认为这样没什么问题。"

根据《高标准农田建设通则》，田间道是指连接田块与村庄、田块之间，供农田耕作、农用物资和农产品运输通行的道路。但调研组实地调查采访、对照规划图后，发现福树村用高标准农田建设资金修建的"田间道"，并不连接任何田块。

调研组在走访中还发现，在C市部分已建成的高标准农田中，田间管理也并未按要求进行。按照市农业农村局的要求，改造后的高标准农田，均需增施有机肥，且有机肥应通过施工单位统一实施入田，严禁"以发代施"，但C市洪林县的多个村庄按照人口直接把肥料发放给了村民。

"上面确实是按土地亩数发放的，但我们村里都是按人口发放的。"洪林县贵康村郑主任说，"如果按地给，有的一家两三口人有四五亩地，有的一家人都没有地，这就不好弄了，大家也都同意了按人口发。"

调研组在贵康村走访发现，有农户家中还存放着2021年下发的肥料，还有农户正将本应施于高标准农田地块的有机肥挪给果树使用。村民柳嫂说："村里把肥料发下来，不就是给我们了吗？我不知道这个肥料不能给果树施。"

5. 一场"旧物的故事"特展在陈先生的旧物基地成功举办，吸引了许多人前来观展。近年来，人们对二手商品越来越感兴趣，城市里也出现了很多主打旧物回收的店铺。2017年，陈先生成立了旧物基地，里面摆放着各种各样的老物件，有柜子、床等大件的家具，也有一些灯笼、梳妆盒等小件的生活用品。陈列展示旧物、修复旧物以及售卖旧物等都在这个基地进行。

对陈先生而言，最初回收旧物主要是为了赚钱谋生。但在这个行业做久了之后，他对旧物也有了一定的想法和理解。"现在我觉得很多东西不能仅是作为商品卖了。去回收的时候，我不仅会思考这个东西的经济价值在哪里，而且也会看'眼缘'。有些老物件可能在市场上不太被接受，但我仍认为这些'真真正正的老物件'是需要被保存下来的，别等到下一代都不认识了！"

陈先生去过一个村子，那里的人们生活很时尚，抽水马桶、淋浴系统、大理石台面等几乎是村民家里的标配。而那些有些破旧甚至掉色的柜子则成了"废品"。得知来意后，村民老张带陈先生一行人去了一个杂物室，里面一些桌子柜子随意堆在一起，陈先生收走了一套老式橱柜。"你们要是晚点来可能就没了，我刚想过几天把这堆东西扔掉。"老张说出了陈先生在回收时最常听到的一句话。在陈先生看来，这是当今社会正在发生大规模"生活革命"的真实写照。对于乡村的人们而言，城市生活方式是他们向往和追求的美好生活状态，而那些之前使用过的木头桌子、椅子还有衣柜等都是陈旧的、落后的。

旧物文化空间是陈先生近几年才慢慢开设起来的，老物件与新中式家具组成一个个生活场景陈列其中，人们一眼就可以看到这些老物件最终呈现出来的效果。陈先生认为，老物件最好的存续方式就是进入人们的日常生活之中。"现在国家对非遗的保护扶持力度很大，所以很多老手艺也在复兴。我们把这些老物件再重新放回现在的生活中，就是要让大家重新体味老手艺的魅力。同时，也让大家看到现在摆这些东西不是落后的，不是老土的，而是有一种古朴的美感，也可以成为人们现在喜欢的家居风格。这是我认为可以让老物件一直存续下去的方式。"

踏入旧物修复场地，四周非常安静。修复师傅们在旧物之间来回穿梭，他们修复旧物基本上靠双手，即使借助工具，也是一些类似于锤子、砂纸或者画笔等手持的辅助工具。在回收的众多旧物中，修复师王师傅最中意一辆马车。"那次和陈先生去N省收旧物，一看到这个马车我就挪不动步了。别看这个马车其貌不扬的，但它通体没有使用任何的钉子固定连接，我可以说，放眼当下没有一个木匠可以做得出来。把它修好了展示出来，大家就能见识到什么才是真正的老手艺。"在修复这辆马车的过程中，王师傅有一种"朝圣"的感觉，小心翼翼地，担心碰到哪个地方会弄坏这个物件。"要说修复老物件能够体现多么强的、艺术大师那样的技巧，那倒不一定。主要就是有感情嘛，你带着感情做事，和没有感情做事肯定是不一样的。"王师傅道出了所有师傅们在做旧物修复时的状态和心情。

陈先生认为："器物是有灵性的，你需要和它们去沟通、对话、交流。每一件旧物都汇聚了人生的细碎时光，承载了主人的记忆。看着这些旧物，就好像感知到了创造者和使用者倾注的情感和他们所经历的故事。旧物不一定都是被废弃淘汰的'破烂儿'，也可以是承载情感和记忆的'老物件'。我们要用积极的态度对旧事物的价值进行最大挖掘，让它们重新焕发生机。"

三、参考答案

(一)"耀然灯饰"的发展，是星河镇灯饰企业发展的缩影。请你根据"给定资料1"，简要总结"耀然灯饰"成功的经验。(10分)

要求：全面、准确、有条理。不超过200字。

【参考答案】

1. 凝聚匠心。严苛要求技艺，深化对原创的理解。
2. 满足消费者需求。根据不同场景，体现创意、时尚和现代人文理念，赋予产品更多价值。
3. 调整品牌战略。注重研发，聘请专家和设计团队作顾问，与科研机构深度合作，提升技术含量。
4. 找准品牌定位。深耕细分市场，建立全面、多元产品体系。
5. 创新渠道。线上平台布局直播，线下门店负责服务与体验，提高触达能力。
6. 更新品牌形象。提供健康、智能、满足人们对美好生活向往的产品和服务。

(二)新民乐走红引发了网民的诸多议论。请你根据"给定资料2"，谈谈这些议论主要涉及了哪些问题，并分别予以简要说明。(20分)

要求：归类合理，分条列出，简洁准确。不超过400字。

【参考答案】

1. 新民乐发展的意义：①体现了文化自信和国力上升，推动我国音乐文化多样性发展，有助于中国民乐走出国门，成为新的世界潮流。②体现了民乐大胆创新，与时俱进。③为民乐发展增加可能性，赋予民乐生命活力，是对民乐最好的传承。④民乐是民乐的革新，应时而动，势不可当，标志着民间传统音乐复兴。

2. 新民乐发展的问题：①新民乐定义模糊，界限不清，许多带有民乐元素的音乐难以定性。②新民乐迎合市场，沉静不足，缺少传统文化的中正平和，不能保持传统民乐的真正韵味，会使民乐丧失原本的味道。

3. 新民乐发展的措施：①从业者要保持清醒，提高审美和艺术修养，避免媚俗，正向引领观众。②既要守本，也要与时代接轨，反映时代特色，跟不同的文化和科技进行碰撞，百花齐放、百家争鸣。③不用传统民乐的优势来与新民乐的短处相比较，不对新民乐作太多太细的界定。

(三)"给定资料3"中提到小李感觉自己陷入了"两难"境地。请你分析小李产生这种心态的原因，并提出走出这种境地的对策。(15分)

要求：分析全面，对策得当，逻辑清晰。不超过350字。

【参考答案】

原因：

1. 车市迎来变局。公司业务单一，出现下滑；造车新势力崛起，高价招揽人才，新能源汽车市场规模扩大,面临销售压力。

2. 工作兴趣低。同事离职,职业荣誉感降低,工作没有吸引力。

3. 工作压力大。担心适应不了新企业的内卷工作,且薪酬提升和工作量增加不成比例。

4. 工作不稳定。同类企业裁员或关停,供应商转型,随时面临被裁员。

5. 待遇环境优。收入相对稳定,工作氛围较宽松。

对策:

1. 明确职业选择。选择感兴趣的工作,体现自我价值。

2. 把握行业趋势。对行业趋势要有自己的判断,很多理念和技术是相通的,要吃透相关技术,多维度分析行业,发现其独特价值。

3. 积累工作经验。理解工作本质,与时俱进,学习新知识,提高业务水平,提升适应新行业的能力。

4. 积极调整心态。面对产业转型不过分焦虑,明确自身发展路径,主动付诸实践,突破自我。

(四)"给定资料4"反映了C市高标准农田建设过程中的一些情况。调研结束后,督导调研组拟向局领导汇报调研情况,并提出改进建议。假如你是调研组成员,请草拟汇报的主要内容。(20分)

要求:

(1)紧扣资料,内容全面;

(2)简明扼要,条理清晰;

(3)不超过500字。

【参考答案】

关于C市高标准农田建设情况的汇报材料

建设高标准农田,是推动传统农业向现代农业发展、巩固和提高粮食生产能力、保障国家粮食安全的关键举措。习近平总书记高度重视,要求建设高标准农田。近年来,C市全面落实藏粮于地、藏粮于技战略,取得了良好的成效,但也存在一些问题。现将相关情况汇报如下:

一、做法及成效

1. 利用高标准农田建设项目资金,对田间沟、渠、桥、涵、路修复重建,农田旱改水,提升产值、亩均效益,提高农民种粮积极性。

2. 整合土地,规模化种植,农田基础设施条件得到显著改善,村民收土地租金或务工,收入增加。

3. 推进产业结构调整,特色优势产业稳步向前,农业综合效益明显提升。

二、问题

1. 对高标准农田建设政策的宣传不到位,村民不了解。

2. 审核验收不严格,图文与实际不符,随意变更。

3. 政策执行走样,资金使用、农田建设和管理均不合要求。

三、建议

1. 紧抓宣传。成立宣传队伍,利用平台或入户方式宣传相关政策,确保村民充分了解。

2. 严格审验。上级划分区域、分派任务、通过验收前须实地调研,确保地块图文与实际一致。

3. 强化监督。明确任务要求,加强对实际工作成效的考核,防范应付、形式化问题。

(五)"给定资料5"中提到"我们要用积极的态度对旧事物的价值进行最大挖掘,让它们重新焕发生机",请你对此进行深入思考,参考给定资料,联系实际,自选角度,自拟题目,写一篇文章。(35分)

要求:

(1)观点明确,见解深刻;

(2)参考给定资料,但不拘泥于给定资料;

(3)思路清晰,语言流畅;

(4)字数1 000~1 200字。

【参考答案】

挖掘价值 让旧事物"活"起来

作家冯骥才观摩贺兰山岩画之后,感慨"岁月失语,惟石能言"。以岩画为代表的旧事物如一面镜子,映照着先人的生产和生活方式;如一本书,记载着古老的历史和文化;如一张唱片,彰显着时代的艺术水准……一代代旧事物,传承着绵延不绝的千年中华文明。因此,我们要用积极的态度挖掘旧事物的价值,让它们重新"活"起来。

立足经济价值,焕发时代光彩。能够留下来的旧事物往往经过了历史和市场的洗礼与考验,具有一般事物所不具备的经济价值。古为今用,挖掘旧事物的经济价值,不仅能让传统与现代有机衔接,还能实现旧事物的创新发展。治疗艾滋病的药品阿兹夫定被发现可以抗新冠病毒,实现了老药新用;耀然灯饰通过打造提供服务价值、体验价值、情绪价值的场景来挖掘旧行业的经济价值,让传统灯饰企业在流光溢彩中呈现勃勃生机。因此,要深入挖掘"旧事物"最具特色的价值本色,旧物件才能在现代市场经济中大展宏图,焕发时代光彩。

传承文化价值,再创现代辉煌。旧物件记录了我们一路筚路蓝缕、艰苦奋斗的社会发展历程,彰显着每个时代的特色,承载着民族的历史和文化,是连接过去与现在的时代桥梁。尽管老物件是陈旧的、落后的,有些老物件甚至在市场上不太被接受,但是它们记载着我们从哪里来。中华文化能够文脉相承并万流同归,离不开老物件的记录和印证。荀子曰:"青,取之于蓝,而青于蓝;冰,水为之,而寒于水。"因此,我们不仅要发展现代文化,还要充分挖掘旧事物所承载的文化传统和价值观念,在促进传统文化的传承和创新发展的同时,再创现代文化辉煌。

探究艺术价值,激发当代创作。旧事物承载了古代工匠的精湛技艺和审美追求,穿越千年而历久弥新。如不用任何钉子固定连接的榫卯结构,让人见识到老手艺的魅力;回归自然的原木旧家具与新中式家具组合,体现了古朴的美感。近年来,很多民乐人以民族音乐元素为基础,用现代理念、手段进行创作和演绎,开创了"新民乐"这一全新的民乐表现形式,激发了民族音乐的现代生机。诚如陈先生所言,老物件最好的存续方式就是进入人们的日常生活之中。因此,未来不仅要加大对非遗的保护力度,复兴老手艺,更应将老物件融入生活,让古代艺术在现代熠熠生辉。

习近平总书记指出:"不忘历史才能开辟未来,善于继承才能善于创新。"旧物件诉说着过去，是中华文明历经数千年而绵延不绝、迭遭忧患而经久不衰的历史见证，更是我们文化自信的底气。未来，我们要充分挖掘旧物件的经济、文化和艺术等方面的价值，如此，方能以守正创新的正气和锐气，赓续历史文脉、谱写当代华章。

（资料来源：由笔者根据相关资料整理所得。）

2024年度国家公务员录用考试申论真题及答案（市〈地〉级）

一、注意事项

1. 本题本由给定资料与作答要求两部分构成。考试时限为180分钟。其中，阅读给定资料参考时限为50分钟，作答参考时限为130分钟。

2. 请在题本、答题卡指定位置上用黑色字迹的钢笔或签字笔填写自己的姓名和准考证号，并用2B铅笔在准考证号对应的数字上填涂。

3. 请用黑色字迹的钢笔或签字笔在答题卡上指定的区域内作答，超出答题区域的作答无效！

4. 待监考人员宣布考试开始后，方可开始答题。

5. 所有题目一律使用现代汉语作答。未按要求作答的，不得分。

6. 监考人员宣布考试结束时，应立即停止作答，将题本、答题卡和草稿纸都翻过来留在桌上，待监考人员确认数量无误、允许离开后，方可离开。

二、给定资料

1. 进入桃李镇清池村，通往村头停车场的路是一条环形路。据了解，这是为了绕开村头的两棵百年老树，不打破原有的自然风貌。在冯教授团队看来，树是主，人是客，人要心存敬畏，尊重自然。

2020年6月，G市工业大学组建城乡艺术建设研究所，冯教授任所长。2021年1月，在有关方面的牵线搭桥下，冯教授带着他的4名研究生来到清池村，试图用艺术助力乡村建设。他们原本想用授课的形式，但发现几乎没有村民愿意听，即便来了，也只是走过场。这时，冯教授才意识到，村民的知识多数是从生活里学的，和村民一起动手而不是去授课，可能是一种接近村民、启发村民的好方法。冯教授还发现，村里有一个最热闹的"CBD"，平时村民都喜欢从家里搬来一把小凳子聚在这里聊天。了解到这个情况后，冯教授和团队商量，决定他们的工作就从在这里建一把"大椅子"开始。建椅子用的材料在村里随处可见——毛竹和石头，唯一花钱的是水泥。椅子建好后，能躺能坐，也有艺术美感，村里几个阿婆都说坐着舒服，看着好看。村民们逐渐对冯教授有了新的看法。

慢慢地，许多村民都愿意打开自家的院子，邀请冯教授的团队来家里，看看在自己家能做出什么新花样儿。冯教授发现，村民老金家里有很多老物件，只要合理摆放，稍作打扫，就可以改造成美术馆。2021年春天，老金家院墙外的毛竹筒花坛上淡红色的小野花开了，"家庭美术馆"也正式开业了。"不赚钱，但也没啥成本。陆陆续续有人来参观，看到他们眼里露出的好奇和欣赏，有种说不出的自豪和满足。"老金说。

和村民在一起时间久了，冯教授感悟道："我们必须探索一种'超越艺术'的路径介入乡村，应该本着一种对乡村秩序、传统习俗和文脉传承'膜拜'的心态，而非'治理'和'教导'的心态来做事。"与各路艺术家将乡村或作为自己的画布肆意涂抹、或作为试验场完成自己的艺术实践等做法不同,冯教授团队的艺术乡建之路更像是在完成一种使命。他们的乡建"配方"回到了最为本质的"根"的问题,让人们能够在乡村寻回质朴的精神家园。

现如今,清池村仍然保留着原始的"清池八景",古建筑的外观也已修旧如旧,现代文明的气息似乎并没有"侵蚀"这个乡村。走进村里别有洞天,"面子"古色古香,"里子"内涵丰富。

"乡村文明有两个价值判断:显性价值是大家可以看得见的,如牌坊祠堂、山水风光和民居街道等;隐性价值则是深层次的,涵盖道德、伦理和信仰等方面。二者结合才是完整的价值体系,也是乡村文明的价值所在。"冯教授说。

冯教授从清池的宗族信仰、传统礼俗等历史遗存中找到了振兴乡村文明的"清池范式"——在尊重乡村主体和地方文化特色的基础上,通过艺术介入乡建,逐渐影响村民对于乡村价值的判断,引导村民回归家园、共建家园。在冯教授看来,这是一个循环的系统:不是一个局部,而是整体;不是碎片化的切割,而是完整的系统工程。

农历八月十五的"烧奔塔",是清池保留的一项珍贵传统习俗,寓意着村中代代繁衍不息,风调雨顺。每逢中秋佳节,清池各家各户都会将收集的枯枝、竹壳等燃料,放到奔塔内燃烧。此外,还有"成人礼"仪式——青年人潜入河塘挖淤泥堆奔塔,进行庄严宣誓,表达不负人生、成家立业的担当和信心。在冯教授团队的策划下,清池重新挖掘出"烧奔塔"活动的文化内涵,重现"成人礼"仪式,让人们重新认识传统文化和乡村社会道德秩序的独特魅力。2021年,在政府支持下,"烧奔塔"被列入区级非物质文化遗产代表性项目名录。

2022年11月,一场别开生面的时装秀在清池举行。村里的主干道变为"T型台",在专业模特的带领下,村民走起了"猫步",神采奕奕。模特和村民的服饰中融合了当地的非遗元素,田间劳作的生产工具和家里的旧物件也作为道具一同出现。这场以自然为舞台、以生活为剧本的"走秀"结合了时尚风格与乡村特色,别开生面。

"村民的表现超出了我的期待。'清池范式'的最大亮点在于让村民在自己最熟悉的乡间自信地告诉每一个人,这就是我们生活的家园,也是我们的剧场!"冯教授说,"人人都可以展现自己的艺术才能。无论是缝纫、泥瓦活,还是竹编,都是艺术。"艺术家来到村庄,如果能和村民一起发现美、创造美,那便是共创价值。

在艺术乡建助推乡村振兴座谈会上,冯教授提到,<u>乡村需要的不仅仅是艺术家,更是对乡村有感情并能挖掘本土文化特色的运营官</u>。如果艺术乡建止步于艺术家与乡村的邂逅,却没能为当地民众带来现实生活的改善和审美情趣的提升,这样的乡建,往往会随着艺术家的离去戛然而止。

2. 在四条自动化装配流水线上,几十只机械臂快速而精准地组装产品。组装好的产品装箱后被一台约两米高的机械臂运送到指定货柜上,在流水线的末端,两名工人正检视产品……这是Z省N市隆金公司数字化生产车间的日常。

隆金公司早在1986年就开始为国产汽车生产门把手,30多年来,它将这类看起来极其简单、极其普通的小物件做到了行业顶尖,成为汽车功能配件领域的领航者。

"一个小小的门把手做起来并不简单,要保证门把手开启和关闭的次数和流畅度……这些工艺技术含量都很高。"隆金公司汪董事长说。隆金公司生产的汽车门把手由多个部件组成,要经过市场定位、设计研发、试生产、质量审核等一整套严格程序。"我们将自身的自动化设备、数字化车间等硬实力与各大整车厂商的管理体系、汽车行业质量管理等软实力有机结合,同步实现开发、供应和产能的精益化管理,同时基于主业挖掘细分市场,向高端、新能源、国际汽车市场深度拓展。"汪董事长介绍道。这些看似不起眼的汽车功能配件，却关系着每辆汽车的质量、每位消费者的生命安全。比如内门、外门扣手一旦出现产品瑕疵，就会出现车门关闭不严或打不开等问题，给驾乘人员的生命财产带来极大安全风险。

"多年来，公司坚持在汽车配件产品上进行质量攻关，组建质量改进团队、收集各种质量问题信息、实施质量改进措施，都是要确保产品质量。"汪董事长说，"虽然我们做的是配件，但是做配件同样能成为市场中的主角。通过研发创新与技术迭代，公司的汽车配套小物件覆盖了汽车内外饰配件总成的十大系列产品，其中多项产品的市场占有率连续多年位居全国前三。"

2011年，隆金公司积极申报并成功获得N市"市长质量奖"。这一过程中，全体员工不断深化对这奖项意义的认识，公司的经营和质量管理也得到大幅提升，公司年产值从2亿元迅速达到8亿元。2017年，隆金公司生产的机动车门手柄总成被认定为Z省名牌产品；2018年，隆金公司主导制定了一项乘用车车门内开拉手总成标准；2021年，隆金公司机动车门手柄总成产品成为国家制造业"单项冠军"产品。"单项冠军"代表着全球细分行业最高的发展水平、最强的市场实力，堪称金字塔的塔尖。公司发展过程中，我们始终保持专注，定位于"能做得更好"的事情。"汪董事长说。目前，隆金公司已成为国际国内知名汽车制造商的核心供应商和战略合作伙伴。统计数据显示，现在全国每3辆乘用车中就有1辆车装配有隆金公司的优秀产品。

"眼下，公司正在建设智能工厂。"隆金公司技术创新中心负责人赵工程师说。从2012年起，公司每年投入数千万元资金，引进国内外先进设备，建设国内领先的全自动数字化车间，使企业生产效率提高了28%，运营成本降低了12%。同时，依托Z省的企业研究院、博士后工作站、工业设计中心、高新技术企业研发中心等各类研发平台，公司布局建立海外研发中心，吸引了200多名创新人才。公司还加强与知名高校的产学研和就业合作，选拔并培养了一批优秀技术能手和行业专家。近三年，隆金公司各研发中心完成产品研发项目超300项，形成各类专利295项，突破了大量国外技术壁垒，95%的产品实现国产化替代。"接下来，我们将针对新能源汽车推出一款具备触摸感应模块的隐藏式外门把手，不仅能够借助通信协议与汽车主机进行对话，还具备自主学习功能。"赵工程师说。面对新能源汽车赛道，隆金公司正积极谋篇布局。

改革开放以来，N市形成了门类齐全的制造业体系，尤其是形成了以石油化工、汽车及零部件、电工电器、纺织服装等为支柱的产业集群。为了推动企业发展壮大，N市建立了企业培育库，出台了《关于加快推进制造业高质量发展的若干意见》《制造业卓越企业培育工程行动计划》等文件。目前，像隆金公司这样的一些中小企业已经成为行业翘楚，迈入"单项冠军"方阵。

3."以前做透析要跑城区，我这身子骨实在吃不消。现在好了，家门口就能透析了，省钱还省心。"2022年11月22日，在J省Y市江平县小湾镇中心卫生院，刚做完透析的村民章大娘说。

小湾镇中心卫生院是江平县4家农村区域医疗卫生中心之一。2022年3月，该院血透室建成投入使用，不仅设备、环境不输城区医院，还配备了优秀医护团队，上级医院专家也定期前来指导带教，受到周边透析患者的信任和欢迎。

"人才缺口相当大，巧妇难为无米之炊。"说起前些年的情况，江平县卫生健康委方主任颇为感慨，最困难时，有的乡镇卫生院只有两三名临床医师，麻醉医师和影像医师更是奇缺。"当时许多老百姓身体有点什么毛病，就得跑进城里的大医院。"

"临时招人比较困难，就先从稳定现有人才队伍做起。"方主任介绍说。

江平县峤廷镇中心卫生院秦院长介绍，该院建立起以服务质量、服务数量和服务效益为核心的考核体系，通过绩效考核拉开收入差距。

"曾经因为绩效导向不明显，干多干少都一样，能干的大夫都逐渐去了其他医院，更不要说急诊、重症了，连人都招不来。来了临时任务，也没人愿意上。我一度感到灰心丧气。"小湾镇中心卫生院青蒲分院周院长说。随着绩效改革的推进，院里医护人员士气逐步提振。大力招引人才、更新医疗设备，新建中、西药库……医院的发展有声有色。

"每年招聘季，人事、卫生健康、财政等部门齐出动，按照规定对急缺人才现场考试，通过后及时录取。"方主任说，"对基层招聘的本科及以上学历毕业生，发放一次性的购房补贴；对驻偏远乡镇的全科医师，每人每年增发2万元补助；对主城区单位执业医师在偏远乡镇帮扶1年以上的，优先评定职称……"

江平县还创新利用公立医院的富余编制建立了"卫生事业编制周转池"，专门用于基层招聘紧缺型专业人才。目前已统筹调剂50个编制，解了基层的燃眉之急。此外，江平县根据上级文件要求，大力推动实施农村卫生人才"县管乡用"和"乡管村用"。

"近年来，老百姓对优质医疗服务的需求越来越高，这对我们提出了更高要求。比如普外科手术就越来越向微创化发展。"江平县绘橡镇中心卫生院赵医生说。

为了帮助人才强本领，江平县投入500多万元建设基层实训示范基地，对基层护理人员、全科医生、乡村医生三类人员每两年进行一轮全覆盖培训，每年组织不少于30名执业医师到各地大医院进行脱产培训。

"进修期间，工资奖金一分不少，单位不但报销交通费和伙食费，还给我发了补贴。"江平县砾芘镇中心卫生院李医生说。为了提升腹腔镜手术技术，他赴上海专门进修了3个月，现在他领导的外科团队已能够独立开展腹腔镜胆囊、阑尾、疝气等手术。

同时，江平县与大医院加强合作，近三年建立了院士工作站、博士工作站以及著名内外科专家教授的"师带徒"工作室12个，建立区域性远程会诊、远程影像诊断、远程心电诊断等中心，面向基层乡镇开展服务。

江平县的探索，是J省为实现基层医疗卫生人才规模、结构和能力与基层群众健康需求相适应的目标，积极创新完善基层人才招引、培养、使用、管理机制和政策，更好地保障和增进基层群众身体健康的缩影。方主任说："党的二十大报告中提出，发展壮大医疗卫生队伍，把工作重点放在农村和社区。前不久，省里又推出了18条加强基层医疗卫生人才建设的措施，让医疗卫生人才有地位、得实惠、受尊重，让基层群众看病不再难。"

4. 公共文化空间是文化交流和创新的重要场所，在塑造和凝聚社会认同方面发挥着重要作用。近年来，S市涌现出一大批公共文化空间，涵盖美术、戏曲、写作、音乐等多个门类，其中既有博物馆、图书馆等传统空间，也有时尚实体书店、民营美术馆等新型场所。这些公共文化空间运营情况如何？它们在文化建设中如何更好发挥作用？H报记者就此展开了调查。

"出门就能到，真的太方便了。"自从家门口建起畅雅艺术空间，居民小静有时买完菜或吃过饭就来转转。畅雅艺术空间是S市城区建起的第一家文化名家工作室，可辐射周边

10个生活小区6 200多位居民,成立3个多月来,开展参观交流等各类文化活动81场次,以颇具烟火气的姿态接待了1 700多名各年龄层次的参观者。

畅雅艺术空间活动场面喜人,而有的公共文化空间却冷冷清清,"流量"不足。"公共文化空间要想运营好,离不开创始人的人文情怀和企业家精神。畅雅艺术空间之所以经营得好,与创始人麦老师不仅是文化名家还善于经营密不可分。"市艺术学院李院长说,"而现实情况是,民营公共文化空间的创始人大部分都是各自领域的从业者,在人文底蕴方面没问题,但是否具备经营管理能力就不一定了。"

调查过程中记者发现,一些公共文化空间开业时热热闹闹,运营一段时间后,就消失在人们视野中。"现在的公共文化空间建设,基本上是由各区主导的。各区基于自身的实际情况,主要考虑的是本区缺啥就建啥。"S市某民办美术馆贾理事长介绍说,"我们在区政府的支持下,建起了全市第一家民办美术馆。刚建成时人特别多,其他地方看到我们这么火爆,就纷纷效仿。据我了解,S市目前有近10家具备一定规模和档次的民办美术馆,但生存现状不容乐观,很多都是勉强维持,我们可能也撑不了多久。"

24小时图书馆是近年兴起的一类公共文化空间。记者分别在早、中、晚不同时段,探访了S市主城区某街道的24小时社区书院,发现几乎没有阅览的人。物业公司员工称:"很少看到有人使用。"记者以办理借阅卡为由向社区了解书院使用情况,工作人员回复:"目前以社区的儿童为主,以后多搞些活动,也许来的人就多了。"

记者走进全市规模最大的综合型书店,在书架旁找到了负责人张经理。张经理介绍说:"这几年,传统实体书店的经营越来越困难。我们进行了重新装修,从整体布局的设计到书籍的摆放,都花了很大心思,让读者在这里不仅能买书,还能轻松愉悦地看书、喝咖啡。刚开始效果特别好,但仅仅过了两年,情况又变差了。"店里的一位读者谈道:"现在书店的场景营造模式的确比原来好了很多,但大型的实体书店目前基本走的这个路子,在设计风格、设施等方面没多大差别,特别在服务上,缺乏个性特点和差异化。第一次来的时候觉得新鲜,来过几次就会审美疲劳了。"

"这里简直太棒了,感觉摸准了我们年轻人的'脉'。我在朋友圈看到同事发的视频,非常心动,专程过来打卡的。"一位参观者说。记者来到市美术馆,发现这里的人很多,尤其以年轻人为主。该馆唐馆长无奈地说:"我们发现,大家更多的是将我们精心营造的文化空间场景当作'网红打卡点',兴趣仅在拍照'晒'图上,忽视了空间本身的文化内涵、价值观念、特色功能,这偏离了我们的初衷。"

抵达市文化馆时,黄馆长正在会议室里给市文旅局干部讲课。会议室中传出黄馆长授课的声音:"A市著名文旅夜市地理位置好,而且体量大、创意多,有不少现象级文化IP,年游客量超1亿人次,相关视频播放量高达50亿次。这一成功经验我认为值得好好学习和借鉴。"记者在文化馆馆史展板前,等到了授课结束的黄馆长。当被问到对本市公共文化空间的看法时,黄馆长说:"我市虽然历史文化遗存较多,但并没能给现有的公共文化空间带来更多影响力。成熟的公共文化空间载体规模普遍偏小,也比较分散,一些新建的公共文化空间规模相对较大,但离市区较远,去一趟费时费力。而且,我们也缺少主题性和创意创新类的公共文化空间。"

记者来到市博物馆,这里正在举办非遗表演,观众非常多,喝彩声和掌声不断。经了解,市博物馆针对不同年龄段观众,开设定制了市博研学、非遗表演、礼乐专题讲座等各类活动和课程。博物馆公共服务部常主任认为，市博物馆人气持续走高，不仅源于藏品和博物馆自身的历史，更因为博物馆通过提供"场所"进行文化价值的"输出"，实现了教育功能。

5. 某大学图书馆的后院里，有一排类似仓库的平房，里面的操作台上摆满了各式的锤、锯、刨、凿等工具，细细的尘屑在午后的阳光里飞舞，把过去和现在的时间连缀在一起。

"抽屉坏了修抽屉，椅子坏了修椅子。"王师傅这样介绍自己的工作内容，"比较杂。"王师傅的工作以桌椅维修为主，但实际上，图书馆各项与木工有关的后勤工作，都离不开他的参与。王师傅的工作看似普通、细碎、不起眼，但对于维持图书馆正常运转、提升师生的使用体验来说却无比重要。

在修缮中创造，于毫末处耕耘。他用辛劳和勤恳让这份工作变得毫不寻常，并拥有了动人的力量。为配合学校师生和各部门的需求，王师傅在图书馆室外步梯建起分隔空间作用的木门、为古籍部定制特殊尺寸和功能的木箱。眼下，王师傅正在打磨一个小木块。他解释，这是一个简单的装置，用来卡住图书馆的窗户，使它只能打开到一定的角度，防止磕碰到经过的人。这些适用于具体场景，让环境更加舒适、让身处其中的人感到被重视和被关怀的"小补丁"，正是王师傅工作的意义。

每天穿梭于图书馆的连廊厅堂中，王师傅与大学生们总是擦肩而过，这些学生，或是沉浸于试图"疗救灵魂的贫乏、修补人性的缺陷"的文学著作，或是想要获取量子理论相关的研究文献，又或是为了寻找一个安静的场所，沉下心来，撰写一份活动策划……

在人们眼中，王师傅只是学校工作人员中普通的一分子，校园里人们的活动轨迹重叠交错，去往各自的方向，但他们与社会中许许多多的个体和组织一样，都要承担共同的责任，那就是投入自己的领域，不断"打磨"、不断"修补"，为人们温暖笃定的生活秩序默默付出，稳步前行。

三、参考答案

（一）"给定资料1"中提到："乡村需要的不仅仅是艺术家，更是对乡村有感情并能挖掘本土文化特色的运营官。"请根据"给定资料1"，谈谈冯教授团队是怎样当好这个"运营官"的。（10分）

要求：全面、准确、有条理。不超过250字。

【参考答案】

1. 共建设施。改变授课方式，接近、启发村民，了解村民习惯并与村民共建设施，改造村居，提升村民自豪感。

2. 寻根护脉。尊重乡村秩序、传统习俗和文脉传承，寻回质朴精神家园。

3. 价值引领。坚持显性与隐性价值结合，尊重乡村主体和地方文化特色，通过艺术介入乡建，影响村民对于乡村价值的判断，引导村民回归、共建家园。

4. 传承民俗。挖掘民俗文化内涵，还原传统仪式，让村民重新认识传统文化和乡村社会道德秩序，推动民俗入非遗名录。

5. 共创价值。办特色活动，鼓励村民展现艺术才能，共同发现、创造美，改善生活和提升审美情趣。

(二)"给定资料2"中,隆金公司虽然做的是配件,但也成了市场中的主角。请你谈谈隆金公司为什么能成为"市场中的主角"。(15分)

要求:

(1)紧扣资料,归纳准确;

(2)内容全面,条理清晰;

(3)不超过300字。

【参考答案】

1. 重产品品质。生产严格遵循程序,自身硬实力与厂商、行业软实力相结合,精益化管理;坚持质量攻关,组建团队,收集并改进问题;保持专注,科学定位。

2. 重市场布局。基于主业细分、拓展市场,布局新赛道;通过研发创新与技术迭代丰富产品种类,提高市场占有率。

3. 重企业影响力。申报政府奖项,深化员工认识,强化经营质量管理;培育单项冠军,确立行业核心地位。

4. 重技术创新。增加资金投入,引进先进设备,建数字化车间;依托省级研发平台,建海外研发中心引进创新人才;与知名高校合作,选培技术能手和行业专家,自主研发并形成专利,突破技术壁垒。

5. 发展环境优。所在市具有制造业体系和产业集群,建有企业培育库,出台了推动企业发展的文件。

(三)Y市拟在总结江平县做法的基础上,提出关于加强Y市基层卫生人才队伍建设的实施意见。请根据"给定资料3",起草该意见的主要内容。(20分)

要求:

(1)包括指导思想、基本目标和主要措施;

(2)紧扣资料,重点突出;

(3)逻辑清晰,表述准确;

(4)不超过450字。

【参考答案】

关于加强Y市基层卫生人才队伍建设的实施意见

为解决Y市基层医疗人才短缺问题,现提出如下意见。

指导思想:全面贯彻落实党的二十大报告提出的"发展壮大医疗卫生队伍,把工作重点放在农村和社区"要求。

基本目标:促进基层医疗卫生人才规模、结构和能力与基层群众健康需求相适应,让医疗卫生人才有地位、得实惠、受尊重,让基层群众看病不再难。

主要措施:一、优化考核体系,稳定人才队伍。推进绩效改革,建立起以服务质量、服务数量和服务效益为核心的考核体系,拉开收入差距,提振人员士气。

二、提高待遇水平,吸引人才加入。多部门协作,及时招聘医疗卫生急缺人才,按类别给予补助和职称激励。合理利用公立医院富余编制,在基层统筹调剂。根据上级要求,落实"县管乡用"和"乡管村用"机制。

三、重视人才培养,增强服务本领。加快建设基层实训示范基地,定期对人才开展培训,支持带薪进修。与大医院加强合作,建院士、博士工作站和"师带徒"工作室,建区域性诊疗中心,面向基层乡镇开展服务。

(四)请根据"给定资料4",梳理S市公共文化空间建设和运营中存在的问题,并提出解决建议。(20分)

要求:
(1)问题梳理全面、准确;
(2)所提建议具体明确、有针对性、切实可行;
(3)不超过450字。

【参考答案】

一、建设方面

问题1:建设跟风。缺乏规划,场景营造模式创新不足,设计风格、设施未体现差异化,缺少主题性和创意创新类空间。建议1:科学规划布局,根据地区文化特色,因地制宜,差异化建设,强化主题创新,利用文化IP营造场景,丰富主题类型。

问题2:规模、位置短板明显。存在小而分散、离市区远等情况。建议2:选取位置好、靠近生活小区的地方建设场馆,利用闲置空间整合功能相似的文化空间,完善公共交通。

二、运营方面

问题1:服务同质化。服务缺乏个性特点和差异化;文化活动针对性差,无法满足不同人群需求。建议1:针对各年龄层次人群开展文化活动、开设定制课程,提供个性化服务。

问题2:缺乏内涵。历史文化遗存利用不足,文化内涵、价值观念、特色功能易被忽视。建议2:发掘文化遗存价值,既重视文化遗产自身的展示,又强调文化价值的输出,实现教育功能。

问题3:运营能力弱。创始人缺乏经营管理能力。建议3:开展经营管理能力交流培训活动,鼓励有人文情怀和企业家精神的文化名家运营场馆,推动文旅融合发展。

(五)"给定资料5"中提到:"投入自己的领域,不断'打磨'、不断'修补'。为人们温暖笃定的生活秩序默默付出,稳步前行。"请根据对这句话的理解,参考给定资料,联系实际,自选角度,自拟题目,写一篇文章。(35分)

要求:
(1)观点明确,见解深刻;
(2)参考给定资料,但不拘泥于给定资料;
(3)思路清晰,语言流畅;
(4)字数1 000~1 200字。

【参考答案】

一辈子深藏功名的张富清,用青春书写使命的黄文秀……他们有着普通的名字、平凡的模样、寻常的家庭,但他们把自己的事业尽力做到极致,创造了一个又一个不平凡的成就。他们的人生历程告诉我们:伟大出自平凡,平凡造就伟大。我们都是社会普通的一分子,要共担时代之责,在自己的领域坚持"打磨修补",以匠心、奉献、奋斗的精神,推动社会稳步前行。

淬匠心之火,铸强企之路。工匠精神体现着劳动者独具匠心、精雕细琢、尽善尽美的追求和坚守,蕴含着严谨、执着、敬业、创新等可贵品质。大到国家超级工程的建成和大国重器的研制成功，小到把汽车门把手做到行业顶尖水平，其成功的背后都离不开工匠精神的支撑。说到底，工匠精神是从业者的职业价值取向，是推动高质量发展，实现质量立业、创造兴业的必备品质。我们每个人身处不同行业、不同领域，要以实干增长技艺与才能，养成"择一事，终一生"的执着专注，做到"干一行精一行"的精益求精和"偏差毫厘不敢安"的一丝不苟，淬匠心之火，以创新打磨，铸强企之路。

守奉献之心，谋民生之福。奉献是一种责任，一种境界。"俯首甘为孺子牛"是对于无私奉献精神的最好诠释。正如"心甘情愿为党、为人民当一辈子老黄牛"的王进喜，"把有限的生命，投入无限的为人民服务之中去"的雷锋，"在修缮中创造，于毫末处耕耘"的王师傅，他们这种外在体现为任劳任怨、默默耕耘的"孺子牛"，其内在却彰显了为民初心、无私奉献的宗旨意识。奉献精神，人人可学，处处可为。我们要立足工作岗位，牢记无私奉献的精神内涵，淡泊名利、为民着想，以"孺子牛"的态度为人民群众谋福祉。

葆奋斗之姿，答时代之卷。习近平总书记指出："只有奋斗的人生才称得上幸福的人生。"然而，面对社会压力不少人选择了"躺平""摆烂"，长此以往，不仅会换来碌碌无为的人生，更会影响党和国家的事业发展。冯教授带领团队以脚踏实地奋斗的精气神扎根基层，将艺术乡建作为自己的使命，修复乡村秩序，助力乡村振兴。中华民族伟大复兴绝不是轻轻松松、敲锣打鼓就能实现的，也绝不是一马平川、朝夕之间就能到达的。我们要做时不我待的行动者，只争朝夕的实干家，在挫折和坎坷的面前不气馁，在成功和成就的面前"不躺平"，以奋进之姿书写新时代的精彩答卷。

责任担当体现的是一种责任自觉，凝聚的是一种意志力量。我们要在各自的岗位上不断增强才干、恪尽职守、甘于奉献、勇于担当、善作善成，为实现第二个百年奋斗目标奋勇前行，贡献力量。

（资料来源：由笔者根据相关资料整理所得。）

思考题

1. 申论考试中，材料阅读有哪些方法？
2. 申论考试中，材料综合分析有哪些基本原则？
3. 申论考试中，材料综合分析有哪些基本方法？
4. 申论写作确定文章标题时应注意什么？
5. 申论的开头一般可采用哪几种方式？
6. 申论写作中所提出的解决问题的对策，应注意把握哪些方面的内容？
7. 申论写作中结尾有哪几种方法？

拓展阅读9-1
2023年国家公考
《申论》题（副省卷）

在线测试题

扫描二维码，在线答题。

参 考 文 献

[1] 李伟权，关莹，李时．应用文写作[M]．北京：清华大学出版社，2013．
[2] 张树义．财经应用文模型写作教程[M]．广州：华南理工大学出版社，2011．
[3] 阎继承．应用写作学[M]．沈阳：东北大学出版社，2006．
[4] 孙熙春．文学赏读与实用文体写作[M]．沈阳：辽宁民族出版社，2009．
[5] 金常德．应用写作[M]．大连：大连理工大学出版社，2009．
[6] 马正平．高等写作学引论[M]．北京：中国人民大学出版社，2009．
[7] 夏晓鸣．应用文写作[M]．上海：复旦大学出版社，2010．
[8] 方有林，娄永毅．经济应用文写作[M]．上海：复旦大学出版社，2009．
[9] 劳拉·布朗．完全写作指南[M]．袁婧，译．南昌：江西人民出版社，2017．
[10] 蒋意春．新编经济应用文实用写作[M]．北京：北京理工大学出版社，2009．

附　　录

附录一　中共中央办公厅、国务院办公厅《党政机关公文处理工作条例》

附录二　《党政机关公文处理工作条例》权威解读

教师服务

感谢您选用清华大学出版社的教材！为了更好地服务教学，我们为授课教师提供本书的教学辅助资源，以及本学科重点教材信息。请您扫码获取。

≫ 教辅获取

本书教辅资源，授课教师扫码获取

≫ 样书赠送

公共基础课类重点教材，教师扫码获取样书

 清华大学出版社

E-mail: tupfuwu@163.com
电话：010-83470332 / 83470142
地址：北京市海淀区双清路学研大厦 B 座 509

网址：http://www.tup.com.cn/
传真：8610-83470107
邮编：100084